U0734536

大学语文

附微课视频

组编◎华东师范大学大学语文教研室

主编◎彭国忠

名师名校新形态通识教育系列教材

人民邮电出版社

北京

图书在版编目（C I P）数据

大学语文 / 彭国忠主编. -- 北京：人民邮电出版
社，2022.5
名师名校新形态通识教育系列教材
ISBN 978-7-115-58864-7

Ⅰ．①大… Ⅱ．①彭… Ⅲ．①大学语文课-高等学校
-教材 Ⅳ．①H193.9

中国版本图书馆CIP数据核字（2022）第043584号

内 容 提 要

　　本书内容分为诗歌、辞赋、词曲、戏剧、小说、传记、书信、散文、公文等文体单元，共选文48篇，其中，中国古代文学作品34篇，中国现当代文学作品7篇，外国文学作品7篇，所选均为古今中外的优秀经典作品。文体的选择充分考虑了文学审美性与实用性的和谐，作品选配了注释、评析、思考与运用、思政案例及拓展资源等板块。"注释"旨在帮助学生疏通文意并理解全文；"评析"提供解读作品的视角与方法及入选的缘由与价值；"思考与运用"针对教学重点和难点进行复习巩固及运用；"思政案例"是结合优秀的作品、先进的文化来进行价值引导、精神塑造和情感激发；"拓展资源"是进一步丰富相关的语文知识，辅以微课视频将课堂内外有趣地贯穿起来。全书体例新颖、内容丰富，教学形式灵活，适合作为大学语文课程线上线下混合式教学的教材，也可供文学爱好者阅读。

◆ 主　　编　彭国忠
　　责任编辑　祝智敏
　　责任印制　王　郁　陈　犇
◆ 人民邮电出版社出版发行　　北京市丰台区成寿寺路 11 号
　　邮编　100164　电子邮件　315@ptpress.com.cn
　　网址　https://www.ptpress.com.cn
　　北京七彩京通数码快印有限公司印刷
◆ 开本：787×1092　1/16
　　印张：15　　　　　　　　　　　2022 年 5 月第 1 版
　　字数：323 千字　　　　　　　 2024 年 8 月北京第 5 次印刷

定价：49.80 元

读者服务热线：(010)81055256　印装质量热线：(010)81055316
反盗版热线：(010)81055315
广告经营许可证：京东市监广登字 20170147 号

前言

作为一门面向大学理、工、医、农等非文科专业学生的课程，大学语文的最终目标到底是什么，有不同看法。一种是实用工具论，把大学语文当作向学生传授各种文体知识、文学知识，培养学生写作书信、报告等应用文的工具。另一种是要求大学语文承担起思想政治课的功能。其实，早在1904年1月，由张之洞主持修订的《奏定学堂章程》颁布实行，其中《学务纲要》明确规定"中学堂以上各学堂，必勤习洋文，而大学堂经学、理学、中国文学、史学各科，尤必深通洋文"，但同时强调"学堂不得废弃中国文辞，以便读古来经籍"，具体表述为：

中国各体文辞，各有所用。古文所以阐理纪事，述德达情，最为可贵。骈文则遇国家典礼制诰，需用之处甚多，亦不可废。古今体诗辞赋，所以涵养性情，发抒怀抱，中国乐学久微，借此亦可稍存古人乐教遗意。中国各种文体，历代相承，实为五大洲文化之精华，且必能为中国各体文辞，然后能通解经史古书，传述圣贤精理，文学既废，则经籍无人能读矣。外国学堂最重保存国粹，此即保存国粹之一大端。假使学堂中人，全不能操笔为文，则将来入官以后，所有奏议、公牍、书札、记事，将令何人为之乎？行文既不能通畅，焉能畀以要职重任乎？惟近代文人，往往专习文藻，不讲实学，以致辞章之外，于时势经济，茫无所知，宋儒所谓一为文人，便无足观，诚痛乎其言之也。盖黜华崇实则可，因噎废食则不可。今拟除大学堂设有文学专科，听好此者研究外，至各学堂中国文学一科，则明定日课时刻，并不妨碍他项科学，兼令诵读有益德行风化之古诗歌，以代外国学堂之唱歌音乐，各省学堂均不得抛荒此事。凡教员科学讲义，学生科学问答，于文辞之间，不得涉于鄙俚粗率。其中国文学一科，并宜随时试课论说文字，及教以浅显书信、记事文法，以资官私实用。但取理明词达而止，以能多引经史为贵，不以雕琢藻丽为工，篇幅亦不取繁冗。教法宜由浅入深，由短而长，勿令学生苦其艰难。中小学堂于中国文辞，止贵明通；高等学堂以上于中国文辞，渐求敷畅，然仍以清真雅正为宗，不可过求奇古，尤不可徒尚浮华。

这里的"中国文学一科"，就相当于今天的大学语文课，有几点值得我们关注：在大学堂设立"（中国）文学"专科，喜好者可以从事研究；大学堂之外各学堂设立"中国文学"一科，并要明确规定每天的功课时间；设立中国文学的各学堂，以"诵读有益德行风化之古诗歌"代替外国学堂的唱歌音乐。这些，见出对"中国文学"的重视。从实用工具角度看，要随时考试论说文字；要教授浅显的写书信、记事的方法，以备官场、私人使用；写作的基本要求是"理明词达"，能够引经据典，铺叙而有所发挥，不雕琢辞藻过于浮华，而以"清真雅正"为宗。它的基本逻辑和出发点是："假使学堂中人，全不能操笔为文，则将来入官以后，所有奏议、公牍、书札、记事，将令何人为之乎？行文既不能通畅，焉能畀以要职重任乎？"这与现在的实用工具论如出一辙。它又认为：中国的古文、骈文、古近体诗、辞赋各文体都有其特点和功用，它们是人类文化的精华，值得继承；只有能够写作中国各种文体，才能通解经史古书，传述圣贤们的精深道理；如果废弃了文学，经籍就没有人能读懂了，就不能保存国粹。将由各种文体承载的文学功能上升到保存国粹的高度，与现在的工具论也很接近。前者目标过低，后者目标过高，我们取第三种态度，综合论，也就是工具性与人文性兼具。党的二十大报告中提到："培养造就大批德才兼备的高素质人才，是国家和民族长远发展大计。功以才成，业由才广。"为了让学生快速牢固地掌握大学语文的知识，进而为国家和社会提供高素质人才，我们认为大学语文应该培养大学生的人文素养，塑造他们的健康人格，提高他们的欣赏水平、审美能力和写作能力。大学语文既要注重工具性，又要加强人文性，达到工具性与人文性的完美结合。学生通过本课程的学习，既能获得理想智慧的启迪，又能受到思想情感、审美体验、人生价值等多方面的熏陶。因此，我们不主张满堂灌式地向学生灌输汉语语言、文学方面的某一专业知识，或者只教授学生写作应用文的做法。

大学语文不是高三语文的延续，不是"高四"语文。大学语文应该与整个初中、高中语文课程体系存在不同。这种体系的不同，不是简单地将教学方向带往语文知识学习的深、细、僻。大学语文的授课对象，是非中文专业的学生。大学语文课程，不能止步于知识教学、经典教学、鉴赏教学。简而言之，不能止步于"对象化"的教学。中国传统文化的最大特性，是与人的日常生活融为一体。所以，我们在大学语文选材的编排上，以文体为中心，将古与今、中与外，不同时间、空间的文学作品编排为一体，目的之一就是扭转这种"对象化"教学的弊端。在文体学的框架下，久远、古典的作品与现当代的作品，彼此可以打通。古典、经典不再是单纯"对象化"的，而是可以融入当代人的生活，是可以与语文学习的主体相融合的，是"主体性"的，是我们自己的作品。

人类的现实需要，除了物质需要之外，还有道德的、求知的、理性的、情感的、审美的、精神文化的需要等。而人文精神的缺失，向来被视为过于细化现代大学分科、过于重视工具理性主义和实用主义而带来的弊端。针对张之洞等人拟定的《奏定学堂章程》，王国维就提出反对意见："中等学校以下，但授国民必要之知识，无与于思想上之事，固不俟论。京师大学之本科尚无设立之日，即令设立，而据南皮张尚书之计画，仅足以养成咕哔之俗儒耳。"（王国维《论近年之学术界》）所谓咕哔，就是诵读，指科举考试的帖经等，只会背诵而不理解其意，根本不允许更谈不上创新之见。王国维又在《奏定经学科大学文学科大学章程书后》中再次大声疾呼："大学之所授者，非限于物质的应用的科学，不可坐令国家最高之学府，与工场阛阓等。"在王国维看来，张之洞等人修订的《奏定学堂章程》过于忽略思想性，这是他不能容忍的，为此，他呼吁在大学各学科开设哲学概论、中国哲学史、西洋哲学史这样的课程以补救。王国维一向崇尚思想，所以高举哲学大纛，强调哲学课程的重要；我们则认为，在高等学校非文科专业开设大学语文课程，学习古今中外的优秀文学作品，以求触及学生的心灵世界和精神追求，恢复他们对专业以外世界的感知，对人生冷暖和情感情绪的体验，对家国情怀的理解，进而提升学生的人文素质。

大学语文不应像中学语文那样，追求"标准答案"，它是开放式的，允许学生多元化思考，鼓励学生提出与授课教师不同的认识和看法，提倡批判性思维、创新性思维。《文学价值论》中提到，文学的价值在于：艺术家在对生活独特感受与发现的基础上，出于情感的和思想的需要，通过想象和幻想，以语言符号为手段而对世界进行的一种审美的再创造，或者是文学主体在特定遭际、感悟中某种独特情感的诗的宣泄或抒发。因此，对文学作品的鉴赏是主观的、个体的，有共性但更有独特性。随着欣赏主体阅历、情感、知识、观念的差异，同一读者在不同时期读同一作品，认识感受也可能完全不同。学生作为文学欣赏者，完全可以提出自己独到的见解和意见。大学语文从不作这样的假设：非文科大学生不懂文学、没有文学鉴赏能力、不能创作，而是认为他们具备这些方面的能力，大学语文的职责在于唤醒、恢复他们内心深处的文学想象、文学表达的意愿和能力。语言、文学与他们各自学习的专门科学不但不冲突，反而相得益彰。古今中外都有一些科学家同时又是文学家或者文学爱好者，这就是很好的证据。

大学语文的选文，来自古今中外优秀的文学作品，而文学是语言的艺术，文学作品借助于语言符号，采用抒情、描写、比喻、象征等文学手法，以诗、词、曲、戏剧、小说等各种文体为载体；文学作品又与一定历史时期、某一文学思想、文学流派有关，学习大学语文需要掌握文学语言的特点和知识、文体知识、文学史知识。文学语言与一般语言尤其是专业语言、学科语言不同，"诗之至处，妙在含蓄无垠，思致微渺，其寄托在可言不可言之间，其旨归在可解不可解之会，言在此而意在彼，泯端倪而离形象，绝议论而穷思维，引千人于渺漠恍惚之境，所以为至也"（叶燮《原诗》）。文体，仅中国古代就有上百种之多，但我们常见的、常用的不外十来种。文体包括外在体制、语体风格、体式、体性等方面，诸如字句篇幅、句式节奏、音韵格律，赋、比、兴表现手法，抒情体、叙事体、议论体等话语系统和结构体式都属于文体范畴。文体的分类阅读学习，文体知识及文学史知识的掌握，有助于提高鉴赏能力，理解中国文化的发展轨迹，形成正确的价值观和审美观，也有助于提高文学创作能力和应用文写作能力。

第一部分 — 诗歌

第二部分 — 辞赋

第 一 部 分

诗歌

文体概说

诗歌是以凝练的语言，生动形象地表达作者的情感，反映社会生活，并且具有一定节奏和韵律的文学体裁。广义的诗歌包括诗词曲等不同样式。中国诗歌大致以新文化运动为界，可分为古代诗歌和现当代诗歌。

《诗经》是中国古代最早的诗歌总集，具有强烈的现实主义精神，深刻而广泛地展现了西周以来数百年的社会现实生活。《诗经》奠定了我国诗歌抒情言志的传统，其风雅精神与赋、比、兴的表现手法对中国诗歌发展影响深远。《诗经》在形式上采用复沓的章法和以四言为主的句式，重章叠句增强了音乐性和节奏感，深化了诗歌的主题。

两汉乐府诗在中国古代诗歌史上留下了浓墨重彩的一笔。乐府诗的作者来自不同阶层，呈现出一幅更加多元的社会图景。娴熟的叙事手法和独特的立意，使乐府诗成为中国古代诗歌的一股新流。东汉后期，五言逐渐取代传统的四言成为诗歌主流，完整的七言诗也开始出现，涌现出了一批文人诗作品。"三曹"与"建安七子"完成了乐府民歌向文人徒诗的转变。从建安风骨到正始之音，这一时期的诗歌具有政治悲剧的色彩。西晋诗坛讲求辞采华丽；而东晋诗坛清谈玄理，"理过其辞，淡乎寡味"，艺术成就不高。直到晋末陶渊明开创了田园诗之先河，成为魏晋古朴诗风之集大成者。东晋在玄言诗的影响下，山水诗逐渐兴起，描摹景物，刻画山水，骈偶句式逐渐增多。南朝历宋、齐、梁、陈四代，汉语诗歌的语言形式在此时期得到突飞猛进的发展，先后有元嘉体、永明体、宫体三个阶段。元嘉体以谢灵运、颜延之、鲍照为代表，注重描写山川景物，讲究藻采，崇尚对偶，所谓"俪采百字之偶，争价一句之奇。情必极貌以写物，辞必穷力而追新"。永明体以谢朓、沈约、王融、范云、丘迟等为代表，在理论上对五言诗声律进行了探讨，提出"四声""八病"说，其中五言短诗的格律已十分接近唐代规范的五言律诗。宫体诗由萧纲、萧绎、庾肩吾、徐陵等人提倡，内容多以艳情、游宴为主，风格较永明体更加精巧细密、华美秾丽。整体而言，南朝五言诗歌在对仗之精巧、声调之和谐、辞藻之色泽、词性之活用、词序之倒装等方面都做了有力的开拓。南北朝时期，民歌展现了丰富的情调与风格。南朝民歌清丽缠绵，北朝民歌直率刚健，各具特色。

　　唐诗在继承前代文学的基础上取得了空前繁荣。今存全部唐诗约五万首，数量超出唐前各代总和的两三倍。唐诗风格多样，名家辈出，开宗立派，影响深远。唐诗发展历程，依高棅《唐诗品汇》可分为初、盛、中、晚四个阶段。自唐高祖武德至唐玄宗先天年间，为初唐阶段。"初唐四杰"与陈子昂批判南朝绮艳诗风，提倡汉魏风骨，情感充沛，风骨刚健，加强了诗歌与现实生活的联系。沈佺期、宋之问等在齐梁诗歌的基础上进一步使律诗定型。自唐玄宗开元年间至唐代宗大历初期，为盛唐阶段。诗歌得到空前繁荣，风骨声律兼备，表现了开元、天宝盛世的蓬勃向上、乐观自信、关怀现实、致君尧舜的时代精神，风格高亢、雄浑、豪壮、刚健、明朗。诗歌各体兼备，无美不臻，五绝、七绝、五律、七律、五古、七言歌行都产生了许多优秀作品。盛唐诗人以李白、杜甫为成就最高者，此外如张说、张九龄、张若虚、王维、孟浩然、高适、岑参、王昌龄、王之涣、崔颢、李颀、王翰等都自成一家。自唐代宗大历至唐穆宗长庆年间，为中唐阶段。经历了安史之乱，时代精神不复乐观张扬，诗歌风格继续在开拓，如白居易、元稹、韩愈、孟郊、柳宗元、刘禹锡、贾岛、李贺等都形成了独特的风格。自唐敬宗宝历初年至唐亡为晚唐阶段，诗歌普遍呈现出感伤、忧愤的衰世特征，李商隐与杜牧分别在七律与七绝上展现了很高的艺术水平。

　　中国诗歌的体式在唐代已基本发展完备，宋代诗歌在题材内容与艺术风格上取得了新的进展。宋诗的艺术特征在唐诗中已有肇端，尤其杜甫、韩愈、白居易等是宋人学诗的典范。宋诗略唐诗之所详，详唐诗之所略，力破余地，精益求精，以筋骨思理见胜，从而与唐诗并称为"唐音宋调"。宋诗在数量上远远超过唐代。诗歌数量的激增，反映了宋代文人整体生活环境比较安定悠闲，也体现了宋诗与文人的日常生活更为切近。宋诗风格多样，以严羽《沧浪诗话》所举为例，有"元祐体""江西宗派体""东坡体""山谷体""后山体""王荆公体""邵康节体""陈简斋体""杨诚斋体"等。宋诗的题材内容在唐诗的基础上进一步开拓，由于诗歌强化了对日常生活的表现，宋诗在艺术技巧上更多采用叙述、说理、议论。相应地，在抒情上则不如唐诗那样充沛，而是加以节制，将兴奋收敛，将悲哀扬弃，冷静而从容。宋代儒学复兴，发展出理学或称道学，诗歌的日常化以及宋人思辨内省的特性，使得宋诗在风格上呈现为理趣、闲淡、深细、拗折。

　　元、明、清诗歌总体上都受到唐音、宋调的影响，或学唐，或学宋，或融合唐宋，如明代前后七子、公安派、竟陵派，如清代神韵说、格调说、性灵说、肌理说，都取得一定成就，开拓了中国古典诗歌的境界。唐诗与宋诗不仅是朝代之别，更是代表了两种诗歌类型，"天下有两种人，斯分两种诗，唐诗以丰神情韵擅长，宋诗多以筋骨思理见胜"，"高明者近唐，沉潜者近宋"，"少年才气发扬，遂为唐体；晚节思虑深沉，乃染宋调"，"所作不能出唐宋之范围，皆可分唐宋之畛域"（钱锺书《谈艺录》）。

诗歌发展到近代阶段，虽然形式上仍然采用古典诗歌体式，但表现形式有了很大的革新。一方面，长篇诗歌增多，如朱琦的《感事》、黄遵宪的《锡兰岛卧佛》等，黄诗被梁启超誉为"空前之奇构"，中国"有诗以来所未有"。另一方面，出现大规模组诗，如龚自珍的《己亥杂诗》共有三百余首，反映了诗人一生的主要经历、遭遇和思想。此外，龚自珍、梁启超的一些诗明显地突破了旧的格调声律的束缚，同时还出现了诗歌通俗化的趋势。黄遵宪早期即提出"我手写我口"，主张以"流俗语"入诗，倡导近代诗体革命。19世纪末20世纪初，为了适应通俗宣传的需要，兴起过一个歌词创作运动，其形式逐渐向白话诗（新诗）靠近。

新诗是相对于传统旧诗而言的，是指随着白话文运动而兴起的、以白话作为书写形式的诗歌的总称。自诞生以来，新诗就在外国诗歌和文艺思潮的影响下不断探索前进，到了20世纪30年代更是形成了各流派多元共存、此消彼长的局面。到40年代中国新诗派更代表了新诗现代化探索的高峰。新中国成立以后，以现实主义为主导的诗歌对社会生活进行了深刻的反映，其他诗歌流派和技法也在探寻新诗在当下的可能性与出路。

新诗的起点可以追溯到1917年以来胡适、刘半农、沈尹默等人以白话入诗的尝试。早期的新诗虽然还很幼稚，但全部采用白话，句式不再受格律的限制，已然突破了旧诗的基本规范。由此开始，新诗开始了不断开拓与深化的充满活力与张力的发展历程。

当然，新诗的发生是一个漫长的过程，有其特定的历史语境。在晚清急遽变动的时局下，黄遵宪、梁启超等人发起"诗界革命"，试图在不改变"旧风格"的前提下，为诗歌注入新的时代内涵。胡适进一步发起白话文运动，要求打破诗与文的界限，克服古典诗歌的贵族化倾向，实现平民化的启蒙目标。

如果说胡适一代对白话入诗的大力提倡是对旧诗传统最彻底的背离，那么早期创造社、前期新月派、前期象征派诗人则不约而同开启了新诗内部的又一次艺术反叛。

针对早期白话诗的理性和平实，创造社诗人加强了对诗歌抒情本质的强调，诗人大胆想象，自由表达，将诗体解放推向极致。

前期新月派诗人紧接着担负起新诗规范化的重任，开启了新诗格律化之路。诗人将音乐美、绘画美、建筑美引入到诗歌中，强调诗歌的"和谐均齐"，反对情感不加节制的宣泄。至此诗歌的情感表达更加精练集中，早期白话诗歌"自由散漫"的弊病得以纠正，新诗进入自觉时期。而1926年"纯诗"概念的提出则是对新诗"非格律化"的又一次反拨，暗示与朦胧被认为是诗歌与散文相区别的特质。

前期象征派的诗人转而向西方吸取养分，多使用意象跳跃、暗示、感官呈象等手法，在措辞排列、表达方式、意象组合等各个方面，为新诗的初期尝试增添了一抹神秘晦涩的异域色彩。

新诗在第二个十年里，继续沿着前十年开辟的理论与实践道路前进，自由探索、开拓与发展，迈进了一个多元共生、成果丰硕的黄金时期。受西方各艺术流派影响，新诗的现代意识逐渐增强，诗人与诗人群体或向隐秘而丰富的内心世界不断开掘，或对外部与人民的关系方面重新审视，既相互批评相互竞争，又相互影响相互借鉴，对于新诗的思索与实践达到了新的艺术高度。

1928年、1930年，《新月》和《诗刊》先后创刊，以此为阵地集结了一批以徐志摩为旗帜的诗人群体，即后期新月派。他们延续了前期新月派对新诗艺术审美品格的追求，追求诗歌"技巧的周密和格律的严谨"。后期这些诗人的创作声势逐渐式微，不少人在错综复杂的诗歌观念交互下，跻身"现代派"诗歌潮流之中。

现代派诗潮以戴望舒为首领，从象征派诗潮中脱胎而来。1932年，施蛰存主编的《现代》杂志在上海创刊，以该刊为园地，围绕意象营造，将"现代辞藻"排列成"现代诗行"抒写"现代情绪"的现代派诗潮迅速崛起。他们不像新月派过分重视音乐美、绘画美和建筑美，而是强调诗情本身的抑扬顿挫。诗人们受法国后期象征派诗歌、美国意象派诗歌和现代派诗歌的影响，又糅合以中国古典诗歌的意象美学，表现出了向传统回归的趋势。

与此同时，面对日益激烈的民族危机和政治斗争，1932年成立的中国诗歌会唱响了"歌唱新世纪的意识"的口号。诗人提出"诗歌大众化"主张，争当"大众的乐手"，将诗歌与民歌、俚曲结合，以求明白晓畅。内容上，则紧密把握时代的大动脉，直接介入现实政治，表现工农大众的斗争与命运。其时代性、战斗性、通俗性、叙事性的增强代表了新诗在时代背景下的一个新的走向。

卢沟桥的一声炮响刺激了40年代诗人们敏感脆弱的神经。民族解放的时代号角以最强的感召力在一夜之间集结了一大批热血涌动的中华儿女，在爱国主义的推动下，出现了街头诗、朗诵诗等极具动员力量的新诗体，这些诗歌句式简短、节奏鲜明、内容通俗，诗人们几乎是嘶吼着谱写出战斗的激情。敌后根据地的诗人们更是进一步发扬新诗的歌谣化精神，下到民间采风，吸取民间资源进行诗歌创造。遍地硝烟之中显然容不下伤春悲秋的精致"纯诗"，30年代的"众声喧哗"被"同声歌唱"所取代，写实主义诗作在巨大的社会现实面前站稳了脚跟，日益找到了历史合法性。

随着战争进入相持阶段，对"幼稚的叫喊"和"浮泛的概念"的反思也随之到来。以牺牲诗美为代价的初期抗战诗风逐渐被诗人所警觉，七月派在诗坛对抗战新美学的呼唤中应运而生。七月派诗人以艾青为代表，诗歌多深沉、阔大、凝重、忧郁，与土地与人民血肉相连，具有强劲的生命力和厚重的美感，展现了诗人们探索人类之生存远景，挖掘复杂深邃的人性内涵的尝试。艺术形式上，他们大多写自由体诗。

此时远在西南的高等学府似乎成了与世隔绝的象牙之塔，成了校园诗人们的沉潜之地。在这里，中国新诗派（九叶派）继续推进新诗的现代化历程，他们自觉扎根现实土壤，力图于古典诗学的浸染中摆脱桎梏，又吸收英美现代派的理论精华，强调对诗歌思维和语言的根本改造，从现代经验出发，写出"现实、象征、玄学""有机综合"的诗。在40年代动荡严肃的战争背景下，诗人对诗艺的探索走向成熟。

与当代风起云涌的政治运动相呼应，当代新诗围绕着文艺为工农兵服务而展开，政治抒情诗成为创作主潮。诗人以反复铺陈渲染的诗句宣泄革命激情，为人民代言。而表现新生活的需要，则引发了当代诗歌中的叙事热潮。

70年代末，朦胧诗的崛起拉开了新时期诗歌的帷幕。顾城、北岛等人在诗中大量使用隐喻、暗示、通感等手法，内涵上则展现出对人性价值的肯定。80年代朦胧诗退潮后，又相继涌现出大批新的诗歌团体，开展了各式诗歌创作试验，90年代后这些诗派愈加分化、孤立，诗歌也愈加边缘化，直至淹没于市场经济的浪潮中。

以上梳理了中国诗歌从古至今的大致历程，而作为一种产生时间最早、分布地域最广的文学样式，诗歌在国外同样有着极为悠久的历史、有着极为灿烂的历程！从古希腊诗人荷马、赫西奥德、梭伦、阿尔凯奥斯、萨福等，直到2020年获得诺贝尔文学奖的美国诗人露易丝·格丽克，几千年的诗歌发展历程，有多少伟大的诗人、有多少璀璨的诗篇！这里实在难以细述这一浩瀚的历程，仅就本书所选的两篇外国诗作些简要说明。《忧郁》的作者是法国象征派诗歌的先驱人物、现代派的奠基者波德莱尔。他的抒情诗集《恶之花》，表达了19世纪中期巴黎快速工业化过程中美的性质发生的变化。波德莱尔被誉为最早从感官体验的角度捕捉到现代性的作家，他具有高度创造力的诗歌风格影响了几代诗人。20世纪诗歌则选取了英国诗人狄兰·托马斯的作品《死亡也一定不会战胜》，他的作品大多围绕生命、爱欲、死亡三大主题展开，并富有强烈的节奏和密集的意象，尤其是诗中超常规的意象排列方式，冲击了惯于理性思维的英国诗歌传统，形成一种独特的超现实主义风格。

拓展视频

拓展视频

《蒹葭》中的"白露为霜"

《沈园》的难言之隐

学习笔记

1

诗经·卫风·伯兮[1]

伯兮朅兮[2]，邦之桀兮[3]。伯也执殳[4]，为王前驱[5]。

自伯之东[6]，首如飞蓬[7]。岂无膏沐[8]，谁适为容[9]？

其雨其雨[10]，杲杲出日[11]。愿言思伯[12]，甘心首疾[13]。

焉得谖草[14]，言树之背[15]。愿言思伯，使我心痗[16]。

📖 注释

[1] 选自阮元校刻《十三经注疏》。《卫风》是《诗经》十五国风之一，今存十篇。卫国大约在今河北、河南、山东三省交界处。《卫风·伯兮》是一位女子思念远征丈夫的诗。伯：周代女子对自己丈夫的称呼。

[2] 朅（qiè）：通"偈"，壮健英武的样子。

[3] 邦：国家。桀：通"杰"，杰出的人。

[4] 殳（shū）：古代兵器，竹制，杖类，形如竿，长一丈二尺。

[5] 前驱：先锋，在战车两旁保卫统帅。这里当指旅贲，为天子侍卫，首领是中士级别。

[6] 之：往。

[7] 飞蓬：本义指风中蓬草飘飞，此处形容人头发散乱的样子。

[8] 膏：润面。沐：洗发。

[9] 适：悦，喜欢。容：名词作动词，修饰容貌。

[10] 其：语助词，表示祈求、希望的语气。

[11] 杲（gǎo）：明亮的样子。出日：日出。

[12] 愿言：念念不忘的样子。

[13] 甘心：情愿。首疾：头痛。

[14] 焉：何，何处。谖（xuān）草：萱草，俗称黄花菜、金针菜，古人认为这种草可以令人忘忧。

[15] 言：而。树：种植。背：堂屋北面，古人厅堂坐北朝南，所以堂背向北，背为北堂。

[16] 心痗（mèi）：心痛。痗：病。

评析

《卫风·伯兮》全诗四章，语言平实而感情真挚。首章开门见山，介绍了丈夫的体貌、职责。从第二章到第四章，对丈夫的思念层层递进。"女为悦己者容"，而第二章写"自伯之东"，作者再无修容取悦之人，感情顿时陷入失落。至三、四两章，先起兴后抒情。第三章尚且对丈夫归来有着"其雨其雨"的祈求，而第四章中却只能寄希望于谖草忘忧，这种相思的忧愁已经加深到难以排解的地步了！整首诗读完，一个等待丈夫归来的思妇形象跃然纸上，而末章那种难以排遣的愁绪，塑造了后世思妇题材作品的一个典型，正是"此情无计可消除，才下眉头，却上心头"。杜甫《三别》中的《新婚别》，写新婚妻子与丈夫离别，"暮昏晨告别"，丈夫出征，妻子在家中"罗襦不复施，对君洗红妆"。清人沈德潜《唐诗别裁集》选杜甫此诗，于"对君洗红妆"下加评语："即'谁适为容'意"，就是说杜诗的抒情方法，是继承了《伯兮》中此种描写以表达时无知己、思念爱人的方法。

思考与运用

❶ 诗歌的后三章是如何抒发情感的？有怎样的表达效果？

❷《伯兮》与《采薇》的题材都与战争有关，这两首诗在表达情感上有什么异同？

> 拓展视频
>
> 《蒹葭》中的伊人意象

拓展资源

（1）阅读《诗大序》的节选文字，并结合《伯兮》的学习，体会《诗经·国风》"发乎情，止乎礼义"的艺术特点：

故诗有六义焉：一曰风，二曰赋，三曰比，四曰兴，五曰雅，六曰颂。上以风化下，下以风刺上，主文而谲谏，言之者无罪，闻之者足以戒，故曰风。至于王道衰，礼义废，政教失，国异政，家殊俗，而变风变雅作矣。国史明乎得失之迹，伤人伦之废，哀刑政之苛，吟咏情性，以风其上，达于事变而怀其旧俗者也。故变风发乎情，止乎礼义。发乎情，民之性也；止乎礼义，先王之泽也。是以一国之事，系一人之本，谓之风；言天下之事，形四方之风，谓之雅。雅者，正也，言王政之所由废兴也。政有小大，故有小雅焉，有大雅焉。颂者，美盛德之形容，以其成功告于神明者也。是谓四始，诗之至也。（《诗大序》节选）

（2）比较杜甫《佳人》与《伯兮》对于"渴求知己"这一共同主题的不同思想表达：

绝代有佳人，幽居在空谷。自云良家子，零落依草木。关中昔丧乱，兄弟遭杀戮。官高何足论，不得收骨肉。世情恶衰歇，万事随转烛。夫婿轻薄儿，新人美如玉。合昏尚知时，鸳鸯不独宿。但见新人笑，那闻旧人哭。在山泉水清，出山泉水浊。侍婢卖珠回，牵萝补茅屋。摘花不插发，采柏动盈掬。天寒翠袖薄，日暮倚修竹。（杜甫《佳人》）

2

癸卯岁始春怀古田舍二首（其二）[1]

（东晋）陶渊明

先师有遗训[2]，忧道不忧贫[3]。

瞻望邈难逮[4]，转欲志长勤[5]。

秉耒欢时务[6]，解颜劝农人[7]。

平畴交远风[8]，良苗亦怀新[9]。

虽未量岁功[10]，即事多所欣[11]。

耕种有时息，行者无问津[12]。

日入相与归[13]，壶浆劳近邻[14]。

长吟掩柴门，聊为陇亩民[15]。

注释

[1] 选自光绪影刊本《宋本陶集》。陶渊明（约369—427），字元亮，又名潜，字渊明，别号五柳先生，谥靖节。浔阳柴桑（今江西九江）人。曾任江州祭酒、建威参军、镇军参军等职，后仕为彭泽县令，八十日解职而去，归隐田园。他被称为"古今隐逸诗人之宗"，有《陶渊明集》。此诗晋安帝元兴二年（403）作于浔阳。

[2] 先师：指孔子。

[3] 忧道不忧贫：《论语·卫灵公》："子曰：'君子谋道不谋食。耕也，馁在其中矣；学也，禄在其中矣。君子忧道不忧贫。'"

[4] 瞻望：仰望。邈：远。逮：达到。

[5] 志：立志。长勤：长年劳苦。

[6] 秉：持。耒：翻土用农具。时务：按农时作业。

[7] 解颜：开颜，笑颜。劝：勉励。

[8] 畴：耕种的田地。交：交遇。

[9] 怀新：包含盎然生机。

[10] 量：估量，预计。岁功：一年的收成。

[11] 即事：接事，指劳动时所遇人事、景物。

[12] 问津：问路。《论语·微子》："长沮、桀溺耦而耕。孔子过之，使子路问津焉。"

[13] 日入：太阳落山。

[14] 壶浆：酒。

[15] 聊：姑且。陇亩民：农民。

评析

　　这首诗是典型的田园诗。陶渊明面对春天农耕场景，怀想古人，表达了对躬耕田园的向往。诗歌结构简单，语言平淡。先写先圣孔子道德高尚，自己难以企及，其实是委婉地表达了对修齐治平的无感，转而写躬耕之"欢"，借怀古而写今日田园欢愉。"平畴交远风，良苗亦怀新"，一个"亦"字，表明自己的心情与物相接，与自然融为一体，物我合一了。从另一个角度来说，这也是拟人的写法，赋予良苗灵性，更体现出了陶渊明发自内心的喜悦之情。"虽未量岁功，即事多所欣"，写不问收获，躬耕的过程足以令人欢欣，和后面几句一起，都体现了陶渊明的旷达心境——他将农事视为一种清静的自修。最后落在了"长吟掩柴门，聊为陇亩民"一句，表达了成为躬耕农民、过上田园生活的心愿。苏轼曾评价此诗："平畴二句，非古之耦耕植杖者不能道此语；非世之老农，不能识此语之妙。"陶渊明在内心里便是一个"耦耕植杖者"，便是一个"世之老农"，所以才能在笔下写出如此自然、娴静的田园诗歌。

　　东晋在玄言诗的影响下，山水诗逐渐兴起，描摹景物，刻画山水，骈偶句式，逐渐增多。在这一总体趋势下，较少受外部影响而以表现自我为全部旨归的，唯有诗人陶渊明。陶渊明诗抒写人生的深沉厚重，超过此前所有诗人。受道家、佛教思想影响，处在晋宋易代之际的陶诗充满了人生梦幻、空无之感，"人生似幻化，终当归空无"（《归园田居》其四），"一生复能几，倏如流电惊"（《饮酒》其三），"吾生梦幻间"（《饮酒》其八），"流幻百年中"（《还旧居》）。陶渊明面对人生真相的解脱之道，是委运任化、乐夫天命："曷不委心任去留？胡为乎遑遑欲何之……聊乘化以归尽，乐夫天命复奚疑！"（《归去来兮辞》）"甚念伤吾生，正宜委运去。纵浪大化中，不喜亦不惧。"（《形影神·神释》）告别官场，走向田园，陶渊明以躬耕自足、亲近山水为自己的人生理想，为安顿人生的根本："但愿长如此，躬耕非所叹"（《庚戌岁九月中于西田获早稻》），"衣沾不足惜，但使愿无违"（《归园田居》）。魏晋以来"诗赋欲丽"的传统，到了陶渊明这里似乎有所停滞，陶诗较少使用浓艳辞藻与夸张语调，罕用深奥语汇、生僻典故。但陶诗语言又非平淡如水，而是"质而实绮，癯而实腴"，有对仗而不板滞尖巧，有修辞而能明净凝练，钟嵘《诗品》所谓"殆无长语"。

📝 | 思考与运用

❶ 据《道山清话》载：苏轼"在学士院闲坐，忽命左右取纸笔写'平畴交远风，良苗亦怀新'两句，大书小楷、行草，凡写七八纸，掷纸太息曰：'好！好！'散其纸于左右给事者"。苏轼更认为这两句诗，"非古之耦耕植杖者，不能道此语；非世之老农，不能识此语之妙"（《东坡题跋》）。请尝试分析一下，这两句诗究竟"好"在哪里？

❷ 诗中所说的"先师遗训"，在当代社会具有怎样的意义？

■ | 知识延伸

　　陶渊明对于世界和人生的许多问题，都有十分深刻的思考和认识，包括名与利、生与死、进与退、贫与富等，他都在诗文中表达了价值取向和人生态度。陶渊明不仅是一位伟大的田园诗人，也是一位睿智开明的人生导师，他的人生经历和人生哲学，对于现代人走出生存困境、发现自我价值、追寻人生目标都有十分重要的启示和参考价值。

🔗 拓展资源

　　阅读朱自清《陶诗的深度》一文（载《语文零拾》，岳麓书社2011年版），体会陶渊明作品平淡之外的艺术特点。

学习笔记

3

百步洪二首（其二）[1]

（北宋）苏轼

佳人未肯回秋波，幼舆欲语防飞梭[2]。

轻舟弄水买一笑，醉中荡桨肩相摩。

不学长安闲里侠[3]，貂裘夜走胭脂坡[4]。

独将诗句拟鲍谢[5]，涉江共采秋江荷。

不知诗中道何语，但觉两颊生微涡。

我时羽服黄楼上，坐见织女初斜河。

归来笛声满山谷，明月正照金叵罗[6]。

奈何舍我入尘土，扰扰毛群欺卧驼[7]。

不念空斋老病叟，退食谁与同委蛇[8]。

时来洪上看遗迹，忍见屐齿青苔寞。

诗成不觉双泪下，悲吟相对惟羊何[9]。

欲遣佳人寄锦字[10]，夜寒手冷无人呵[11]。

注释

[1] 选自《四部丛刊》景宋本《东坡诗集注》。本诗作于元丰元年（1078）秋苏轼任官徐州时期，百步洪在徐州东南二里。原诗序曰："王定国访余于彭城。一日，棹小舟，与颜长道携盼、英、卿三子游泗水。北上圣女山，南下百步洪，吹笛饮酒，乘月而归。余时以事不得往。夜著羽衣，伫立于黄楼上，相视而笑，以为李太白死，世间无此乐三百余年矣。定国既去逾月，余复与参寥师放舟洪下，追怀曩游，已为陈迹，喟然而叹。故作二诗，一以遗参寥，一以寄定国，且示颜长道、舒尧文，邀同赋云。"苏轼（1037—1101），字子瞻，一字和仲，号东坡居士，眉州眉山（今四川眉山）人，苏洵子、苏辙兄。仁宗嘉祐二年（1057）进士及第，五年授河南福昌主簿。六年应制科试，除大理评事、签书凤翔府判官。治平二年试秘阁，直史馆，三年以父丧返蜀。熙宁二年（1069），任殿中丞、直史馆、判官告院。熙宁四年后，因与王安石政见不合，出通判杭州，历任密州、徐州、湖州。元丰二年（1079）七月，以"乌台诗案"贬黄州团练副使，再移汝州。元丰八年神宗去世，任礼部郎中，元祐初年由起居舍人递迁至翰林学士。四年，又因新旧党争出知杭州，至元祐八年间两诏还朝而外任。绍圣以后，因新党掌政，贬惠州、儋州。徽宗继任而遇赦，卒于北归途中。著有《苏轼文集》《苏轼诗集》《东坡乐府》等。

[2] 幼舆句：此用谢鲲挑女折齿典。《晋书·谢鲲传》："谢鲲，字幼舆。陈国阳夏人。邻家高氏女，有美色。鲲尝挑之，女投梭，折其两齿。时人为之语曰'任达不已，幼舆折齿。'鲲闻之曰：'犹不废我啸歌。'"此处戏指王巩、颜复携妓同游。

[3] 闾里侠：《汉书·原涉传》："闾里之侠，原涉为冠。"

[4] 胭脂坡：指妓坊。王十朋集注曰："胭脂坡，长安妓馆坊名。"

[5] 鲍谢：鲍照、谢灵运。

[6] 金叵罗：金制酒具。李白《对酒》："蒲萄酒，金叵罗，吴姬十五细马驮。"

[7] 扰扰句：毛群代指兽类，左思《蜀都赋》："毛群陆离，羽族纷泊。"刘逵注："毛群，兽也。"谓王定国等人弃我而游，如毛群之欺卧驼也。

[8] 退食句：用《诗经》语，《召南·羔羊》："退食自公，委蛇委蛇。"委蛇（wēi yí），同"逶迤"，悠闲自得的样子。

[9] 羊何：指羊璿之、何长瑜，都是谢灵运的好友。谢灵运有《登临海峤，初发强中作，与从弟惠连，见羊、何共和之》诗，沈约《宋书·谢灵运传》："灵运既东还，与族弟惠连、东海何长瑜、颍川荀雍、太山羊璿之以文章赏会，共为山泽之游。时人谓之四友。"此借指颜长道、舒尧文。

[10] 锦字：《晋书·列女·窦滔妻苏氏》："窦滔妻苏氏，始平人也，名蕙，字若兰。善属文。滔，苻坚时为秦州刺史，被徙流沙，苏氏思之，织锦为回文旋图诗以赠滔。宛转循环以读之，词甚悽惋，凡八百四十字。"

[11] 手冷无人呵：《开元天宝遗事》："白尝便殿撰诏诰，时十月大寒，笔冻莫能书字，帝敕宫嫔十人侍白左右，令各执牙笔呵之，取而书诏。"此谓目下无佳人为之呵笔。

评析

　　此篇是苏轼为寄怀与王定国来访游百步洪所作诗。全诗前半忆叙王定国等人携妓出游之事，作者当时虽以事不能往，但诗中描写与佳人并肩划桨游乐，如在目前；"我时羽服黄楼上"转写当日以事无法同行的郁闷之情；"时来洪上看遗迹"以下转入现实情境，抒发其寂寥怀友之情；末尾云诗成欲寄，却无当日之佳人为我传信呵笔，首尾呼应。此诗好处，首先在于写景叙事既生动流畅，又广用事典语典，具有"句句雅健"（纪昀《纪评苏诗》卷一七）的语言风格。如写携妓同游，作者连用《汉书》《晋书》中旧事，又用《古诗十九首》中"涉江采芙蓉"语，将文人欢会的情境烘托得尤为不俗。其次在于辞意宛转相副，情感转换流畅。全诗由描写游玩时的调笑戏谑转入追怀旧游的孤清寂寥，末尾悲吟之际，又用佳人典故应和前事以自纾解，其中转折无迹，显示出高超的写作技巧。

七言古诗是苏轼诗歌创作中最为擅长的体裁，方东树曾评价其七古的特色云："其才大学富，用事奔凑，亦开俗人流易滑轻之弊。"（《昭昧詹言》卷二十）文学博富加上善于形容，使得苏轼能够轻易敷衍长篇，显示出其洋溢的才情，且神补了宋初诗坛七古创作中过于平易疏畅的弊病；对韩愈"以文为诗"传统的继承也使得他在创作时讲求意脉贯通，所以诗意驰骋灵动，往往造成旋转奔放的气势。但是在某些诗作中，诗意直露无遗或是堆垛典故也偶尔为后世论诗者所诟病。总之，苏轼七古以清丽雄远的诗风、才思横溢的诗语在七古诸作家中独树一帜，反映出宋代诗人以才学为诗的倾向。

思考与运用

❶ 本诗是如何将对事物的形象感受与文学典故结合的？

❷ 本诗如何实现时空情境的转换？这种写法有何好处？

拓展资源

（1）结合历代以来对下面诗歌的评论，概括本诗的风格特点：

叠韵愈出愈奇。百炼刚化为绕指柔。古今无敌手。此篇与前篇合看，益见其才大而肆。（汪师韩《苏诗选评笺释》）

此首紧贴王、颜携妓用意，亦句句雅健。（纪昀《纪评苏诗》卷一七）

自叠前韵，辞意宛转相副，毫无牵掣之迹，斯为神技。（赵克宜《角山楼苏诗评注汇抄》卷八）

（2）阅读《百步洪二首》（其一），比较两诗的艺术特点：

长洪斗落生跳波，轻舟南下如投梭。水师绝叫凫雁起，乱石一线争磋磨。有如兔走鹰隼落，骏马下注千丈坡。断弦离柱箭脱手，飞电过隙珠翻荷。四山眩转风掠耳，但见流沫生千涡。险中得乐虽一快，何异水伯夸秋河。我生乘化日夜逝，坐觉一念逾新罗。纷纷争夺醉梦里，岂信荆棘埋铜驼。觉来俯仰失千劫，回视此水殊委蛇。君看岸边苍石上，古来篙眼如蜂窠。但应此心无所住，造物虽驶如余何。回船上马各归去，多言诮饶师所呵。

拓展视频

《赤壁赋》与中国文化

4

白帝城最高楼[1]

（唐）杜甫

城尖径仄旌旆愁[2]，独立缥缈之飞楼。

峡坼云霾龙虎卧[3]，江清日抱鼋鼍游[4]。

扶桑西枝对断石[5]，弱水东影随长流[6]。

杖藜叹世者谁子，泣血迸空回白头[7]。

注释

[1] 选自蔡梦弼笺《杜工部草堂诗笺》五十一卷本。本诗作于大历元年（766），时杜甫初到夔州。白帝城在夔州东南（今重庆奉节县东）白帝山上，东汉初公孙述筑城，自号白帝，因以为名。杜甫（712—770），字子美，原籍襄阳，曾祖时迁居河南府巩县（今属河南巩义）。祖审言，有诗名。杜甫七岁始作诗文，年十四入东都翰墨场，开元十九年漫游吴越。二十三年，归洛阳，举进士落第，游齐赵。天宝六载，应玄宗诏诣京师试，再次失意而归。天宝十载进三大礼赋，十三载复进《封西岳赋》，次年授右卫率府胄曹参军。安史乱起，赴肃宗行在，陷贼三载而脱身，拜右拾遗。乾元元年为华州司功，弃官，赴秦州、同谷、成都。宝应二年为节度参谋、检校工部员外郎。永泰元年严武卒，杜甫遂携家下至云安，再自夔出峡，泊船岳阳、潭州、衡州一带。大历五年，病卒于湘水扁舟中。《新唐书·艺文志》著录《杜甫集》六十卷。

[2] 城尖句：谓白帝城城角高耸，山路倾斜狭窄，并树立着军旗。此句暗示当时战乱未已。

[3] 峡坼句：谓山峡断裂间云雾晦暗，似有龙虎栖卧。坼，裂也。

[4] 鼋鼍：皆大江中水族。鼋，大鳖也；鼍，鳄鱼、蜥蜴之类。

[5] 扶桑：神话中的树名。《山海经·海外东经》："汤谷上有扶桑，十日所浴，在黑齿北。"郭璞注："扶桑，木也。"此谓以楼之高，故能望见东海之扶桑，其向西枝条且与山峡断石相对也。

[6] 弱水：古代神话传说中称险恶难渡的河海。《海内十洲记·凤麟洲》："凤麟洲在西海之中央，地方一千五百里，洲四面有弱水绕之，鸿毛不浮，不可越也。"此谓以楼之高，故望见西海弱水东流之影。

[7] 泣血：言泣无声如血出。《诗经·雨无正》："鼠思泣血，无言不疾。"迸空：泪洒空中。

评析

这是杜甫晚年在夔州所作的一首拗体七言律诗。首联诗人的笔触即将白帝城上的风光全景展示出来：通过逼仄的小路到达插满军旗的城池最高处，高远不明的楼台上只有一个独立的身影。不同于寻常移步换景式的游踪叙写，此处前后两句视角转换如散点透视，既含叙事，又将飞楼、诗人个体置于寥廓之天地间，渲染出惨淡孤寂的氛围。颔联承接楼势之高，实写诗人目光所及：江峡坼裂，雾气昏暗，使人怀疑有龙虎盘踞其中；而江水清澈，日光照耀，又有鼋鼍拥光游嬉。一静一动，一森沉一和谐，形成鲜明的对比。颈联仍是写景，只是由现实转入虚拟的神话中，作者连用典故，谓楼上能见东海扶桑树正对山峡和西海弱水流入长江，此极言楼台地势之高。以上二联虽都写山水景物，却无不蕴含着作者对王朝盛衰、人世变乱、光阴飞逝的现实寄寓。尾联从幻想中转回现实：那独立飞楼中的人正垂垂老矣，触景生情，饱经苦难的泪水洒向空中，只有一头白发飘摇。

七律是杜甫运用最多、成就最高的诗体，无论写景、抒情，感时、怀古，大多写得格律精严，对仗工稳，意境沉雄，使律诗得到了长足的发展。而夔州以后的七律在数量上约占杜甫毕生所写七律的三分之一，并且在艺术面貌上更有了一些新的变化，即老杜本人所谓"老去诗篇浑漫与"与"晚节渐于诗律细"：年华老去，而诗歌技术趋于纯熟，因此既能精心于声律体式，又能得物情之自然。此外，对于时代变化、人民苦难的知觉和悲悯仍然贯穿于诗歌创作中，因此夔州以后诗别具颓唐悲怨之气。如本诗的写作，杜甫即运古入律，首先摈弃了律诗规范的粘对原则（如"旌旆愁""西枝对断石""东影随长流"等语），其次打破了律诗一般的音步节奏（如"独立缥缈之飞楼"），使得全诗声律获得了一种拗峭奇崛、悲抑激楚的声气。而在描写云霾、鼋鼍等自然事物时，又能准确把握其情态特征，令其隐晦地传达出作者的思想情感且不含刻意的斧凿痕迹。黄庭坚曾评价杜甫夔州以后诗"不烦绳削而自合"（《与王观复书》），从某种程度上来说，夔州以后诗确实代表着杜甫对律体的新开拓。

思考与运用

❶ 本诗表达了作者怎样的思想情感？

❷ 有人认为杜甫七律"暮年加进于妙年而老作更深于少作"，结合夔州以后的诗歌风格，你如何看待这一观点？

知识延伸

杜甫身居茅屋，心怀百姓和天下。留下著名诗句"安得广厦千万间，大庇天下寒士俱欢颜"。结合自己学习杜甫诗作的经历，感受诗人的博大胸襟和人文情怀。

拓展资源

　　阅读《奉节白帝城联》，比较对联与诗歌关于白帝城的不同表现手法：

　　胜地我频游，听江上竹枝，依然是麝香打柴，鱼腹晒网；
　　空山人不见，看城头蔓草，何处寻少陵秋兴，太白朝云。

拓展视频
《又呈吴郎》的民胞物与之情

拓展视频
《秋兴八首》（其一）的写景与抒情艺术

学习笔记

5

咏史[1]

（清）龚自珍

金粉东南十五州[2]，万重恩怨属名流[3]。

牢盆狎客操全算[4]，团扇才人踞上游[5]。

避席畏闻文字狱[6]，著书都为稻粱谋[7]。

田横五百人安在[8]，难道归来尽列侯[9]？

注释

[1] 选自清光绪刻本《龚定盦全集》。龚自珍（1792—1841），字璱人，号定盦，浙江仁和（今浙江杭州）人，近代著名思想家、学者、诗人。龚自珍出身书香门第，曾与魏源一起师从刘逢禄问常州今文经学，并称"龚魏"。梁启超在其《清代学术概论》中说："晚清思想之解放，自珍确与有功焉。光绪间所谓新学家者，大率人人皆经过崇拜龚氏之一时期；初读《定盦全集》，若受电然。"

[2] 金粉：女性所用的化妆品。东南十五州：《资治通鉴》记载唐德宗时，李泌曾说韩晃"镇江东十五州，盗贼不起"。这里泛指长江下游江南富庶之区。

[3] 万重恩怨：层层叠叠的利害关系。属（zhǔ）：系于，存在于。名流：声名显赫的官员名士。

[4] 牢盆：古代煮盐器具，代指盐商富户。狎客：幕宾、清客。权势比较大的官员，会于家中开幕府纳士。

[5] 团扇才人：古代宫中的女性，这里是指代接近权贵的无行文人。

[6] 避席：古人席地而坐。避席就是离席，意为当时的士大夫因为害怕文字狱而辞官归隐。

[7] 稻粱谋：指谋生的职业或饭碗。

[8] 田横五百人：田横是秦末齐国旧王族，齐亡后带领五百人据守于东海海岛。汉高祖统一后，以高官厚禄招降田横及其属下，谓不受降便举兵歼灭之。为保护属下，田横带两个门客随使者赴洛阳，在快到的时候，自刎明其不降之志。汉高祖再派使者，招降岛上的五百人。五百人听说田横已死，皆蹈海自尽。

[9] 列侯：汉代官制，王子封侯称诸侯；异性功臣封侯称列侯。

评析

这首诗作于道光五年（1825）十二月，龚自珍时因母丧离官后客居昆山，目睹东南富庶地区官场的腐败，正直的士大夫在文字狱的残酷威慑下，只能选择远离官场是非，以养家糊口、明哲自保为志，感到非常痛心疾首。作者在诗中，对勾心斗角、争名逐利的所谓"名流"，对无感于天下兴亡的读书人士大夫，对整个社会的风气氛围，都表达了他的愤慨和讽刺。

这首诗中的颈联"避席畏闻文字狱，著书都为稻粱谋"，无比精练地概括出了晚清官场的腐败黑暗，和士大夫生存环境的恶劣，对仗极其工稳，而情感极其愤激，有很强烈的批判性，是以不胫而走，成为脍炙人口的名句。

龚自珍的诗，既善于议论，也长于抒情，意象的营造也非常醒目。加之诗人主体的情感强烈充沛，才高而意广，虽用典对仗极工，却似不假思索脱口而出，极富艺术感染力。

📝｜思考与运用

❶ 龚自珍在这首诗里为什么要用田横五百人的典故？

❷ 龚自珍和魏源并称"龚魏"，是因为什么？

🔗 拓展资源

阅读《龚自珍己亥杂诗》(中华书局2019年版)，比较《己亥杂诗》与《咏史》诗的异同。

学习笔记

6

舟过谢潭（其三）[1]

（南宋）杨万里

碧酒时倾一两杯，船门才闭又还开。

好山万皱无人[2]见，都被斜阳拈出来[3]。

注释

[1] 选自清钞本《诚斋集》卷十五。杨万里（1127—1206），字廷秀，号诚斋。吉州吉水（今江西吉水）人。南宋诗人，与陆游、尤袤、范成大并称为"中兴四大家"。因宋光宗曾为其亲书"诚斋"二字，故学者称其为"诚斋先生"。著有《诚斋集》等。孝宗淳熙七年（1180），诗人从家乡吉州赴提举广东常平茶盐任，在溯赣江途中经谢潭，作诗三首，此选其三。谢潭，地名。

[2] 皱：皱褶。

[3] 拈：本义为用两三个手指头夹、捏取物。

评析

这首诗写船中所见斜阳映山之景。用"万皱"形容"好山"，诗中有画。"万皱"本不易被注意，斜阳映照之下，"万皱"始毕露无遗。"拈"字用得新颖生动，展示了斜阳与山峰的关系。杨万里诗歌善于捕捉转瞬即逝、不为一般人所注意的自然景物，用浅切明快的语言生动表现出来。韩愈《南山诗》中"晴明出棱角""烂漫堆众皱"等诗句，可能给了杨万里创作上的启示。

杨万里一生作诗二万多首，今存四千二百余首，最能代表他诗歌艺术特点的是他创作的"诚斋体"诗歌。宋孝宗淳熙十四年（1187），杨万里作《荆溪集序》，尽述其诗歌创作之转变：先学江西诗派诸家技艺，后学陈师道五律，再学王安石七绝，继而学习晚唐诸家绝句，作诗转益多师，诗歌创作经历了几次转变，最后有所悟，"尽弃诸家之体而别出机杼"，推陈出新，形成了独特的艺术风格。

📝 | 思考与运用

❶ 为什么"船门才闭又还开"？

❷ "都被斜阳拈出来"这句诗，如果不用"拈"字，还有没有其他的动词可以表达相近意韵？

⬛ | 知识延伸

中国古代的文学发展，与生态自然有着紧密的联系。从先秦的观察自然、取譬自然，到魏晋的发现自然、描写自然，再到唐宋的赞颂自然、思考自然，形成了诸子山水之喻、山水诗、田园诗、边塞诗、山水游记、物色赋、敦煌词等诸多文学题材。这些内容丰富的生态文学作品，不仅有助于我们了解古人真实的生活环境，而且也体现出古人面对自然的胸襟和态度，对于贯彻实践"绿水青山就是金山银山"的生态理念，以及生态文明建设都有现实意义和深远影响。

◔ 拓展资源

阅读于北山《试论杨万里诗作的源流和影响》（载《南京师院学报（社会科学版）》1979年第3期），体会杨万里诗歌的艺术特点。

学习笔记

7

秋柳[1]

（明）高启

欲挽长条已不堪[2]，都门无复旧毵毵[3]。

此时愁杀桓司马[4]，暮雨秋风满汉南[5]。

注释

[1] 选自《高青丘集》。明高启著，清金檀注，徐澄宇、沈北宗校点，上海古籍出版社2013年版。高启（1336—1373），字季迪，号槎轩，长洲县（今江苏苏州）人，元末明初诗人，与杨基、张羽、徐贲被誉为"吴中四杰"。洪武初，以荐参修《元史》，授翰林院国史编修官，受命教授诸王，擢户部右侍郎，获罪被诛。有《高太史大全集》《凫藻集》等。此诗应作于洪武三年（1370）秋，被赐金放还之时，诗人因年华流逝、壮志不酬而愁闷不已，借都门秋柳哀叹命运的惨淡。

[2] 长条：特指柳枝。不堪：不能。

[3] 都门：京城城门。此指明初首都南京城门一带。毵毵：垂拂纷披貌，指细长的柳条。

[4] 愁杀：亦作"愁煞"。谓使人极为忧愁。杀，表示程度深。桓司马：即桓温（312—373），东晋人，明帝婿，简文帝时任大司马。《世说新语·言语》："桓公北征，经金城，见前为琅邪时种柳皆已十围，慨然曰：'木犹如此，人何以堪！'攀枝执条，泫然流泪。"此作者自喻。

[5] 汉南：湖北省随州市，汉水之南，指荆州一带。桓温于东晋永和元年（345）任荆州刺史，握长江上游兵权。此处指代"都门"。

评析

《秋柳》是元末明初诗人高启创作的一首七言绝句咏物诗。全诗用典含蓄，情致隽永，营造了一种无尽悲凉的情感氛围。诗人由眼前京城秋柳而顿觉愁苦萦绕于心，却搁置不谈，转而说"暮雨秋风满汉南"之时"愁杀桓司马"。诗人"夺他人之酒杯，浇自己之块垒"，指自己马齿徒增，却壮志难酬的"愁杀"之情。

高启作诗主张"师古"，依傍古人，重视学习名家典范之作。其《独庵集序》说："诗之要，有曰格、曰意、曰趣而已。格以辨其体，意以达其精，趣以臻其妙也。"高启诗歌风格清瞿，语言率真质朴，意境沧桑沉郁，开明诗创作中平实直率的诗歌风气之先声，高启复古的诗学思想与其本人的气节，对明代以后的诗坛产生了重大的影响。

思考与运用

❶ 请结合《秋柳》一诗的创作背景，分析诗人在诗歌中所表达的思想感情。

❷ 查阅相关资料，结合高启的仕宦经历，请谈谈你对他的认识，为高启写一篇人物小传。

拓展资源

　　阅读左东岭《高启之死与元明之际文学思潮的转折》（载《文学评论》2006年第3期），谈谈高启的人生经历与诗歌创作之关系。

学习笔记

8

我不知道风是在哪一个方向吹[1]

徐志摩

我不知道风

是在哪一个方向吹——

我是在梦中,

在梦的轻波里依洄。

我不知道风

是在哪一个方向吹——

我是在梦中,

她的温存,我的迷醉。

我不知道风

是在哪一个方向吹——

我是在梦中,

甜美是梦里的光辉。

我不知道风

是在哪一个方向吹——

我是在梦中,

她的负心,我的伤悲。

我不知道风

是在哪一个方向吹——

我是在梦中，

在梦的悲哀里心碎！

我不知道风

是在哪一个方向吹——

我是在梦中，

黯淡是梦里的光辉。

注释

[1] 选自《徐志摩诗全编》。这首诗写于1928年，初载同年3月10日《新月》月刊第一卷第1号，署名志摩。徐志摩（1897—1931），浙江海宁人。著名新月派诗人、散文家。1921年赴英国剑桥大学留学，研究政治经济学。在剑桥深受欧美浪漫主义诗歌影响，开始其新诗创作。1926年与闻一多、朱湘等人开展新诗格律化运动，影响到新诗艺术的发展。1931年11月19日在济南附近因飞机失事身亡。

评析

　　这首诗与《再别康桥》一样，是徐志摩诗歌的代表作。这是一首情诗，堕入情网的诗人在似真似幻的情绪中，经历了与"她"初识、相恋、分手的不同阶段，吟唱着从迷醉到心碎的情感转折。全诗六段，每段四句，每段的前三句都是同样的重复——"我不知道风/是在哪一个方向吹——我是在梦中"。这三句诗的重复，给整首诗营造了一种摇篮曲般的氛围，诗人爱的迷醉和失恋的伤悲，都在这吟唱中包含着一种诗意，一种空灵婉约的美感。

　　这首只有六段的诗，在结构上还有一种奇特的纠缠和对称。第三段的"甜美"与第六段的"黯淡"，对应着相爱与失恋时的"梦里的光辉"；第二段"她的温存，我的迷醉"和第四段"她的负心，我的伤悲"也是前后呼应的互文；第一段"在梦的清波里依洄"和第五段"在梦的悲哀里心碎"，也同样是一种情感悲欢的呼应。但如此整饬的对应，却因为作者在段落安排上打乱了顺序，而产生了一种摇曳生姿的轻灵感。

　　徐志摩在《"新月"的态度》一文中说："要从恶浊的底里解放圣洁的泉源，要从时代的破烂里规复人生的尊严——这是我们的志愿。成见不是我们的，我们先不问风是在哪一个方向吹。功利也不是我们的，我们不计较稻穗的饱满是在哪一天。……生命从它的核心里供给我们信仰，供给我们忍耐与勇敢。为此我们方能在黑暗中不害怕，在失败中不颓丧，在痛苦中不绝望。生命是一切理想的根源，它那无限而有规律的创造性给我们的心灵活动一个强大的灵感。"这段话也可以帮助我们更好地理解志摩，理解这首诗，不仅仅是对爱情的吟唱，更是对生命之力的赞美。

思考与运用

1 徐志摩的诗属于现代文学中的哪个诗歌流派？
2 徐志摩在剑桥学习的经历对他的诗歌创作有什么影响？

拓展资源

阅读《徐志摩诗全编》(浙江文艺出版社1987年版)，选择自己喜欢的诗篇进行吟诵、交流和分享。

学习笔记

9

距离的组织[1]

卞之琳

想独上高楼读一遍《罗马衰亡史》，

忽有罗马灭亡星出现在报上[2]。

报纸落。地图开，因想起远人的嘱咐。

寄来的风景也暮色苍茫了[3]。

（醒来天欲暮，无聊，一访友人吧。）[4]

灰色的天。灰色的海。灰色的路。[5]

哪儿了？我又不会向灯下验一把土。[6]

忽听得一千重门外有自己的名字。

好累呵！我的盆舟没有人戏弄吗？[7]

友人带来了雪意和五点钟。[8]

1月9日（1935年）

📖 **注释**

[1] 选自《卞之琳文集》，安徽教育出版社2002年版。卞之琳（1910—2000），江苏南通人，现代派诗人、翻译家。1933年毕业于北京大学英文系，因与何其芳、李广田共同出版《汉园集》而并称"汉园三诗人"。著有诗集《三秋草》《鱼目集》《十年诗草》《雕虫纪历》，纪实文学《第七七二团在太行山一带》，小说《山山水水》（残存部分）等。《距离的组织》初刊于《鱼目集》，上海文化生活出版社1935年12月初版。

[2] 1934年12月26日《大公报》国际新闻版伦敦25日路透电："两星期前索佛克业余天文学者发现北方大力星座中出现一新星，兹据哈华德观象台纪称，近两日内该星异常光明，估计约距地球1500光年，故其爆发而致突然灿烂，当远在罗马帝国倾覆之时，直至今日，其光始传至地球云。"这里涉及时空的相对关系。

[3] "寄来的风景"当然是指"寄来的风景片"。这里涉及实体与表象的关系。

[4] 这行是来访友人（即末行的"友人"）将来前的内心独白，语调戏拟我国旧戏的台白。

[5] 本行和下一行是本篇说话人（用第一人称的）进入的梦境。

[6] 1934年12月28日《大公报》的《史地周刊》上《王同春开发河套记》："夜中驱驰旷野，偶然不辨在什么地方，只消抓一把土向灯一瞧就知道了到了哪里了。"

[7] 《聊斋志异·白莲教》："白莲教某者山西人也，忘其姓名，一日，将他往，堂上置一盆，又一盆覆之，嘱门人坐守，戒勿启视。去后，门人启之。视盆贮清水，水上编草为舟，帆樯具焉。异而拨以指，随手倾侧，急扶如故，仍覆之。俄而师来，怒责'何违吾命！'门人力白其无。师曰：'适海中舟覆，何得欺我！'"这里从幻想的形象中涉及微观世界与宏观世界的关系。

[8] 这里涉及存在与觉识的关系。但整诗并非讲哲理，也不是表达什么玄秘思想，而是沿袭我国诗词的传统，表现一种心情或意境，采取近似我国一折旧戏的结构方式。

评析

卞之琳在求学期间，曾受到"新月派"的影响，又醉心于法国象征派。同时，他又善于从中国古典诗词中汲取营养，形成自己独特的风格。他的诗精巧玲珑，联想丰富，跳跃性强，尤其注意理智化、戏剧化和哲理化，善于从日常生活中挖掘出常人意料不到的深刻内涵，诗意往往晦涩深曲，冷僻奇兀，耐人寻味。《距离的组织》短短十行，包含叙述、抒情视角的多重转换。古典与现代灵活运用，体现出卞之琳追求情感的客观化，"冷淡盖深挚"的艺术追求。作者为自己的诗提供了一些注释，是有意帮助读者理解这首诗。结合作者自己注释的提示，我们可知此诗涉及时空的相对关系、实体与表象的关系、微观世界与宏观世界的关系，现实世界与梦幻世界交织混杂。

卞之琳诗歌追求智性、理趣，对于相对性关系的体认尤其精彩。他曾说："整诗并非讲哲理，也不是表达什么玄秘思想，而是沿袭我国诗词的传统，表现一种心情或意境。"全诗似乎没有连贯的线索，只有不断流动、变换着的时空，作者把各种"距离"精心地加以"组织"。

诗的第一层思维结构是由首两句组成的，首句是实的，但提到《罗马衰亡史》的书名已为后起句式。二句结合产生强烈对比：以地球为坐标的时空观念与以宇宙为坐标的时空观念对比，使句与句之间产生了大跳跃，表现地球人对于宇宙的展望，隐含时间相对性的慨叹。

第三句以两个三字句中抒情主体的小动作将前两句引起的第一层波澜化解开，圆滑地完成一个转折，为进入对下一个梦的叙述做铺垫，而"因想起远人的嘱咐"又在同一层次中启下，在这之后，再说到梦中的感觉"寄来的风景也暮色苍茫了"就显得很自然。

接下来就是作者所说的友人"将来前的内心独白"，即括号里的"醒来天欲暮，无聊，一访友人吧"，这句独白的应用，引起距离的拉开，情绪的跳出，从而形成视角的变换，接下来一句"灰色的天。灰色的海。灰色的路"又是一次视角变换，从回到原来的抒情主体的现实切入梦境，梦境在下一句发展变幻，引出一个大空间变幻的场景："我又不会向灯下验一把土"，

"我"不知道自己处在什么样的空间里。这里以从报纸上偶然读到的新闻消息为典故，化用并传达了空间的相对性的观念。

进入全诗最后三行，在梦境中听见有人叫自己的名字，当然似乎是在"一千重门外"了，从整个结构来看，这又是一个大空间场景转移，人声居然能透过一千重门，强调了空间跨度。在这里人声成为知觉的象征，象征着超越空间。下面用《聊斋志异》中白莲教的故事构成的"我的盆舟没有人戏弄吗"一句，与前面的"验土"，都是将涉及时空的故事拈来一用，这两个故事都发生在过去，而现在这些动作又发出于"我"，用第一人称叙出这两个典故，表现了空间超越在时间上的连续性，时空穿插得非常巧妙。尾句与"寄来的风景"都是将表象具体化，前后呼应，完成了全诗。最后三行把中国传统典故与现代主义美学很好地融合在了一起。

📝 | 思考与运用

① 批评家李健吾曾在未见到作者后来的注释的前提下解读此诗，他的解读被卞之琳批评为错误理解了诗意，你认为作者的注释对于理解此诗起到了怎样的作用？

② 如何理解本诗第三句中"远人的嘱咐"？

③ 请梳理本诗的几次情景与抒情视点的移动，并尝试分析作者是如何做到这一点的？

■ | 知识延伸

中国现代文学中，有很多作品都是写作于民族危机时刻，深深印刻着作家对国家命运的关心和忧思。即使是一个以向内沉思而闻名的作家，也常常联通着外在的风云变幻。写作不仅是对个人生活的思考或抒情，更是对时代的记录和反映。我们要从这些作品中认识和牢记"国之大者"。

⊙ 拓展资源

阅读卞之琳《断章》，探讨诗歌的章法结构和思想主旨：

你站在桥上看风景，

看风景人在楼上看你。

明月装饰了你的窗子，

你装饰了别人的梦。

学习笔记

10

忧郁（之一）[1]

[法]波德莱尔

钱春绮 译

雨月[2]，整个城市使它感到气恼，

它从瓮中把大量阴暗的寒冷，

洒向附近墓地的苍白的亡魂，

把一片死气罩住多雾的市郊。

我的猫在方砖地上寻找垫草，

不停地摇着它那生疮的瘦身，

老诗人的魂在落水管里升沉，

像怕冷的幽灵似的发出哀号。

大钟在悲鸣，冒着烟气的柴薪，

用假声伴奏伤风的钟摆之声，

这时，在一个患浮肿的老妇人

死后留下的发臭的扑克牌里，

红心侍从和黑桃皇后在一起

闷闷地交谈他俩过去的爱情。

注释

[1] 选自波德莱尔《恶之花》，钱春绮译，人民文学出版社1991年版。在1857年出版的《恶之花》的第一部分"忧郁与理想"中，有四首名为"忧郁"的诗歌，这首诗是第四首，也是最为知名的一首。波德莱尔（1821—1867），法国19世纪著名的诗人，也是一位散文家和艺术评论家。象征派诗歌的先驱人物，现代派的奠基者。他的抒情诗集《恶之花》，表达了19世纪中期巴黎快速工业化过程中美的性质发生的变化。波德莱尔被誉为最早从感官体验的角度捕捉到现代性的作家，他具有高度创造力的诗歌风格影响了几代诗人。

[2] 雨月：法语中"雨月"（pluviôse）一词来自于拉丁语，是罗马神话中大神朱庇特的别号。雨月指法兰西共和历的第五月，这一历法在法国大革命时期采用，后被废止。雨月相当于公历1月20日或21日至2月19日或20日，这一时期的巴黎多雨、多雾，笼罩在阴暗和寒冷之中。

评析

诗中的"忧郁"一词指的不是日常的情绪，而是表示一种现代的、因而有些"陌生"的忧郁形式。是人们在现代都市中，面对时间的无情流逝，以及一切传统人际关系的分崩离析，所感到的疏离、绝望和无所适从。

在这首诗中，波德莱尔既采用了现实的细节，也采用了梦幻般的图景，为读者描画出了一副阴冷奇诡的巴黎都市景象。整座城市笼罩在阴云之下，给人以一种压抑之感，而伴随着体感上的寒冷，从市郊侵入城市的同时还有精神上的"死气"。对死亡的冷酷性的揭示来自一连串对水的意象的使用，从城市的雨和雾开始，包括一只猫在湿漉漉的方砖上不舒服地扭动，落水管的哀号，打湿了的柴薪的噼啪声和潮湿的钟摆的滴答声，最后是一副死于水肿的老太太留下的牌。这一连串的画面累积起来，唤起了一种慵懒和衰败的气氛。

值得注意的是，"雨月"这个词有很特别的含义。这个词是为法国大革命期间设计的日历而使用的，从1792年起才存在于语言中，但在革命日历被废止后迅速停止使用，再也没有恢复。波德莱尔深刻地观察到了这是现代生活的常态：明明是刚刚发明的东西，但已经失效了。

波德莱尔自然地将无生命的意象——钟声、柴薪、扑克牌等——置于本该充满生机的城市背景之下，令人不寒而栗，城市在此处获得了一种将人排除在外的独立地位，成为一种独特的现代景观。过去的诗人们发出的声音如同传统价值的幽灵，他们试图用哀号向现代都市中的冷漠和虚无发出反抗，但最终却只能飘散在风中。钟声响起，它为现代城市生活的虚无奏响了悲歌。田园牧歌式的日子已经被打破，旧有的生活的诗意被淹没在隆隆作响的工业机械之中，扑克牌中侍从与皇后的爱也已经成为过去，时间在人们的虚无感之中无意义地流逝，徒留下死亡和忧郁的气息。

📝 | **思考与运用**

❶ 分析一下波德莱尔笔下的城市景观为何充满了和死亡、寒冷相关的意象。

❷ 诗中"忧郁"的内涵极为深广。请结合自己的阅读感受和生活体验，描述和分析一下你所理解的"忧郁"的类型和内涵。

❸ 思考一下波德莱尔是如何将日常生活中的形象和奇幻的想象力自然地结合在一起的。在你自己的阅读经验中，有没有别的诗歌做到了这一点？如果有的话，请将其与这首诗进行比较。

🔗 **拓展资源**

　　阅读波德莱尔《恶之花·巴黎的忧郁》（钱春绮译，人民文学出版社1991年版），选择其中的作品与大家分享交流，体会诗人对"忧郁"的理解和对现代生活的态度。

学习笔记

11

死亡也一定不会战胜[1]

[英]狄兰·托马斯

巫宁坤　译

死亡也一定不会战胜。

赤条条的死人一定会

和风中的人西天的月合为一体；

等他们的骨头被剔净而干净的骨头又消灭，

他们的臂肘和脚下一定会有星星[2]；

他们虽然发疯却一定会清醒[3]，

他们虽然沉沦沧海却一定会复生[4]，

虽然情人会泯灭爱情却一定长存；

死亡也一定不会战胜。

死亡也一定不会战胜。

在大海的曲折迂回下面久卧，

他们决不会像风一样消逝；

当筋疲腱松时在拉肢刑架上挣扎[5]，

虽然绑在刑车上[6]，他们却一定不会屈服；

信仰在他们手中一定会折断，

双角兽般的邪恶也一定会把他们刺穿[7]；

纵使四分五裂他们也决不会屈服；

死亡也一定不会战胜。

死亡也一定不会战胜。

海鸥不会再在他们耳边啼，

波涛也不会再在海岸上喧哗冲击；

一朵花开处也不会再有

一朵花迎着风雨招展；

虽然他们又疯又僵死，

人物的头角将从雏菊中崭露[8]；

在太阳中碎裂直到太阳崩溃，

死亡也一定不会战胜。

注释

[1] 这是狄兰·托马斯写的一首三段式无韵诗歌，于1933年5月发表于《新英格兰周刊》上。诗题出自《圣经》，圣徒保罗在教导罗马人时指出，获得救赎的人将在审判日复活，并被赋予新的生命，而不是经历永恒的诅咒和精神的毁灭。狄兰·托马斯（1914—1953），英国诗人、作家，生于英国南威尔士斯旺西。托马斯1925年开始诗歌创作，陆续出版作品《诗十八首》（1934）、《爱的地图》（1939）、《我生活的世界》（1940）、《死亡和出场》（1946）等。狄兰·托马斯的作品大多围绕生命、爱欲、死亡三大主题展开，并富有强烈的节奏和密集的意象，尤其是诗中超常规的意象排列方式，冲击了惯于理性思维的英国诗歌传统，形成一种独特的超现实主义风格。

[2] 星星：是天堂的代名词。这句诗来自《圣经》中但以理的预言，即死者"将像穹苍的光辉闪耀……像星辰闪耀，直到永永远远。"

[3] 发疯却一定会清醒：发疯到清醒的转变这一想法来自《圣经》中圣徒保罗的预言，即到审判日之时，易朽的变成不朽的，耻辱的变成光荣的，软弱的变成有力的，自然的变成精神的。

[4] 沉沦沧海却一定会复生：在基督教思想中，身体的再生是通过将人浸入水中来实现的。

[5][6] "拉肢刑架"和"刑车"：这两个意象都暗示了殉道者的牺牲。

[7] 双角兽：即独角兽，是西方传说中的一种生物，形象通常为头上长有独角的白马。

[8] 头角将从雏菊中崭露：根据《圣经》中圣徒保罗的说法，身体的复活类似于植物从种子中生长。

评析

　　"死亡"是狄兰·托马斯诗歌中的重要母题，但在本诗中，死亡并非简单的虚无或寂灭，而更多地体现出一种精神上的不屈。所谓"死亡也一定不会战胜"，指的是哪怕死者的肉身终随时间湮没，而精神与信仰则长存人间。

全诗分为三段，每段首尾两句即为题目——"死亡也一定不会战胜"，为全诗敲定了基调并贯穿始终。在首段中，死者的隐没与显现都通过意象的连缀来描述，支撑死者肉身的"骨头"被剔净后消失，而永恒的"星星"依旧闪烁在其身畔，紧接着是一组悖论式的修辞：头脑会发疯而灵魂清醒，身体会沉沦而灵魂会复生，情人会泯灭而爱情会长存。中段的意象铺排具有明显的受难意味，死者在刑架上挣扎，独角兽的角如长枪般将其刺穿。尽管肉体遭受摧残，但肉体上的苦难却是对精神的救赎："纵使四分五裂他们也绝不会屈服；死亡也一定不会战胜"。尾段中的死者终于迎来受难后的升华，纵然鸥啼潮声不复得闻，花开花落不复得见，死者之精神依然会在雏菊盛开处生发、在太阳燃烧处爆裂："人物的头角将从雏菊中崭露；在太阳中碎裂直到太阳崩溃"，纵然死亡是一切死者必然的归宿，"死亡也一定不会战胜"。

在这首诗中，诗人展现出了超现实主义的诗风，诗中营造的世界既不同于现实主义的真实世界，也不同于印象主义的想象世界，而是通过在无意识的海洋中遨游巡弋，将不存在理性关联的词语或意象并置于诗句之中，形成了一个脱胎于人类意识、又超乎现实的诗意。在这个混乱与秩序共同栖居的世界中，生命与死亡随词语流动而往复循环，精神与信仰则借助不朽诗篇实现了永恒。

思考与运用

1. 谈一谈你对"风中的人西天的月"这一说法的理解。
2. 在这首诗中，作者大量使用了宗教意象，如星星、大海、殉道者、生长的植物等，这些意象是否是必不可少的？它们对烘托作品主题起到了什么作用？
3. 全篇诗歌采取了断语式的、斩钉截铁的语气，作者为什么要用这样的语气？在你阅读的中外诗歌中，是否有别的作品用了这样的语气？如果有的话，试加以比较。

知识延伸

"死亡"必然会降临，但是这不意味着死亡可以使所有人低头屈服。纵然肉身泯灭，不屈的精神却能永存，新的希望永远不可能被死亡毁灭殆尽。相反，新希望可以不断地焕发新的生机。面对生活中的艰难险阻，我们应充满希望和信心，以积极乐观的心态去应对。

拓展资源

阅读《狄兰·托马斯诗选》（海岸等译，河北教育出版社2002年版），探寻狄兰·托马斯的诗歌的现实意义。

学习笔记

第二部分

辞赋

文体概说

辞赋起源于先秦，是中国最古老的文体之一。在先秦，"赋"最早是指大夫在外交等正式场合，升上高座后，用得体而押韵的语言表达自己的诉求、应对他人的提问。和配乐的"诗"不同，"赋"通常是不搭配音乐伴奏的直接吟诵，所谓"不歌而诵谓之赋"。

春秋时期"赋"的内容，既包括自己的创作，也包括引用已有的作品，所以郑玄在《郑志》中说："凡赋诗者，或造篇，或诵古。"战国后期，出现了屈原、宋玉等楚国文人创作的楚辞，这些作品用楚国特有的语言和韵律写成，特点是很多句子里都会出现助词"兮"，根据"兮"的用法区别，楚辞在体式上又可以分为两类：《九歌》等与祭祀演歌有关的作品，"兮"字基本出现在句子中间；而《离骚》和《九章》《九辩》等纯粹抒发个人情志的作品，"兮"字则大多出现在分句句末。后一种体式中，辞赋的末尾常常会有一篇歌体的"乱"，这也为后世辞赋所继承。

屈原、宋玉等人所作的楚辞，最初有一部分是配乐演唱的，但到了汉代，原先的音乐已经失传，所以西汉后期刘向、刘歆整理内阁文献时，将楚辞中的作品与荀子所作的《赋篇》统归在"赋"这种文体之下，以与配乐演唱的"诗"区别开。不过，因为楚辞的文体比较特殊，和汉代以后产生的赋作都有明显区别，后世的人又常常将楚辞体的赋称为"辞"。

除了楚辞之外，战国儒家学者荀子，又创作了《赋篇》，其中收录了五篇赋，分别用骈偶性较强的韵文，从多个角度描写五种事物的特征，最后请读者猜测所写之物，这种谜语式的赋，从体式上开启了后来的四言赋，从主题上则开启了以赋咏物的模式。到了西汉以后，咏物赋逐渐进入宫廷，所写对象开始从某种具体品德或事物扩展到都城景观和皇家园囿，由此衍生出司马相如的《子虚赋》《上林赋》，扬雄的《河东赋》《甘泉赋》《长杨赋》《羽猎赋》；以及东汉班固的《两都赋》，张衡的《二京赋》等作品。同样是咏物，这些赋的篇幅较战国时大幅加长，主体部分通常会采取主客问答的形式，运用铺陈的手法，从不同角度不厌其烦地铺陈都城或园林中的景物，铺陈时常常使用名词堆积的手法，营造一种盛大繁荣的感觉，以体现君王和帝国的强大实力，结尾则常"曲终奏雅"，劝谏君主不要贪图享乐，而应该努力学习儒家经典。这些作品被后世称为"体物大赋"。除此之外，还有一些篇幅相对较小，而体式与大赋类似的赋作，如枚乘《七发》、王褒《洞箫赋》等。从句式上看，这些赋和体物大赋一样，句式长短参差不齐，押韵也没有特别规律，后世常将它们一同称为"散体赋"。在汉代还有另外一类赋，句式以四言为主，押韵相对规律，更类似《赋篇》的体式，如贾谊《鵩鸟赋》和尹湾汉墓出土的《神乌赋》等，这些赋和上述散体赋又常被统称为"古赋"或"古体赋"。

楚辞体的赋作，在汉代也有发展，除了直接模仿楚辞所作的贾谊《惜誓》、庄忌《哀时命》、淮南小山《招隐士》、刘向《九叹》等，还有许多利用楚辞体式抒发个人情志的作品，如贾谊《吊屈原赋》、董仲舒《哀士不遇赋》，署名司马相如的《长门赋》、署名司马迁的《悲士不遇赋》，以及在纪行主题下抒情言志的刘歆《遂初赋》、班彪《北征赋》等，这些赋作的体式与楚辞中《离骚》《九章》的体式相类，因此被称作"骚体赋"或"骚赋"。

魏晋南北朝时期，辞赋在展示国家强盛、炫耀文人才华两方面的作用日益显著，在题材和写法上都有了进一步的拓展，大至天地阴阳，小到草木鱼虫，乃至生死离别等人生处境、喜怒哀乐等抽象情感，都成为赋的内容，总体上看篇幅缩短，美感追求也从铺张宏丽转向奇趣工巧。在形式方面，对偶句在赋中所占的比例逐渐增加，对偶的形式也从单句间的对偶发展到复句之间的对偶，后世常见的"四句+六句"的复句组合，在辞赋中逐渐崭露头角，这些赋作在后世又被称为"骈赋"或"俳赋"。同时，魏晋南北朝的不少辞赋，主体部分采用古赋或骈赋的形制，末尾会加入一个"歌"或"乱"的部分，插入骚体的结构，呈现出不同辞赋体式的融合。

唐代中期以后，赋和诗一样成了科举考试的内容。由于考试的规范性，唐代发展出一种在主题、结构、句式、用韵方面要求更加严格的新体赋。新体赋常会引用儒家经典、史书或名家诗文中的某句话作为题目，更重视作品的逻辑性，内容也更偏向经学或者政治、历史评论。形式方面，基本都是每篇规定八个字作为韵脚，考生必须依次用试题中八字所在韵部作赋，除了开头之外基本需要通篇对偶。这种科举赋一直延续到清朝，后世称为"律赋"。

北宋中期，古文运动逐渐发展，欧阳修、王安石、苏轼等文坛领袖都反对过分强调骈俪的文辞和精巧的用典，更推崇流畅而有感染力的文风，在文章中张扬作者情志、阐述对"道"的思考。因此，他们开始回归汉代散体赋，创作了不少内容上以论理为主，形式上不重骈偶、句式参差不齐、用韵规律不明显的赋作，如欧阳修《秋声赋》、苏轼《赤壁赋》等，后世称为"文赋"。

明清以后，辞赋创作依旧在文人中流行，现存作品数量很多。相对而言，明代更重视对楚骚精神的回归和对唐代律赋的继承，而清代则是各种体式、风格皆备。在内容方面，国家的繁荣、历史的兴衰、各地的风土、亲友的感情、士人的出处，都是常见的主题，其中不乏情真意切的感人之作。不过从体式上看，明清两代的辞赋并没有特别的发展。新中国成立之后，赋的写作进入了一段时期的沉寂，20世纪90年代之后，当代文人逐渐恢复了赋的写作传统，描绘各地风光和经济发展的城市赋成为新的发展方向。

梳理了辞赋发展的历史，我们可以看到，辞赋在发展过程中，曾出现过许多不同的形态，那么，各体辞赋有什么共同点呢？从体式上说，辞赋最基本的特征有两个：第一是押韵，这区别了辞赋与其他散文；第二是每句的字数没有严格规定，这区别了辞赋和诗、词、曲。

从修辞上说，赋的主要特征也有两个：第一是铺陈手法的普遍使用，第二是对华丽辞藻的追求。这种对"丽"之"铺陈"的追求，使辞赋作者常常会发明新的词语搭配，以追求语言的丰富新奇，或者寻找巧妙精细的描写角度，以追求构思的出人意表，这些努力不但推动了辞赋的发展，也提高了中国文学整体的修辞技巧，赋中的辞藻与写作手法，成为许多其他文体借鉴的宝库。

学习笔记

12

湘夫人^[1]

（战国）屈原

帝子降兮北渚^[2]，目眇眇兮愁予^[3]。嫋嫋兮秋风^[4]，洞庭波兮木叶下^[5]。

登白薠兮骋望^[6]，与佳期兮夕张^[7]。鸟何萃兮蘋中^[8]，罾何为兮木上^[9]？

沅有茝兮醴有兰^[10]，思公子兮未敢言^[11]。荒忽兮远望^[12]，观流水兮潺湲。

麋何食兮庭中？蛟何为兮水裔^[13]？朝驰余马兮江皋，夕济兮西澨^[14]。闻佳人兮召予，将腾驾兮偕逝^[15]。

筑室兮水中，葺之兮荷盖^[16]。荪壁兮紫坛^[17]，匊芳椒兮成堂^[18]。桂栋兮兰橑^[19]，辛夷楣兮药房^[20]。罔薜荔兮为帷^[21]，擗蕙櫋兮既张^[22]。白玉兮为镇^[23]，疏石兰兮为芳^[24]。

芷葺兮荷屋，缭之兮杜衡^[25]。合百草兮实庭^[26]，建芳馨兮庑门^[27]。九嶷缤兮并迎^[28]，灵之来兮如云^[29]。

捐余袂兮江中^[30]，遗余褋兮醴浦^[31]。搴汀洲兮杜若^[32]，将以遗兮远者^[33]。时不可兮骤得^[34]，聊逍遥兮容与^[35]。

注释

[1] 选自洪兴祖《楚辞补注》，中华书局1983年版。《湘夫人》是《九歌》中的一篇。屈原，名平，战国时期楚国人，大约于楚怀王（前329—前298在位）、楚顷襄王（前298—前263在位）时期在世，曾任楚国左徒，后因上官大夫、令尹子兰等人的构陷，在楚怀王时期被流放到汉江流域，在楚顷襄王时期被流放到沅湘流域，后自投汨罗江而死。屈原是"楚辞"体的开创者，创作了《离骚》《九歌》《天问》等名篇，他的作品擅长用香草、美人等意象，象征自己的高贵品格，在作品中充分表达自己对君王和国家的忠诚，以及对奸佞小人的痛恨；其中又采用大量楚地神话，将现实与想象结合，充满了奇幻色彩。

[2] 帝子：指娥皇、女英。她们是帝尧的女儿，因此称为"帝子"。

[3] 眇眇：细小，看不清楚。

[4] 嫋嫋（niǎo）：秋风摇动树木的样子。

[5] 木叶：树叶。

[6] 白蘋（fán）：一作"白蘋"，白色的蘋草，水生植物。

[7] 与佳期：与佳人约定。张：布置陈设。

[8] 萃：聚集。

[9] 罾（zēng)：渔网。

[10] 沅、醴：沅水、澧水。茝：白芷，一种香草。

[11] 公子：指湘夫人。一说指湘君。

[12] 荒忽：一作"恍惚"，迷糊不清的样子。

[13] 水裔：水边。

[14] 潨（shì)：水边的土地。

[15] 偕逝：一起走。

[16] 葺（qì)：用草覆盖墙体。

[17] 紫坛：以紫贝为祭坛。

[18] 匊：同"掬"，捧起。芳椒：花椒，古代用来涂饰墙壁，增加香气。

[19] 栋：柱子。橑（liǎo)：椽子。

[20] 辛夷：紫玉兰。楣：门楣。药房：以白芷涂房。

[21] 罔：同"网"，编织。

[22] 擗（pǐ）蕙櫋（mián）：折断蕙草装饰房檐。既张：已经陈设完毕。

[23] 镇：固定座席的镇压物。

[24] 疏石兰：布置山兰草。

[25] 杜衡：一种香草。

[26] 实庭：填充中庭。

[27] 庑（wǔ）门：厢房与门。

[28] 九嶷：九嶷山，相传舜葬在九嶷山。缤：缤纷，众多。

[29] 灵：神灵。王国维《宋元戏曲考》认为楚辞中的"灵"为扮演神灵的巫师。

[30]　捐：抛下。袂：衣袖。

[31]　遗：留下。褋（dié）：单衣外套。醴浦：澧水之畔。

[32]　搴：攀折。芳洲：开满花的沙洲。杜若：一种香草。

[33]　遗（wèi）：送给。

[34]　骤得：多次得到。

[35]　聊：姑且。逍遥：漫步缓行。容与：徘徊。

📖 评析

　　《九歌》是屈原流放沅湘流域时，根据当地民间祭祀歌曲改编的作品，一共有十一首。楚地风俗"信巫鬼，重淫祀"（《汉书·地理志》），《九歌》最初的作用是在祭祀中愉悦神明，因此在文辞中常常极力铺陈夸饰祭祀仪式中祭坛的富丽和供品的丰盛；在描写神明降临的场景时，场面宏大，充满了奇幻色彩。此外，楚国巫觋在祭祀活动中还常常装扮成神明喜爱的样貌，用歌辞倾诉自己的美好和对神明的爱恋，以吸引神明降临，这些部分又体现出缠绵哀婉的风格。

　　《九歌》中的作品，除了祭祀为国捐躯烈士的《国殇》和最后简短的结尾曲《礼魂》之外，都以所祭祀的神祇命名。其中其他篇目相对独立，《湘君》和《湘夫人》两篇则关系密切，除了结尾格式相同之外，文中还有很多可以互相呼应的地方，可以看作一组姊妹篇。

　　关于《湘君》《湘夫人》的主角，历代有不同的理解，有学者认为《湘君》是楚巫扮演湘水神的配偶娥皇、女英，召唤湘水之神湘君。而《湘夫人》则是楚巫扮演湘水之神湘君，召唤配偶娥皇、女英。也有学者认为《湘君》和《湘夫人》是楚巫分别扮演娥皇、女英召唤自己的丈夫湘水之神。由于《九歌》中其他作品中均以召唤和祭祀的神明作为篇名，本书更偏向第一种解释。不过不管采用何种解释，我们都能够从文本中体会到抒情主人公在等待与追求所爱之人时，爱恋、企盼、失望、悲伤交织的复杂心情。其中等待爱人时"目眇眇兮愁予""思公子兮未敢言"的期待与羞涩，得到爱人召唤时"闻佳人兮召予，将腾驾兮偕逝"的愉悦和焦急，都显得细腻真切，令人感动。

　　此外，《湘夫人》还非常擅长使用景物描写映衬人物的心情，其中"嫋嫋兮秋风，洞庭波兮木叶下"通过描写秋风乍起，水波荡漾、树叶凋零的场景，营造了秋日凄凉惆怅的气氛，使主人公期待爱人而不至的悲伤心情变得更为哀婉，启发了后世文学中"悲秋"的主题。"鸟何萃兮蘋中，罾何为兮木上？""麋何食兮庭中？蛟何为兮水裔？"等句子，均通过塑造"在现实中不可能存在的场景"，来象征彼此之间爱情无法互相回应的悲哀，显示出极高的修辞技巧，也体现出文学超越现实的特性。

　　东汉王逸以下许多的《楚辞》注释者，又将《九歌》中的爱情主题引申到屈原对楚王的感情，认为屈原在《湘君》《湘夫人》中极力渲染爱情得不到回应的感受，是为了借此抒发自己对楚王忠心耿耿，却无法获得楚王认可的痛苦心情。现代学者大多认为这样的说法缺乏证据，有些求之过深，但如果我们将《湘君》《湘夫人》和《离骚》或《九章》中《哀郢》《涉江》等篇目对照，就会发现，对复杂矛盾感情的渲染和刻画，的确是屈原作品中一以贯之的主题，也是《楚辞》千百年来一直受人喜爱的重要原因。

思考与运用

1 你认为《湘君》和《湘夫人》中的抒情主人公是谁？请说出理由。

2 《湘君》和《湘夫人》中有许多可以互相呼应对照的句子，请找出它们，并说说它们在作品中的作用。

3 王逸在《楚辞章句》中认为屈原创作《湘君》和《湘夫人》有"见己之冤结"的用意，你是否同意？请说出理由。

拓展资源

（1）观看云门舞集《九歌》，体会中国传统文化中诗乐舞结合的特点。

（2）观看纪录片《屈原》，感受屈原的爱国情怀。

拓展视频 《哀郢》"再三致志"的抒情特质

拓展视频 《哀郢》与屈原否定论

拓展视频 《湘夫人》中的浪漫主义色彩

学习笔记

13

鵩鸟赋[1]

（西汉）贾谊

单阏之岁兮[2]，四月孟夏[3]。庚子日斜兮[4]，鵩集予舍[5]。止于坐隅兮，貌甚闲暇。异物来萃兮[6]，私怪其故。发书占之兮，谶言其度[7]，曰："野鸟入室兮，主人将去。"请问于鵩兮："予去何之？吉乎告我，凶言其灾。淹速之度兮[8]，语予其期[9]。"鵩乃叹息，举首奋翼[10]；口不能言，请对以臆[11]。

曰："万物变化兮，固无休息。斡流而迁兮[12]，或推而还[13]；形气转续兮，变化而蟺[14]。沕穆无穷兮[15]，胡可胜言！祸兮福所倚，福兮祸所伏[16]；忧喜聚门兮，吉凶同域。彼吴强大兮，夫差以败[17]；越栖会稽兮，勾践霸世[18]。斯游遂成兮，卒被五刑[19]。傅说胥靡兮，乃相武丁[20]。夫祸之与福兮，何异纠缠[21]；命不可说兮[22]，孰知其极[23]！水激则旱兮[24]，矢激则远；万物回薄兮[25]，振荡相转。云蒸雨降兮[26]，纠错相纷；大钧播物兮[27]，块圠无垠[28]。天不可预虑兮，道不可预谋；迟速有命兮，焉识其时！

"且夫天地为炉兮，造化为工[29]；阴阳为炭兮，万物为铜。合散消息兮[30]，安有常则[31]？千变万化兮，未始有极！忽然为人兮，何足控抟[32]；化为异物兮，又何足患！小智自私兮[33]，贱彼贵我；达人大观兮[34]，物无不可。贪夫徇财兮[35]，烈士徇名；夸者死权兮[36]，品庶每生[37]。怵迫之徒兮[38]，或趋西东；大人不曲兮[39]，意变齐同[40]。愚士系俗兮，窘若囚拘；至人遗物兮[41]，独与道俱。众人惑惑兮，好恶积亿[42]；真人恬漠兮[43]，独与道息。释智遗形兮[44]，超然自丧[45]；寥廓忽荒兮[46]，与道翱翔。乘流则逝兮[47]，得坻则止[48]；纵躯委命兮[49]，不私与己[50]。其生兮若浮，其死兮若休[51]；澹乎若深渊之静，泛乎若不系之舟[52]。不以生故自宝兮[53]，养空而浮[54]；德人无累兮[55]，知命不忧。细故蒂芥兮[56]，何足以疑！"

📖 注释

[1] 选自李春台校注《贾谊集校注》（增订版），天津古籍出版社2010年版。本文作于贾谊被贬长沙时。贾谊（前200—前168），汉代前期著名政治家、文学家，汉文帝时期曾任博士，后与朝中老臣交恶，被贬为长沙王太傅，又为梁怀王太傅，后梁怀王意外坠马而死，贾谊也郁郁而终。贾谊的政论文有《贾子新书》，另有《吊屈原赋》《鵩鸟赋》《惜誓》等辞赋作品。

[2] 单（chán）阏（yān）：汉代用太岁纪年，太岁在卯曰单阏。单阏之岁为汉文帝六年（前174）。

[3] 孟夏：四月。古代农历四月到六月为夏季，四到六月分别称为孟夏、仲夏、季夏。

[4] 庚子：庚子日。日斜：黄昏。

[5] 鹏：鹏鸟，即猫头鹰，古人认为是恶鸟。

[6] 异物：怪物，指鹏鸟。萃：聚集。

[7] 谶（chèn）：预言。度：命数、命理。

[8] 淹速：快慢。

[9] 予其期：告诉我"主人将去"的具体时间。

[10] 奋翼：张开翅膀。

[11] 口不能言，请对以臆：鹏鸟不能开口说话，所以请让我来猜测一下它要说的内容。

[12] 斡（wò）流而迁：流转变化。

[13] 或推而还：有时经过推移变化而复原。

[14] 蟺：通"蝉"，引申为像蝉一样嬗变。

[15] 沕（wù）穆：深微。

[16] 祸兮福所倚，福兮祸所伏：出自《老子》："祸兮福之所倚，福兮祸之所伏。孰知其极？其无正也。"倚，依凭。伏，隐藏。

[17] 彼吴强大兮，夫差以败：指吴王夫差振兴吴国，成为春秋末年霸主，但最后被越国所灭。

[18] 越栖会稽兮，勾践霸世：越国曾被吴王夫差击败，越王勾践退守会稽，卧薪尝胆十年，终于反击吴国成功，代替吴国成为霸主。

[19] 斯游遂成兮，卒被五刑：李斯游说秦始皇成功，成为秦国丞相。但最后被五刑而死。五刑：《汉书·刑法志》："当三族者，皆先黥、劓，斩左右趾，笞杀之，枭其首，菹其骨于市，其诽谤詈诅者，又先断舌，故谓之具五刑。"李斯实为腰斩而非笞杀。

[20] 傅说（yuè）胥靡兮，乃相武丁：指商朝名相傅说，曾获罪服劳役，后来得到商王武丁的赏识，成为宰相。胥靡：把罪人系在一起，服劳役。

[21] 纠纆（mò）：纠缠在一起的绳索。

[22] 说：解脱。

[23] 极：标准。

[24] 水激则旱：激，激荡。旱，通"悍"，迅猛湍急。

[25] 回薄（pò）：往复激荡。

[26] 云蒸：云气上升。

[27] 大钧：制作陶器的转盘，这里引申为天地造化。

[28] 坱圠（yǎng yà）：广大无边的样子。

[29] 天地为炉兮，造化为工：《庄子·大宗师》："今一以天地为大炉，以造化为大冶，恶乎往而不可哉？"指天地塑造万物。

[30] 消息：消逝与增长。

[31] 常则：一般的法则。

[32] 控抟（tuán）：在手中把玩，引申为珍爱。

[33] 小智：拥有小智慧的人。自私：只在自身的角度看待世界。

[34] 达人大观：通达的人从更高的角度看待世界。

[35] 徇：追求。

[36] 夸者：追求声名的人。

[37] 品庶每（píng）生：品庶，一般人。每生，贪生。

[38] 怵迫之徒：被利诱和胁迫的人。

[39] 大人不曲：修养高尚的人不屈于外物。

[40] 意变齐同：以不变应万变。

[41] 遗物：不在乎世俗之物。

[42] 积亿：堆积在胸中。亿，通"臆"，心胸。

[43] 恬漠：冷静平淡。

[44] 释智遗形：抛弃理智，忘却形体。

[45] 自丧：忘记自我。

[46] 寥廓忽荒：广大混沌。

[47] 逝：前进。

[48] 坻（chí）：水中小洲，阻挡。

[49] 纵躯委命：放纵躯体，听从命运的安排。

[50] 不私与己：不把生命看作自己的私有物。

[51] 其生兮若浮，其死兮若休：化用《庄子·刻意》"其生若浮，其死若休。"意为活着的时候顺从命运之流的变化，死去的时候如同疲劳休息，无所留恋。

[52] 泛乎若不系之舟：《庄子·列御寇》"饱食而遨游，泛若不系之舟。"指抛去一切牵绊，随造化之流浮沉。

[53] 自宝：自己看作珍贵。

[54] 养空而浮：涵养空虚之性，浮游于人世。

[55] 德人无累：德人，掌握天地之道的人。无累，没有挂碍。

[56] 细故蒂芥：细故，不值得计较的小事。芥蒂，琐碎的事物。

评析

　　贾谊年少成名，深受汉文帝信任，正准备在朝中锐意改革，一显身手，却受到灌婴、周勃等朝中老臣的排挤，被迫离开京城，来到西汉时偏远的长沙，担任长沙王太傅，在这里贾谊凭吊了屈原投江之处，对楚辞产生了极大的兴趣，一般认为他的辞赋写作生涯即由此开始。与故乡洛阳和首都长安相比，长沙气候潮湿，贾谊在这里很不适应，对自己未来的寿命非常悲观。来到长沙的第三年，贾谊的住处飞来一只猫头鹰——楚人将之称为"鵩鸟"，谶言认为鵩鸟入舍是不祥之兆，这让贾谊更加为自己的性命而担忧，于是写下这篇《鵩鸟赋》自我宽慰。

　　整篇赋可以分为三段。第一段描写鵩鸟入室的情景，"野鸟入室兮，主人将去"的不祥谶言，引发了贾谊对鵩鸟提出的两个问题："第一，我的未来到底是吉是凶？第二，如果我命不久长，那么离开人世的那一天将在何时到来？"第二、第三段中，作者模拟鵩鸟的口吻，对这两个问题做出解答。第二段针对的是鵩鸟入室是吉是凶的问题，赋中运用《老子》中"祸福相倚"的思想，认为任何事情都是吉凶相互纠缠的，并没有纯粹的吉或者凶，因此这个问题本身就是没有答案的。

既然吉凶无法确定，那么我们应该如何面对生死的无常？赋的第三段对此给出了解答，作者认为，天地万物，均处在变化之中，生而为人，只是偶然聚合的产物；死后化作异物，也只不过是改换了另一种形态而已。不论生死，都是变化过程中的一部分，并没有优劣之分，如果想通这一点，就可以避免"自私"与"贵我"，摆脱对眼前有限生命的执着，与大化合而为一，这样一来，宇宙的生命就是我的生命，而作为人的寿命长短，自然就是"细故芥蒂"，不值一提的了。就这样，贾谊将祸福与生死问题放在了宇宙规律的更高层面予以重新解说，最终消解了对灾祸与死亡的恐惧，达到了"为赋以自广"（《史记·屈原贾生列传》）的目的。这种对自然规律的尊重和敬畏，也值得今天的人反复学习。

从文体特征来看，《鵩鸟赋》保留了辞赋的问答体和押韵手法，在句式上采用了"四言+兮+四言"的形式，这种句式与贾谊的另一篇辞赋《吊屈原赋》如出一辙，与先秦楚辞相比，形式更为整齐。贾谊在赋中引用了大量《老子》《庄子》《鹖冠子》中的格言，这些格言通常都是"四言+四言"的形式，化用到赋里，只需要在前一个四言分句后加上"兮"字即可，这种写法使辞赋与诸子格言两种文体很好地融合到了一起，也使得本以铺陈、丽藻为主要内容的辞赋，具备了更多阐发哲理的可能性。

✐ | 思考与运用

❶《鵩鸟赋》中作者向鵩鸟提了哪些问题，鵩鸟的答案分别是什么？

❷ 嵇康《明胆论》评价贾谊，说他"忌鵩作赋，暗所惑也"。你是否同意这个评价，为什么？

⦾ 拓展资源

（1）阅读《鹖冠子·世兵》，感受先秦诸子对汉代思想的影响。

（2）观看动画《中国历史文化名人》之贾谊篇，体会贾谊心系天下的情怀。

学习笔记

14

登楼赋[1]

（东汉）王粲

　　登兹楼以四望兮，聊暇日以销忧[2]。览斯宇之所处兮[3]，实显敞而寡仇[4]。挟清漳之通浦兮[5]，倚曲沮之长洲[6]。背坟衍之广陆兮[7]，临皋隰之沃流[8]。北弥陶牧[9]，西接昭丘[10]。华实蔽野[11]，黍稷盈畴[12]。虽信美而非吾土兮[13]，曾何足以少留！

　　遭纷浊而迁逝兮[14]，漫逾纪以迄今[15]。情眷眷而怀归兮[16]，孰忧思之可任[17]？凭轩槛以遥望兮[18]，向北风而开襟。平原远而极目兮[19]，蔽荆山之高岑[20]。路逶迤而修迥兮[21]，川既漾而济深[22]。悲旧乡之壅隔兮[23]，涕横坠而弗禁。昔尼父之在陈兮，有归欤之叹音[24]。钟仪幽而楚奏兮[25]，庄舄显而越吟[26]。人情同于怀土兮[27]，岂穷达而异心！

　　惟日月之逾迈兮[28]，俟河清其未极[29]。冀王道之一平兮，假高衢而骋力[30]。惧匏瓜之徒悬兮[31]，畏井渫之莫食[32]。步栖迟以徙倚兮[33]，白日忽其将匿[34]。风萧瑟而并兴兮，天惨惨而无色。兽狂顾以求群兮[35]，鸟相鸣而举翼[36]。原野阒其无人兮[37]，征夫行而未息。心凄怆以感发兮[38]，意忉怛而惨恻[39]。循阶除而下降兮，气交愤于胸臆。夜参半而不寐兮，怅盘桓以反侧。

注释

[1] 选自萧统编《文选》，清嘉庆十四年胡克家刻本。王粲（177—217），字仲宣，东汉文学家，"建安七子"之一。王粲出身东汉高门，曾祖父王龚、祖父王畅都曾为汉代三公。东汉末年董卓挟持汉献帝由洛阳西迁长安，王粲也随之移居长安。王粲自幼才学过人，当时达官竞相征辟，但因为汉末世乱，均没有成功。董卓死后，长安军阀混战，王粲南下荆州，依附刘表，但并未得到重用。刘表去世后，王粲归附曹操，被曹操征辟为丞相掾，后又封侍中。建安二十三年（217）随曹操征讨孙权途中染病去世。王粲是汉末最著名的文人之一，尤其擅长辞赋，这首《登楼赋》是王粲依附刘表之后，在当阳（今湖北当阳）登楼远眺时所作。

[2] 暇日：空闲的日子。一说通"假"，借。

[3] 斯宇：这栋楼。

[4]　显敞：豁亮宽敞。寡仇：少有可与之匹敌的。仇，匹敌。

[5]　挟清漳之通浦：映带着清澈的漳水支流。漳水：在湖北当阳市（王粲登楼之处）南部。通浦：连通主干的支流。

[6]　倚曲沮之长洲：依靠着曲折的沮水中的沙洲。沮水，在当阳市的西部。

[7]　坟衍：高而平坦。广陆：广阔的陆地。

[8]　皋隰（gāo xí）：水边湿地。沃流：可灌溉的流水。

[9]　北弥：北边的终点。陶牧：江陵县西面的陶朱公冢。牧，郊外。

[10]　昭丘：楚昭王墓，在当阳东南。

[11]　华实蔽野：花朵与果实铺满了原野，指物产丰富。

[12]　黍稷盈畴：黍稷，黄米、高粱，泛指粮食。盈，满。畴，耕地。

[13]　信美：确实美。吾土：我的故乡。

[14]　纷浊：纷扰污浊的世道。迁逝：迁徙流亡。

[15]　逾纪：超过了一纪（十二年）。迄今，到今天。

[16]　眷眷：留恋。

[17]　任：受得了。

[18]　凭轩槛：倚靠着楼上窗口的栏板。轩槛：栏板。

[19]　极目：尽力远望。

[20]　蔽荆山之高岑：被高岑的荆山遮蔽。荆山，在当阳以北。岑，山小而高。

[21]　逶迤：曲折。修迥：长远。

[22]　漾：长。济：渡口。

[23]　壅隔：阻塞。

[24]　"尼父"句：指孔子在陈之时，产生了回归鲁国的念头。尼父，孔子。《论语·公冶长》："子在陈，曰：'归欤！归欤！吾党之小子狂简，斐然成章，不知所以裁之。'"

[25]　"钟仪"句：指春秋时楚国乐师钟仪被晋国俘虏，在晋侯面前演奏故乡楚国的音乐。《左传·成公九年》："晋侯观于军府，见钟仪，问之曰：'南冠而絷者，谁也？'有司对曰：'郑人所献楚囚也。'……问其族，对曰：'伶人也。'公曰：'能乐乎？'对曰：'先父之职官也，敢有二事？'使与之琴，操南音。"

[26]　"庄舄（xì）"句：指越人庄舄在楚国深受重用，任执珪要职，但病痛时说的却是故乡越地的方言。《史记·张仪列传》："越人庄舄仕楚执珪，有顷而病。楚王曰：'舄，故越之鄙细人也，今仕楚执珪，贵富矣，亦思越不？'中谢对曰：'凡人之思故，在其病也。彼思越则越声，不思越则楚声。'使人往听之，犹尚越声也。"

[27]　怀土：怀念故乡。《论语·里仁》："君子怀德，小人怀土。"

[28]　逾迈：逝去。

[29]　俟河清：等待黄河变清，比喻等待天下太平。《左传·襄公八年》曰："俟河之清，人寿几何。"极：至，到。

[30]　假：借助。高衢：大路。

[31]　匏（páo）瓜之徒悬：比喻有优秀的能力而不得任用。《论语·阳货》："吾岂匏瓜也哉？焉能系而不食？"

[32] 井渫（xiè）之莫食：清理了水井却没有人来打水，比喻有高尚的品德而无人任用。《易经·井》："井渫不食，为我心恻。"

[33] 栖迟：放松休息。徙倚：徘徊。

[34] 匿：隐藏。这里指太阳落山。

[35] 狂顾：迅速看向四周。

[36] 相鸣：互相呼叫。

[37] 阒（qù）：安静。

[38] 感发：将心中所感抒发出来。

[39] 忉怛（dāo dá）：悲伤。惨恻：忧伤凄怆。

评析

汉代的辞赋，从形态上大约分为散体赋和骚体赋两种，其中散体赋比较注重铺陈，骚体赋则更注重表达个人情感，《登楼赋》就是一首抒情之作。王粲写作《登楼赋》时尚不到三十岁，但已经历过人生和国家的剧烈浮沉。他生于宰相世家，自幼聪慧，才气纵横，但不幸遭遇董卓之乱，血统和才华都没有了发挥的余地，为了保全生命，他只能离开从小生长的长安，南下到当时比较安定的荆州，依附有爱才之名的刘表。

刘表喜欢以貌取人，王粲天生瘦小，相貌丑陋，因此刘表对他比较轻视，并不把他当作重要的参谋，这对于胸怀大志的王粲来说，是一个非常大的打击。而北方仍然战乱频仍，不知何时才能告一段落，身世之忧加上家国之忧，使王粲登上当阳高楼，写下《登楼赋》。

《登楼赋》按照押韵情况可以分为三段。第一段交代登楼的原因与登楼所见的景色。王粲借着登楼远望的视角，用"实显敞而寡仇""华实蔽野，黍稷盈畴"这样的美饰之辞，将荆州地区的风景水土之美用心铺陈了一番。按照一般逻辑，面对这样美好的风景，登楼"消忧"的目的似乎应该能够达成，但王粲马上安排了一个巨大的转折："虽信美而非吾土兮，曾何足以少留！"此句一出，上文对荆州地区所有的赞美，反而都成了思乡之情的背景衬托。

第二段具体呈现王粲的思乡之情，其中情感逐渐加深。"漫逾纪"表示离乡之久，"向北风而开襟"希望通过家乡方向吹来的风感受故土的气息，"平原远而极目"进一步提出希望能够看看家乡的样子，"蔽荆山之高岑"则将希望转换为绝望，情绪就这样在层层推进中走到了最高点。接下来，王粲特别举出了孔子、钟仪、庄舄三人的例子，证明圣俗、穷达都无法改变人与生俱来的对家乡的依恋，为自己的"怀土"找到了合理性，同时也将这种感情上升到人类的高度。

第三段分为两个部分。从"惟日月之逾迈"到"畏井渫之莫食"主要写王粲希望能够得到机会，发挥自己的才干。其中王粲认为自己能够"骋力"的前提是"王道一平"，可以看出王粲对乱世终结的期待。第二部分写王粲结束眺望下楼的过程。在登楼时，整个外部环境是极其开朗明媚的；但经历了在楼上的思乡与自悲身世之后，外面的风景也和王粲的心情一样变得凄惨灰暗了起来，白日将匿、狂风萧瑟、离兽求群、孤鸟举翼这些意象，都曾在魏晋文人的诗赋中反复出现，表达作者在乱世中漂泊无依的不安定感和孤独感。这种不安定感和孤独感，也是建安文学、魏晋文学的最重要主题之一。

王粲的《登楼赋》，开启了后世登楼怀远的传统，后世文人，在漂泊游宦的过程中，登上高楼，都会想起王粲的《登楼赋》来。

📝 | 思考与运用

❶ 请举例说说王粲《登楼赋》中体现了辞赋在形式和内容上的哪些特点。

❷ 后世很多文人，都会利用《登楼赋》中"虽信美而非吾土兮，曾何足以少留"做翻案文章，如杜甫晚年漂泊江湘时作《长沙送李十一》，说长沙"竟非吾土倦登楼"；苏轼游仪真东园，作《南歌子》，说"虽非吾土且登楼"；陆游游宦嘉州，作《登荔枝楼》，说"知非吾土强登楼"。请分析这些翻案文章与王粲原句情感的异同。

▢ | 知识延伸

在后世的文学作品里，"登楼"是非常常见的主题，许多关于"登楼"的诗文背后，都体现了作者对乡土的热爱。

⊕ 拓展资源

观看仲宣楼旅游宣传片，体会中国文化中的乡土情怀。

学习笔记

15

秋声赋[1]

（北宋）欧阳修

欧阳子方夜读书[2]，闻有声自西南来者[3]。悚然而听之，曰：异哉！初淅淅沥沥以萧飒[4]，忽奔腾而砰湃[5]，如波涛夜惊，风雨骤至。其触于物也，鏦鏦铮铮[6]，金铁皆鸣。又如赴敌之兵，衔枚疾走[7]，不闻号令，但闻人马之行声。予谓童子："此何声也？汝出视之。"童子曰："星月皎洁，明河在天[8]，四无人声，声在树间。"

予曰："噫嘻悲哉[9]！此秋声也。胡为而来哉？盖夫秋之为状也，其色惨淡，烟霏云敛[10]；其容清明，天高日晶[11]；其气栗冽[12]，砭人肌骨[13]；其意萧条，山川寂寥。故其为声也，凄凄切切，呼号愤发。丰草绿缛而争茂[14]，佳木葱茏而可悦；草拂之而色变，木遭之而叶脱。其所以摧败零落者，乃其一气之余烈[15]。夫秋，刑官也[16]，于时为阴[17]。又兵象也，于行用金[18]。是谓天地之义气[19]，常以肃杀而为心[20]。天之于物，春生秋实。故其在乐也，商声主西方之音[21]，夷则为七月之律[22]。商，伤也，物既老而悲伤；夷，戮也，物过盛而当杀[23]。"

"嗟乎！草木无情，有时飘零。人为动物，惟物之灵[24]。百忧感其心，万事劳其形，有动于中，必摇其精[25]。而况思其力之所不及，忧其智之所不能，宜其渥然丹者为槁木[26]，黟然黑者为星星[27]。奈何以非金石之质[28]，欲与草木而争荣？念谁为之戕贼[29]，亦何恨乎秋声！"

童子莫对，垂头而睡，但闻四壁虫声唧唧[30]，如助余之叹息。

注释

[1] 选自洪本健《欧阳修诗文集校笺》，上海古籍出版社2009年版。欧阳修（1007—1072），字永叔，号醉翁、六一居士，谥文忠，北宋著名政治家、文学家。仁宗天圣八年（1030）进士，官至知制诰。庆历五年（1045）因参加庆历新政被贬，至和元年（1054）回京，为翰林学士，知开封府，嘉祐二年（1057）以翰林学士主考，后为知开封府、枢密副使、参知政事等要职。神宗熙宁元年（1068），因反对王安石变法被贬，熙宁四年（1071）致仕。欧阳修作文反对艰深，提倡平易，是北宋"古文运动"的重要领袖。曾编修《新唐书》《新五代史》，作品有《欧阳文忠公集》。

[2] 欧阳子：欧阳修的自称。

[3] 西南来：古人认为秋气来自西南。《礼记·乡饮酒义》："天地严凝之气，始于西南，而盛于西北。"

[4] 淅沥：轻微的风声。萧飒：风吹树叶的声音。

[5] 砰（pēng）湃：剧烈的撞击声。

[6] 鏦鏦（cōng）：金属撞击声。

[7] 衔枚：军事行动时为避免喧哗而咬住棍子，称为衔枚。

[8] 明河：银河。

[9] 悲哉：宋玉《九辩》："悲哉！秋之为气也，萧瑟兮草木摇落而变衰。"故欧阳修说秋声"悲哉"。

[10] 烟霏：烟气弥散。云敛：云气收敛。

[11] 晶：光明晴朗。

[12] 栗冽：冷风吹拂的感觉。

[13] 砭：针刺。

[14] 绿缛：绿色繁盛的样子。

[15] 余烈：余威。

[16] 刑官：《周礼》中以天地春夏秋冬为六官，秋官掌管刑罚。

[17] 于时为阴：秋冬在四季之中属阴。

[18] 又兵象也，于行用金：秋在五行中属金，被看作兵器、战争的象征。

[19] 天地之义气：秋在仁义礼智信"五德"中主"义"。

[20] 肃杀：秋天万物凋零，古人认为主刑杀。《礼记·月令》："仲秋……杀气浸盛。"

[21] 商声主西方之音：商声，五音之一。商声、西方和秋季在五行体系中都属金，被归为一类。

[22] 夷则为七月之律：夷则，十二律之一。古人以十二律与十二月相配，夷则配七月。《白虎通》说："夷，伤也；则，法也。言万物始伤，被刑法也。"

[23] 杀：消减。

[24] 惟物之灵：万物中最有灵气者。《尚书·泰誓》："惟人，万物之灵。"

[25] 劳其形、摇其精：劳动其身体，动摇其精神。《庄子·在宥》："必静必清，无劳女形，无摇女精，乃可以长生。"

[26] 渥然丹者为槁木：容颜枯槁。渥然丹，出自《秦风·终南》"颜如渥丹"，指面色红润。

[27] 黟然黑者为星星：指头发由黑变白。左思《白发赋》："星星白发，生于鬓垂。"

[28] 非金石之质：指人的身体不如金属石头那样坚固。

[29] 戕（qiāng）贼：破坏。

[30] 唧唧：夜晚虫鸣声。

评析

欧阳修的《秋声赋》作于嘉祐四年（1059），此前欧阳修因为目疾，加上左臂疼痛，辞去了事务繁重的权知开封府工作，但依然需要承担编纂《唐书》这样的重大任务，渐渐感到身体衰弱、力不从心的欧阳修，在一个夜里听到秋风衰飒，感受到万物凋零的气息，写下了这篇作品。

《秋声赋》是一个从唐代以来就有的题目，唐人李德裕、刘禹锡都有同名作品，内容主要是紧扣"秋声"的主题，突出秋之声的形式特点，以及秋声引起的衰飒之思。相比之下，欧阳修的《秋声赋》内容则更为深入，全文一共分为四个部分。第一部分，欧阳修采用了一种"陌生化"的手法，在不点明"秋声"的状态下，描写秋声给人的最直观感受。第二部分，在确定所听到的是"秋声"之后，将秋声放到秋色、秋容、秋意组成的全方位感官体系之中，烘托"秋"的整体特点。第三部分，从感官层面深入到理性层面，总结出"秋"在义理上的核心——"肃杀"。第四部分，回到自身，强调"百忧感其心，万事劳其形"才是对人最大的戕害，跟它们相比，秋声其实算不得什么。这四个部分之中，从秋声写到秋，从秋写到肃杀，从肃杀写到人类衰老的真正原因，其实后三个部分已经不是在写"秋声"本身，而是在谈论养生之理了，这种由表象到义理的谈论方式，在之前的《秋声赋》中，是没有的。

欧阳修一生倡导古文，鲜作辞赋，但对于辞赋的文体传统却非常熟悉，《秋声赋》借主客问答推展文章脉络，在文辞中处处注意铺陈和押韵，这些都符合辞赋的一般要求。但是仔细来看，它又与唐宋辞赋的一般形式不太一样，唐宋以来，随着律赋的流行，辞赋开始追求形式的极度统一，对仗的句子都要求字数相同，而这篇《秋声赋》却刻意打破了这样的形式，特地在赋中加入了很多关联词，使本来对仗的句子在形式上变得参差。这些关联词一方面加强了上下句之间的逻辑联系，使赋作中对"秋之意"的讨论得以深入，另一方面又在内容上保留了对仗的特点，形成一种"意对形不对"的风格，成为宋代"文赋"的代表。

思考与运用

❶ 结合欧阳修写《秋声赋》时的状况，谈谈你对赋作第三、第四段寓意的理解。

❷ 赋中童子和欧阳子分别代表哪两类人？赋的最后为什么要写"童子莫对，垂头而睡"？

❸ 赋的末尾以"四壁虫声唧唧"收束，在文学上起到了什么作用？

拓展资源

（1）观看纪录片《庐陵欧阳修》，体会宋代士大夫的政治关怀。

（2）观看溥心畬绘《秋声赋图》，体会中国文化中诗画结合的传统。

拓展视频

《五代史记·伶官传序》与"法严词约"的述史宗旨

拓展视频

庾信《哀江南赋序》与骈文的文体特征

学习笔记

16

小时不识月赋（以"小时不识月，呼作白玉盘"为韵）[1]

（清）黄遵宪

碧宇光澄[2]，青春梦绕。旧事茫茫，予怀渺渺[3]。月何分于古今[4]，人犹忆乎少小。举头即见，依然皓魄团团[5]；总角何知[6]，漫道小时了了[7]。

昔李青莲神仙骨格[8]，诗酒生涯。偶琼筵之小坐[9]，向玉宇而翘思[10]。清影堪邀，且喜三人共盏[11]；韶华易逝，那堪两鬓已丝[12]。未知过客光阴，几逢圆月[13]；每望广寒宫阙，便忆儿时[14]。

细数前尘，尚能仿佛。灯共人篝，果从母乞[15]。鬓边之玉帽斜欹[16]，膝下之彩衣低拂[17]。骑来竹马，长干之侣欢然[18]；梦入绳床，湘管之花鄂不[19]。

偶绮阁之春嬉[20]，见玉阶之月色[21]。忽流满地之辉[22]，莫解中情之惑[23]。几时修到？竟如七宝装成[24]；何处飞来？不用一钱买得[25]。只昨夜高擎珠箔，偶尔招邀[26]；似春风吹入罗帏，未曾相识[27]。

何半钩兮弯环，复一轮兮出没[28]。羌珠斗之光凝[29]，更星潢之艳发[30]。相逢倍觉依依[31]，怪事辄呼咄咄[32]。倘使层梯取得[33]，愿登百尺之台[34]；只应香饼分来[35]，误指中秋之月[36]。

问天不语，愈极模糊。屡低头而思起[37]，奈欲唤而名无。阿姊聪明，搴帷学拜[38]；群儿三五，捉影相娱。几从华屋秋澄，凝眸谛视[39]；每见银河夜转，拍手欢呼。

如此心情，犹能揣度[40]。曾圆缺之几回，已容颜之非昨。恐蟾兔其笑人[41]，竟江湖之落魄[42]。偶然今夕重逢，愿有新诗之作。想当日铜鞮争唱[43]，都如宵梦一场；算几番玉镜高悬[44]，未及少年行乐。

因慨夫老大依人[45]，关山作客。桃园春色之宵[46]，牛渚秋江之夕[47]。谢公别处，客散天青[48]；宛水歌中，沙寒鸥白[49]。历数游踪，都成浪迹[50]。空学浣花老友，儿女遥怜[51]；只同中圣浩然，风流自适[52]。

孰若鬓挽青丝[53]，头峣紫玉[54]。捉花底之迷藏[55]，向墙阴而踯躅[56]。银床高卧，翻疑地上霜华[57]；翠袖同看[58]，未解闺中心曲[59]。可惜流光弹指[60]，此景难追；即今皎魄当头[61]，童心顿触。

盖其别翻隽语[62]，故作疑团[63]。真粲花之有舌[64]，拟琢玉以成盘[65]。早岁香名，艳说谪仙位业[66]；扁舟午夜，饱看采石波澜[67]。仰公千载，对月三叹。我自惭绿鬓华年[68]，曾无才

调^[69]；恨未识锦袍仙客^[70]，相与盘桓^[71]。

注释

[1] 引自钱仲联整理《人境庐杂文钞（上）》，《文献》1981年第4期。《小时不识月赋》为黄遵宪在同治六年（1867）赴嘉应州（今广东梅州）参加童生考试（院试）时所作。黄遵宪（1848—1905），广东梅州人，晚清著名外交家、文学家。光绪二年（1875）举人，中举后出使日本，长期担任清朝驻日本使馆参赞。后任清朝驻旧金山总领事、驻英国参赞、驻新加坡总领事等职，光绪二十年（1894）回国，先后担任江宁洋务局总办、署理湖南按察使，与康有为、梁启超、陈宝箴等一道投入到洋务运动与戊戌变法之中，变法失败后回乡开办新式学堂，1905年在家乡梅州去世。黄遵宪是晚清"诗界革命"的代表人物，他主张文学的口语化，提出了"我手写我口，古岂能拘牵"的著名口号，有《日本杂事诗》等名作，被称为"中国诗界之哥伦布"。梁启超在《嘉应黄先生墓志铭》中说黄遵宪的文章"务取畅达，不苟为夸饰"，在晚清文人中也自成一家。

[2] 碧宇光澄：碧蓝的天空，月光澄澈。

[3] 渺渺：辽远。苏轼《赤壁赋》："渺渺兮予怀。"

[4] 月何分于古今：古人今人所见是同一轮明月。李白《把酒问月》："古人今人若流水，共看明月皆如此。"

[5] 举头：李白《静夜思》："举头望明月。"皓魄：洁白的月光。团团：指月光的形状。李白《古朗月行》："桂树何团团。"

[6] 总角：古代少年未冠之时，常常会扎起发髻，称为"总角"。

[7] 漫道小时了了：不要说小时聪慧。《世说新语·言语》载陈韪嘲戏孔融语："小时了了，大未必佳。"

[8] 李青莲：李白号青莲居士。

[9] 琼筵（yán）：美好的筵席。李白《春夜宴桃李园序》："开琼筵以坐花，飞羽觞而醉月。"

[10] 玉宇：古人想象中玉石建造的月宫。苏轼《水调歌头》："我欲乘风归去，又恐琼楼玉宇，高处不胜寒"。

[11] 清影句：化用自李白《月下独酌》："举杯邀明月，对影成三人。"

[12] 韶（sháo）华：青春年华。两鬓已丝：化用自李白《赠钱徵君少阳》："春风余几日，两鬓各成丝。"

[13] 过客句：化用李白《春夜宴桃李园序》："光阴者，百代之过客也。"

[14] 广寒宫阙：传说中月宫称广寒宫。

[15] 籇：以灯笼覆盖在火烛上称为"籇"。果从母乞：倒装，从母亲那里讨要果物。

[16] 玉帽斜欹（qī）：《周书·独孤信传》言独孤信打猎后骑马入城时"其帽微侧"，被当时人仿效。后用来表现忘我游乐的状态。

[17] 膝下之彩衣低拂：指子女与父母欢乐游戏。"膝下"指子女幼年对父母的依恋。"彩衣"出自《孝子传》，相传老莱子常在父母面前穿五彩衣，作婴儿状，取悦父母。

[18] 骑来竹马，长干之侣欢然：出自李白《长干行》"郎骑竹马来，绕床弄青梅。同居长干里，两小无嫌猜"，指孩童间两小无猜的友情。长干，南京地名。

[19] 绳床：一种带靠背高脚椅。李白《静夜思》："床前明月光，疑是地上霜。"湘管：湘竹制成的笔。鄂不（fū）：《小雅·常棣》"常棣之华，鄂不韡韡"，指花萼与花托。这一句用李白"梦笔生花"的典故。

[20] 绮阁：华丽的楼阁。

[21] 玉阶：李白《玉阶怨》："玉阶生白露，夜久侵罗袜。却下水精帘，玲珑望秋月。"指闺妇望月怀远。

[22] 满地之辉：指地面反射月光。李白《静夜思》："床前明月光，疑是地上霜。"

[23] 中情之惑：内心的疑惑。

[24] 七宝装成：传说月亮由七种宝石合成。《酉阳杂俎·天咫》："君知月乃七宝合成乎?"

[25] 不用一钱买得：出自李白《襄阳歌》："清风朗月不用一钱买。"

[26] 高擎珠箔（bó）：高举着珍珠帘子。出自李白《捣衣篇》："明月高高刻漏长，真珠帘箔掩兰堂。"

[27] "春风"句：李白《春怨》："春风不相识，何事入罗帏。"

[28] 半钩：初月如钩的状态。一轮：满月如轮的状态。

[29] 羌：发语词。珠斗：北斗七星。王维《同崔员外秋宵寓直》："月迥藏珠斗，云开出绛河。"

[30] 星潢：银河。

[31] 依依：轻柔可爱的样子。

[32] 怪事辄呼咄咄（duō）：《世说新语·黜免》："殷中军被废，在信安，终日恒书空作字。扬州吏民寻义逐之，窃视，唯作'咄咄怪事'四字而已。"咄咄，象声词，表惊叹。

[33] 层梯取得：刘辰翁《念奴娇·中秋待月》："剪纸吹成，长梯摘取，儿戏那堪惜。"

[34] 百尺之台：李白《夜宿山寺》："危楼高百尺，手可摘星辰。"

[35] 香饼：此处指月饼。

[36] 指月：佛教《楞严经》以手指喻佛经，以月喻真理。认为手指的意义是指向真理，但不能以手指为真理。这里的意思是误把月饼当作月亮本身。

[37] 低头而思起：化用李白《静夜思》："举头望明月，低头思故乡。"

[38] 搴（qiān）帘学拜：揭开帘子拜月乞巧。

[39] 谛视：仔细查看。

[40] 揣度：拟想。

[41] 蟾兔：古人认为月亮上的阴影为蟾蜍与玉兔。李白《古朗月行》："白兔捣成药，问言与谁餐? 蟾蜍蚀圆影，大明夜已残。"

[42] 落魄：穷困失意。李白《僧伽歌》："嗟予落魄江湖久，罕遇真僧说空有。"

[43] 铜鞮（dī）争唱：铜鞮，即《白铜鞮歌》，是南朝荆襄地区歌曲。李白《襄阳歌》："襄阳小儿齐拍手，拦街争唱白铜鞮。"此处是呼应上文"拍手欢呼"。

[44] 算：想必。玉镜：形容月亮。李白《古朗月行》："又疑瑶台镜，飞在白云端。"

[45] 老大依人：年纪很大了还在依附别人，不能自立。

[46] 桃园春色：李白《春夜宴桃李园序》："飞羽觞而醉月。"

[47] 牛渚秋江：出自李白《夜泊牛渚怀古》："牛渚西江夜，青天无片云。登舟望秋月，空忆谢将军。"

[48] "谢公"句：出自李白《谢公亭》："谢公离别处，风景每生愁。客散青天月，山空碧水流。"谢公，指南朝诗人谢朓。

[49] "宛水"句：出自李白《过崔八丈水亭》："檐飞宛溪水，窗落敬亭云。……闲随白鸥去，沙上自为群。"

[50] 流踪、浪迹：四处漫游，漂泊不定。

[51] 浣花老友：指李白的朋友杜甫。杜甫曾在成都浣花溪建有草堂。儿女遥怜：出自杜甫《月夜》："今夜鄜州月，闺中只独看。遥怜小儿女，未解忆长安。"

[52] 中圣浩然，风流自适：浩然，指孟浩然。李白《赠孟浩然》："我爱孟夫子，风流天下闻。醉月频中圣，迷花不事君。"中圣，醉酒的雅称。

[53] 髻（jì）：发髻。青丝：头发。

[54] 头峣（yáo）紫玉：头上高耸着紫玉制成的饰品。峣，高耸貌。

[55] 捉花底之迷藏：指月下花底捉迷藏事。元稹《杂忆》："寒轻夜浅绕回廊，不辨花丛暗辨香。忆得双文胧月下，小楼前后捉迷藏。"

[56] 墙阴：墙的背阴处。墙阴会随着月光而改变形状。

[57] "银床"句：化用李白《静夜思》："床前明月光，疑是地上霜。"

[58] 翠袖：翠绿的衣袖，代指女子。杜甫《佳人》："天寒翠袖薄，日暮倚修竹。"

[59] 心曲：内心深处曲折的感情。

[60] 流光弹指：流动的时光在弹指间便逝去。形容时间流逝迅速。

[61] 皎魄：皎洁的月光。同上文"皓魄"。

[62] 翻：更新。隽（juàn）语：耐人寻味的言辞。

[63] 故作疑团：指李白《古朗月行》中"白兔捣药成，问言与谁餐"等问月之语。

[64] 粲花之有舌：王仁裕《开元天宝遗事》："李白有天才俊逸之誉，每与人谈论，皆成句读，如春葩丽藻，粲于齿牙之下，时人号曰'李白粲花之论。'"

[65] 琢玉成盘：形容雕饰文字以成完整作品。"成盘"暗用李白《古朗月行》："小时不识月，呼作白玉盘。"双关李白的诗作与自己的赋作。

[66] 谪仙：李白早年曾被称为"谪仙人"，李白《对酒忆贺监序》："太子宾客贺公，于长安紫极宫一见余，呼余为谪仙人。"位业：此处指神仙的地位。

[67] "扁舟"句：《旧唐书·李白传》："尝月夜乘舟，自采石达金陵，白衣宫锦袍，于舟中顾瞻笑傲，旁若无人。"洪迈《容斋随笔·李白》："世俗多言李太白在当涂采石，因醉泛舟于江，见月影俯而取之，遂溺死，故其地有捉月台。"

[68] 绿鬓：乌黑深绿的头发，形容年轻。李白《怨歌行》："沉忧能伤人，绿鬓成霜蓬。"

[69] 才调：才华格调。

[70] 锦袍仙客：指李白，用《旧唐书》载李白锦袍泛舟事，见前注。

[71] 盘桓：交往。

评析

这篇《小时不识月赋》是黄遵宪在嘉应州童子科院试的考试题目，黄遵宪也凭着这篇赋顺利考中秀才。黄遵宪《己亥杂诗》第四十首有"锦袍曾赋小时月，月照恒河鬓已华"，即是对年轻时作《小时不识月赋》的回忆。

古代的科举考试，如果以诗赋为考试内容，通常会在规定诗赋题目的同时，规定好押韵所用的韵部，以防学生猜到题目，事先创作。这首《小时不识月赋》的题目出自李白《古朗月行》的首句"小时不识月，呼作白玉盘"，整篇赋的主题必须围绕李白这句诗来写，又必须依次以小、时、不、识、月、呼、作、白、玉、盘十个字所在的韵部押韵，可以说是一篇有着高度规则限制的作品，对作者的学识、思维能力和写作技巧都有很高的要求。

李白的《古朗月行》之所以出名，是因为他并没有直接写月亮的形态与望月时的感受，而是抛弃社会习俗和文学传统给"月亮"增加的种种意义，回到最纯真的孩童视角，呈现月亮给人带来的最直接的神秘情思。与此同时，"小时"两字，又说明这首诗的抒情主人公并非"不识月"的童年李白本人，而是作为回忆者的成年李白。那么，是什么触动了成年李白回忆自己小时候的事？幼年李白与成年李白对于"月"的不同看法又会带来怎样的张力？这些是《小时不识月赋》的入手点。

整篇赋作可以按照所押韵部分为十段：第一段中，作者首先回忆自己幼年时对于月亮的懵懂记忆，到了第二段，便将主题引到李白写《古朗月行》时的场景——那时李白已经"两鬓已丝"，经历过许多月圆之夜了。第三段到第六段，写的是李白写《古朗月行》时回忆小时候和家人一起赏月的种种场景，其中加入不少关于月亮的提问，凸显童年李白的天真和好奇。第七段到第九段，则又将视角拉回李白写作《古朗月行》的时代，将中年李白与童年李白眼中的月亮进行对比，突显光阴易逝与人世沧桑之感。最后一段，作者再度从李白回到自己，表达了自己对李白的无限崇敬之情，完成了首尾呼应。

就这样，经过作者的精心结撰，"望月"这一原本非常单纯的行为，产生了非常丰富的层次：童年作者、童年李白、成年李白和成年作者，都曾担任过"望月"的主人公，这四个主人公又身处不同的历史时间节点上，又都置身于位处历史终点的作者的想象之中，互相对比与映衬，最终呈现出"月何分于古今"的主题，安排可谓独具匠心。

在李白的诗作中，"月"是最为常见的意象之一。作者利用了这一特点，在描写李白面对月亮的所思所感时，使用的典故和意象，绝大多数都直接或间接出自李白关于月的作品，可以说利用李白自己的诗文，重新构筑了一个月下的李白形象，因此显得格外真实可信。在科举考试的紧张气氛中，能够对李白的生平与作品如此信手拈来，运用自如，体现了作者惊人的才学。

📝 | 思考与运用

❶《小时不识月赋》中间，化用了哪些李白的作品和与李白相关的句子？作者是如何将这些作品融入赋中的？

❷《小时不识月赋》的第三至第六段分别写了什么内容？这些内容之间有什么联系？作者是如何处理段与段之间的衔接的？

🔗 拓展资源

观看广东汉剧《黄遵宪》，体会近代中国知识分子救亡图存的情怀。

拓展视频

《古风（十九）》
与中国的忧游
传统

第三部分

词曲

文体概说

　　词和曲，都是古代配合音乐歌唱的艺术形式。两者既有区别，也有联系，是宋元时期最具有代表性的两种文体。

　　词的出现，与隋唐时期燕乐的兴盛有很大关系。在隋唐以前，中国的音乐主要有雅乐和清乐两大系统。雅乐是周秦时期的古乐，一般用于郊庙祭享等仪式场合，音乐比较典雅庄重，所用的乐器以钟、鼓、琴、瑟等为主。配合雅乐演唱的歌词，比较接近《诗经》的语言风格，比如《诗经》中的《颂》诗主要就是祭祀歌曲。清乐是汉魏之际中土汉民族音乐和边地少数民族音乐结合而成的一种音乐，主要流行于南方地区，其中江南地区的称作吴歌，荆楚地区的称作西曲。配合清乐演唱的歌词，以南朝民歌为代表，如《子夜歌》《子夜四时歌》等。燕乐，又称宴乐，是魏晋南北朝以来中外胡汉音乐交流融合而形成的一种新型的民族音乐和流行音乐，在隋唐时期主要为宫廷宴享时所演奏，并配合歌词和舞蹈表演，体现了较强的娱乐性。配合燕乐歌唱的歌词，就是一种新的文学样式——词。因此，词有着既从于乐又从于诗的双重属性。与可歌的乐歌不同，词的产生是先有音乐后有歌词，而乐歌是先有歌词再配以音乐。

　　因为词的产生与音乐有关，所以词的音乐属性便决定了词的文体特征，也就是所谓"调有定句，句有定字，字有定声"。首先，每一首词都有一个表示其音乐属性的词调，也称词牌，就是这一支燕乐的歌曲名，比如《如梦令》《鹊桥仙》《声声慢》《念奴娇》等。根据清代所编的《钦定词谱》统计，宋元时期的词牌多达八百多个，而大多数词牌还不止一种体式，这也反映了当时乐坛的兴盛和繁荣。词调确定以后，这首词整体的形式特点就基本确定了。其次，每一个词调有规定的句数，比如《如梦令》有七句，《鹊桥仙》有十句，《声声慢》有十七句，

《念奴娇》有二十句。有的词调字数少而短，最短的词调如五代皇甫松《竹枝》："芙蓉并蒂一心连，花侵隔子眼应穿"，仅有两句十四字；有的词调字数多而长，最长的词调是南宋吴文英的《莺啼序》，共计四十六句，二百四十字。再次，词调的不同，也决定了整首词每一句的字数不同。即使是句数相同的两个词调，它们每一句的字数也不完全相同。比如大家比较熟悉的《清平乐》和《卜算子》，都是两阕八句、上下阕各四句的形式，但是它们每一句的字数是不一样的，我们可以把这两个词调每一句的字数列出来以作比较：

	第一句	第二句	第三句	第四句	第五句	第六句	第七句	第八句
《清平乐》	四	五	七	六	六	六	六	六
《卜算子》	五	五	七	五	五	五	七	五

很明显，除了第二句和第三句的字数相同，这两个词调中其他六句的字数都是不同的，这就是所谓的"句有定字"。此外，"句有定字"还有另外一层含义，就是除了每一句有字数规定外，每一句的句式也有不同的要求。比如同为五字句，《清平乐》的第二句五字句句式一般是"二字+三字"的形式，而《八声甘州》的第三句五字句句式就是"一字+二字+二字"的形式。从现代语法角度而言，这是两种不同的五言句式，词人在创作时也不能混用。第三，"字有定声"，是指每一个词调对于每一处的用字都有严格的要求。李清照《词论》说："盖诗文分平侧，而歌词分五音，又分五声，又分六律，又分清浊轻重。"在词可以歌唱的唐宋时期，填词者要注意每一个字的五音、五声、清浊、轻重等语音特点，以适合歌者的演唱。可是当词乐失传以后，词家就只能根据前人留下的作品来分析和总结每一个词牌对于字声平仄的规定。不同的词牌对于平仄的要求也不尽相同，有些地方可以平仄通用，有些地方则必须严以区分，这就是后来所说的词谱和词律。以《鹊桥仙》为例，其词律格式如下：

+ - + |，+ - + |，+ | + - + |。+ - + | | - -，| + |、- - + |。　　+ - + |，+ - + |，+ | + - + |。+ - + | | - -，| + |、- - + |。

其中，"-"表示此处要用平声字，"|"表示此处要用仄声字，而"+"表示此处用字可平可仄。这样一种平仄格律的要求，一方面受到了近体诗格律的影响，同时也与词的音乐性有密切联系。如果规定位置上的平仄不符合要求，就会影响歌词演唱的音乐效果。另外，词的押韵与诗歌也有不同。诗歌的押韵有一定的规律性，特别是近体诗，一般是两句一韵，且以押平声韵为主。词的押韵没有一定的规律，基本上是根据词牌的要求来押。有的词调韵位比较稀疏，以隔句押韵为主，比如《卜算子》每两句一韵；有的词调韵位比较密集，以连续押韵为主，比如《长相思》每句押韵。这种韵位疏密的特点，也与词的音乐性有很大关系。总体而言，隔句押韵适合表达一种愉悦舒缓的感情，而连续押韵则宜于表现紧张急促的场面，这也是

词不同于诗的另一方面。

词的发展，大致经历了从晚唐五代至清代一千多年的繁荣兴衰。1900年，在敦煌藏经洞中发现了大量的词，称为敦煌词，敦煌词反映了中晚唐时期词在民间流行和传播的历史情况。但是，晚唐五代词的创作主体还是文人和士大夫，而"花间"和"南唐"则代表了晚唐五代词的两大流派。以温庭筠、韦庄为代表的花间词人，创作了大量供歌筵酒席演唱的侧艳之词，形成了缛彩轻艳的花间词风，奠定了以后词体发展的基础。以南唐李煜父子以及冯延巳为代表的南唐词人，重在表达个人的身世遭遇和家国情愁，不仅转变了花间词风，而且开拓了词的艺术境界。宋初词坛，经历了短暂的沉寂之后，出现了晏殊、柳永、欧阳修和张先等几位风格鲜明的词人，继而又涌现出苏轼、周邦彦等词坛名家，形成了词在北宋时期的第一次繁荣。宋室南渡以后，又以辛弃疾、陈亮等主战词人为代表，确立了词的豪放风格。此后，又涌现出姜夔、周密、王沂孙、张炎等不同风格和流派的杰出词人，使词在南宋达到了第二次繁荣。在经历过两次繁荣之后，词的发展在元明时期陷入低谷，词的文体地位逐渐被戏曲和小说所取代，直到清初又迎来了新的局面。清词号称中兴，不仅流派纷呈，名家辈出，而且在题材内容、艺术手法和理论思想等方面，都有大胆尝试和重要收获。不过，词在一千年的发展过程中，也逐渐脱离了音乐属性。大约在宋元易代之际，词乐就已经失传，词也从有声的音乐文学，变成了纯粹的案头文学，散曲成为词之后一种新的音乐文学样式。

那么，词又是如何被散曲所取代的呢？

散曲的产生，与诸宫调的关系最为密切，而诸宫调的出现，又与词有一定渊源。词以一阕为单位，但一阕词的篇幅毕竟太短，不太适合长篇的歌咏和叙事。于是，就有人尝试把一个词牌重复演唱，以加强其叙事性，又因为演唱时合鼓伴奏，就称为"鼓子词"。但是，一个词调的曲子重复演唱，不仅听起来枯燥乏味，而且也不适合表达更加丰富的情感和内容。于是，又有人把不同宫调的曲子组合在一起进行演唱，这就是所谓的"诸宫调"。相比于一首词，诸宫调的体制显然更加宏大，音乐也更加丰富，成为词之后音乐艺术的又一次重要发展。诸宫调中所用的曲子，有的来自唐宋词调，有的采自民间说唱，还有的出自唐宋大曲。诸宫调与词有很大的不同，比如可以增加衬字，可以四声通押，这都是对词体形式的一种解放。同时，金元入主中原以后，带来了北方少数民族的音乐，对长期流行的燕乐也造成了巨大冲击。再加上词逐渐与音乐脱离，一种适合新的音乐演唱的歌词便应运而生，这便是散曲。

散曲的体制，主要有小令和套数两种。

小令，是一支曲子，调短字少是其最基本的特征。比如关汉卿《四块玉·闲适》，就是一首小令，《四块玉》是这首小令的曲牌名。套数，是同一宫调的几支曲子连缀而成的，结尾通常还会有【尾声】。比如马致远【般涉调】《耍孩儿·借马》，就是用【般涉调】中的几支曲子连缀而成的，包括《耍孩儿》《七煞》《六煞》《五煞》《四煞》《三煞》《二煞》《一煞》《尾声》等曲牌。其中，《煞》也是曲牌名，由于这里连用了七支《煞》，故以逆序计数。除了体制上的区别，散曲又因地域差异而分为南、北两类。南曲在南宋末年的江南地区就已经形成，北曲则流行于金元及明初之际。南曲和北曲的主要差别在于：（1）北曲字多腔少，南曲字少腔多；（2）北曲为七声音阶，南曲为五声音阶（无变徵、变宫）；（3）北曲无入声字，南曲有入声字。另外，从艺术风格而言，南曲细腻柔缓，北曲高亢激昂，体现了南北文化的明显差异。

　　由词而成为散曲，虽然两者都是一种音乐文学，但散曲体现出与词不同的艺术个性和表现手法。首先，散曲的句式比词更加灵活自由。"调有定句，句有定字，字有定声"虽然是词的体式特点，但由于每一个词调对于句数、句式和字数都有严格规定，也在一定程度上束缚了词的创作和情感表达。散曲也有曲牌，但散曲可以突破曲牌的规定，根据内容需要进行增句，甚至可以对每一句增加字数。比如关汉卿的散曲套数《不伏老》，其中【黄钟尾】一曲，把"我是一粒铜豌豆"的七子句，增改成"我是个蒸不烂煮不熟捶不扁炒不爆响当当一粒铜豌豆"，比原来的标准句式整整多出了十六个字，更充分地表现了"铜豌豆"的性格特点。其次，相比宋词，散曲的语言更趋于口语化和散文化，甚至会使用俚语、口语、俗语、隐语、谑语等，富有非常浓厚的生活气息。比如关汉卿《四块玉·闲适》的语言就十分口语化，与作者闲适的心情相得益彰。另外，散曲的审美取向是自然晓畅，多采用平铺直叙的表达方式，与词的含蓄蕴藉形成了鲜明对比。这些都体现了雅文学向俗文学的过渡和发展。

拓展视频

张孝祥
《念奴娇》的
澄明之境

学习笔记

17

水调歌头[1]

（北宋）苏轼

丙辰中秋[2]，欢饮达旦，大醉，作此篇，兼怀子由[3]。

明月几时有，把酒问青天。不知天上宫阙[4]，今夕是何年。我欲乘风归去，又恐琼楼玉宇[5]，高处不胜寒[6]。起舞弄清影，何似在人间。

转朱阁[7]，低绮户[8]，照无眠。不应有恨，何事长向别时圆[9]。人有悲欢离合，月有阴晴圆缺，此事古难全。但愿人长久，千里共婵娟[10]。

注释

[1] 选自邹同庆、王宗堂《苏轼词编年校注》，中华书局2007年第2版。

[2] 丙辰：宋神宗熙宁九年（1076）。

[3] 子由：苏辙（1039—1112），字子由，苏轼之弟。

[4] 宫阙（què）：指宫殿。

[5] 琼楼玉宇：华美的楼宇，这里指月宫。

[6] 胜（shēng）：能承受。

[7] 朱阁：红色的楼阁，泛指华丽的建筑。

[8] 绮（qǐ）户：雕花的门窗。

[9] 恨：怨恨。这句是说，月亮对人们应该没有什么怨恨，但是为什么总是趁着人们不能团聚的时候圆满呢？

[10] 婵娟：姿态美好，这里指月亮。

评析

这是一首脍炙人口的中秋词。作者通过月的阴晴圆缺，联想到人的聚散离合，抒发了深挚的手足之情，并表达了"但愿人长久，千里共婵娟"的人类普遍的美好愿望。

南宋胡仔给予此词高度评价，认为"中秋词，自东坡《水调歌头》一出，余词尽废"（《苕溪渔隐丛话后集》卷三十九）。在苏轼这首词出现以前，虽然北宋词人如张先、晏殊等也有一定数量的中秋词创作，但内容却不外乎"宴饮"和"咏月"两个方面。这首词虽然也从月亮起笔，却并没有落入咏月的俗套，而是笔锋一转，立刻进入"问天"的环节："不知天上宫阙，今夕是何年？"通过这一发问，直接引出了作者内心的激烈矛盾，那就是："我欲乘风归去，又恐琼楼玉宇，高处不胜寒。"他想要脱离这纷争的现实社会，又担心世外高境之凄清苦寒，故处于进退维谷之间。这不仅是作者面对现实和理想的矛盾，也是他对于出世还是入世这一人生抉择的矛盾。他对此也没有明确的答案，只能在月光下翩翩起舞，以暂时的洒脱来排解心中的苦闷。词的下阕仍从月亮写起，却也不拘于月，而是由月亮引出一个深刻的人生哲理："人有悲欢离合，月有阴晴圆缺，此事古难全。"人生的有限与无限，人间的圆满与残缺，自古以来一直都是如此，非人力所能克服。所以作者在词的结尾只能以美好的祝愿来宽慰自己也安慰弟弟："但愿人长久，千里共婵娟。"体现了他乐观旷达的人生境界。

苏轼的这首词格调清丽，思绪婉转，意蕴丰厚，一改此前中秋词凄清悲凉的沉重基调。这不仅为后来的中秋词奠定了整体基调，也是后人所难以企及的，正所谓"清空中有意趣，无笔力者未易到"（张炎《词源》卷下）。

思考与运用

① 为什么这首词能够在古代中秋词中脱颖而出，获得好评？

② 关于这首词的主旨，历代以来也产生了许多分歧。有人说"我欲乘风归去"，体现了苏轼的谪仙风度；有人说"又恐琼楼玉宇，高处不胜寒"，表达了苏轼的忠君思想。对此，你有何看法？

③ 请谈谈这首词中所蕴含的人生哲理和现实意义。

拓展资源

（1）观看纪录片《苏东坡》，了解苏轼的人生历程。

（2）欣赏《水调歌头》工尺谱及昆曲清唱音频，比较词与曲不同的艺术感染力。

学习笔记

18

鹊桥仙[1]

（北宋）秦观

纤云弄巧[2]，飞星传恨[3]，银汉迢迢暗度[4]。金风玉露一相逢[5]，便胜却、人间无数。

柔情似水，佳期如梦，忍顾鹊桥归路[6]。两情若是久长时，又岂在、朝朝暮暮。

注释

[1] 选自徐培均《淮海居士长短句笺注》，上海古籍出版社2008年版。秦观（1049—1100），字太虚，后改字少游，号淮海居士、邗沟居士，扬州高邮（今江苏高邮）人。宋神宗元丰八年（1085）进士，与黄庭坚、张耒、晁补之并称"苏门四学士"。宋哲宗绍圣初年，因坐元祐党籍被贬，卒于放还途中。著有《淮海集》《淮海居士长短句》。

[2] 纤云：纤细的云彩。弄巧：变幻出巧妙的花样。

[3] 飞星：流星。传恨：传达离恨。

[4] 银汉：银河。

[5] 金风：秋风。玉露：洁白晶莹的露珠。

[6] 忍顾：怎么忍心回顾，即"不忍顾"。

评析

这是一首广为流传的七夕词，不仅代表了北宋婉约词的艺术成就，而且开拓了古代七夕文学的艺术境界。

"牛郎织女"的意象，在《诗经·小雅·大东》中就已经出现，但那只是一种纯粹的天文现象。到了汉代无名氏《古诗十九首》中有"迢迢牵牛星，皎皎河汉女"一篇，赋予"牛郎织女"爱情的象征意义。但是，由于牛郎和织女的爱情悲剧，凡古诗文中涉及这一爱情主题，往往会表达出聚少离多的离愁别恨。比如南朝陈叔宝《同管记陆瑜七夕四韵》："唯当有今夕，一夜不迢迢"，唐代罗隐《七夕》："月帐星房次第开，两情唯恐曙光催"，晚唐温庭筠《七夕》："天上岁时星又转，人间离别水东流"，都是对于天上人间爱恨别愁的感伤哀怨。但是，秦观的这首词中，除了"传恨"和"忍顾"两个词语隐约透露出一丝哀伤情绪外，整首词的基调是积极向上的。"纤云""飞星""银汉""金风""玉露""柔情""佳期"等一连串美好的词语，不仅冲淡了牛女故事的悲剧色彩，而且营造了七夕相会的浪漫氛围。特别是上、下阕的两结句，表达了作者对于牛郎织女爱情悲剧的重新认识。虽然他们一年只有一次见面的机会，但是，这一次的见面不仅有七夕的金风玉露和良辰美景，更是两人经过一年翘首以待的来之不易，所以胜过了人世间无数的欢愉。这样的一种欢愉，又超越牛郎和织女这两个个体，成为所有恋爱男女的爱情箴言。正如沈祖棻《宋词赏析》所说："这首词上、下片的结句，都表现了词人对于爱情的不同一般的看法。他否定了朝欢暮乐的庸俗生活，歌颂了天长地久的忠贞爱情。这在当时，是难能可贵的。"

关于七夕节的起源，最早可以追溯到汉代，东晋葛洪《西京杂记》里就有"汉彩女常以七月七日穿七孔针于开襟楼，俱以习之"的记载。宋代的七夕节，与汉唐的七夕节相比，呈现出完全不一样的节日氛围，成为全民参与的乞巧节、美食节和狂欢节，这也是本词创作的重要背景和文化元素。

思考与运用

❶ 古人评价这首词能"独出心裁""化腐朽为神奇"，请说说这首词是如何化故为新的？

❷ 民国词家夏孙桐说："七夕之词最难作，宋人赋此者，佳作极少，惟少游一首可观。晏小山《蝶恋花》赋七夕尤佳。"请结合宋代的七夕词创作，比较秦观和晏几道两首七夕词的艺术高低。

知识延伸

《鹊桥仙》对于当代青年的交友、恋爱以及婚姻观的积极意义。新时代的青年，通过感受作品中天长地久的忠贞爱情，也要确立正确的爱情观念。

拓展资源

（1）欣赏历代名家所绘的七夕乞巧图，分析图中所表现的古代七夕节的风俗。

（2）观看杨雨在《百家讲坛》栏目讲"诗歌爱情"的主题，了解秦观的人生情感和爱情经历。

学习笔记

19

摸鱼儿·观潮，上叶丞相[1]

（南宋）辛弃疾

望飞来、半空鸥鹭。须臾动地鼙鼓[2]。截江组练驱山去[3]，鏖战未收貔虎[4]。朝又暮。悄惯得、吴儿不怕蛟龙怒[5]。风波平步。看红旆惊飞[6]，跳鱼直上，蹴踏浪花舞。

凭谁问，万里长鲸吞吐。人间儿戏千弩[7]。滔天力倦知何事，白马素车东去[8]。堪恨处。人道是、属镂怨愤终千古[9]。功名自误。谩教得陶朱，五湖西子，一舸弄烟雨[10]。

注释

[1] 选自邓广铭《稼轩词编年笺注（定本）》，上海古籍出版社2007年版。辛弃疾（1140—1207），字幼安，号稼轩，山东历城（今山东济南）人。宋高宗绍兴三十一年（1161），加入抗金义军，后南归宋廷，志在抗金复国。四十余年间，历经宦海沉浮，并长期在江西闲居。词开南宋豪放一派，著有《稼轩长短句》。叶丞相：即右丞相叶衡，他曾向朝廷举荐辛弃疾。

[2] 鼙（pí）鼓：军中战鼓，这里形容潮水的声音。

[3] 组练：组甲被练的简称，出自《左传·襄公三年》："（楚子重）使邓廖帅组甲三百、被练三千以侵吴。"后借指精锐的部队，这里比喻潮水之势。

[4] 貔（pí）虎：貔貅和猛虎，比喻战场上的勇士，这里又用以形容潮水之猛。

[5] 惯：纵容。蛟龙：兴风作浪的猛龙，这里借指潮水。这句意谓：吴地的弄潮儿常年与水为伴，早已习惯了与风浪搏击，一点也不惧怕波涛浪潮。

[6] 红旆（pèi）：红旗。根据古书记载，古代弄潮儿皆披发文身，手持彩旗，出没于惊涛骇浪中。

[7] 儿戏千弩：用千百支箭企图射退潮水，就如同儿戏一般。五代时期，吴越王钱镠在钱塘江口筑海

塘，因潮水昼夜冲击，无法夯土筑墙，于是就命数百位弓弩手向潮头射箭，以退潮水，事见《宋史·河渠志》记载。

[8]　白马素车：形容退潮时白浪滔天，语出枚乘《七发·观涛》："其少进也，浩浩澄澄，如素车白马帷盖之张。"

[9]　属镂（lòu）：宝剑名。属镂怨愤，指春秋时期吴国大夫伍子胥被吴王夫差赐属镂剑自尽。

[10]　谩：莫，不要。陶朱：指春秋时越国上大夫范蠡。传说范蠡助勾践灭吴后，就带着西施泛舟五湖而去。

评析

本词写于南宋孝宗淳熙三年（1176）。辛弃疾在这一年中秋节前后，曾前往临安钱塘观潮，赋词纪其事，并抒发今昔之感。

词的上阕写景，以半空中飞来的鸥鹭，引出潮水的登场。正所谓未见其景，先闻其声，虽然潮水未至，但潮声已如战鼓般惊天动地。"截江组练"一句，展开对潮水的正面描写，表现其摧枯拉朽、排山倒海的宏伟气势。紧接"朝又暮"三字，不仅点明潮水持续的时间之久，而且起到了结构上的过渡作用，转入下文对江中弄潮吴儿的描写。根据南宋周密《武林旧事》的记载，钱塘江大潮来时："吴儿善泅者数百，皆披发文身，手持十幅大彩旗，争先鼓勇，溯迎而上，出没于鲸波万仞中，腾身百变，而旗尾略不沾湿，以此夸能。"吴地的男儿，因为常年生活在江畔，他们已经习惯了在潮水中与风浪搏击。他们不仅在迎着浪潮奋勇前进，而且披发文身，手举大旗，浪花也打湿不了旗帜。劳动人民在与自然的抗争中所表现的这种英勇和无畏，引起了作者由衷的钦佩和赞美。

词的下阕，由眼前之景，联想起悠悠往事。五代时期的武肃王钱镠曾命令数百弓弩手一齐射箭，企图射退潮水，作者嘲笑其如同儿戏一般。因为潮水也像人一样，会有疲倦的时候，一旦"力倦"了，它自然就会像白马素车那样缓缓退去。想到这里，作者突然插入"属镂怨愤"一句，看似与潮水无任何关系，其实是揭示了本词的写作主旨。这首词表面是写观潮，目的是借观潮来抒发心中的不平之气。这心中的不平之气，一则为丞相叶衡而鸣，因为叶衡在上一年遭朝中奸小谗言而被罢职。除此之外，如果再联系词的结尾，那么这首词也是作者为自己鸣不平。有多少人羡慕范蠡和西施的归隐江湖，但是，辛弃疾却用"谩教得"三个字表达了自己的态度和选择。他宁愿像伍子胥那样为国慷慨捐躯，死于属镂剑下，也不愿浪迹于江湖烟波之中。

正如俞陛云《唐五代两宋词选释》评价这首词："前半叙述观潮，未风警动。下阕笔势纵横，借江潮往事为喻。"这首词无论是在写景和抒情方面，都体现了稼轩词高超的艺术技巧和雄迈的豪放词风，值得细细品读。

思考与运用

① 这首词运用了哪些修辞手法？这些修辞手法，对于词人写景和抒情起到了怎样的艺术效果？

② 请查阅辛弃疾的生平经历及相关资料，说说这首词中所要表达的不平之鸣。

③ 王国维《人间词话》云："东坡之词旷，稼轩之词豪。"请结合本单元学习的两首词，比较苏辛词的风格异同。

拓展资源

观看电影《辛弃疾1162》，了解辛弃疾跌宕起伏的人生历程。

拓展视频

《贺新郎》与稼轩词艺术成就

学习笔记

20

[般涉调] 耍孩儿·借马[1]

（元）马致远

近来时买得匹蒲梢骑[2]，气命儿般看承爱惜[3]。逐宵上草料数十番，喂饲得膘息胖肥[4]。但有些秽污却早忙刷洗，微有些辛勤便下骑[5]。有那等无知辈出言要借，对面难推。

[七煞] 懒设设牵下槽[6]，意迟迟背后随，气忿忿懒把鞍来鞴。我沉吟了半晌语不语，不晓事颓人知不知[7]。他又不是不精细，道不得"他人弓莫挽，他人马休骑"。

[六煞] 不骑呵西棚下凉处栓，骑时节拣地皮平处骑。将青青嫩草频频的喂，歇时节肚带松松放，怕坐的困尻包儿款款移[8]。勤觑着鞍和辔[9]，牢踏着宝镫，前口儿休提[10]。

[五煞] 饥时节喂些草，渴时节饮些水，着皮肤休使尘毡屈[11]。三山骨休使鞭来打[12]，砖瓦上休教稳着蹄。有口话你明明的记，饱时休走，饮了休驰。

[四煞] 抛粪时教干处抛，尿绰时教净处尿[13]，栓时节拣个牢固桩橛上系[14]。路途上休要踏砖块，过水处不教溅起泥。这马知人义，似云长赤兔[15]，如益德乌骓[16]。

[三煞] 有汗时休去檐下拴，渲时节休教侵着颓[17]，软煮料草铡底细。上坡时款把身来耸，下坡时休教走得疾。休道人忒寒碎[18]，休教鞭颩着马眼[19]，休教鞭擦损毛衣。

[二煞] 不借时恶了弟兄[20]，不借时反了面皮。马儿行嘱咐叮咛记："鞍心马户将伊打，刷子去刀莫作疑。"[21]则叹的一声长吁气，哀哀怨怨，切切悲悲。

[一煞] 早晨间借与他，日平西盼望你，倚门专等来家内。柔肠寸寸因他断，侧耳频频听你嘶。道一声"好去"，早两泪双垂。

[尾] 没道理没道理，忒下的忒下的![22]恰才说来的话君专记，一口气不违借与了你。

📖 注释

[1] 选自刘益国《马致远散曲校注》，书目文献出版社1989年版。马致远（约1250—1321后），字千里，号东篱，大都（今北京）人。元代著名戏剧家和散曲作家，早年怀才不遇，曾出任江浙省务官，后

隐居不仕。与关汉卿、白朴、郑光祖并称"元曲四大家"，有"曲状元"之美誉。著有《汉宫秋》《黄粱梦》等杂剧，后人辑为《东篱乐府》。般涉调：这套散曲的宫调名。耍孩儿：这套散曲第一支曲子的曲牌名。借马：这套散曲的题目。

[2]　蒲梢：古代的千里马。

[3]　看承：看待。

[4]　膘息：指牲畜的肥瘦程度。牲畜肥胖称"有了膘息"，不胖叫"没膘息"，由肥转瘦叫"跌了膘息"。

[5]　辛勤：指马辛苦劳累。下骑：下马，让马休息。

[6]　懒设设：懒懒地。设设，无意义。

[7]　颓人：骂人的粗话，犹言"鸟人""混蛋"。道不得：反问语，意为"岂不是有话这样说道"。

[8]　尻：马屁股。困尻：坐累的马屁股。

[9]　勤觑着：经常看着点儿。

[10]　前口儿：马嚼口。

[11]　着：接触。尘毡：有灰尘的毛毡。屈：指毡子没有铺平。

[12]　三山骨：后脑，这里指马的后背部位。

[13]　尿绰（chāo）：撒尿。

[14]　桩橛（jué）：木桩。大者谓桩，小者谓橛。

[15]　云长赤兔：三国时关羽的赤兔马，全身血点鲜红，鬃尾如火，因此得名。

[16]　益德乌骓：三国时张飞的乌骓马。益，通"翼"。

[17]　渲时节：给马洗澡的时候。颓：马的生殖器。

[18]　寒碎：小气啰唆。

[19]　颩（diū）：挥击。

[20]　恶了弟兄：指坏了朋友间的情谊。

[21]　这两句是当时拆白道字的骂人话，"马""户"合起来是"驴"字，"刷子去刀"是"吊"字，意思是打你的人肯定是驴吊。

[22]　下的：忍的。

评析

这是一篇幽默而具有讽刺意味的散曲作品，通过对马主人借马时的语言描写和心理刻画，揭露了人性的弱点和缺陷。

全套散曲由九支曲子所组成，根据内容可以分为三个层次：[耍孩儿]和[七煞]为第一层，表现了马主人对马的珍爱以及不愿出借的心理活动；从[六煞]到[二煞]为第二层，也是全篇最精彩之处，详细而生动地描述了马主人对借马人的话语叮咛；[一煞]和[尾声]为第三层，表现了马借出以后主人对马的惦念和不舍。从叙述的视角而言，"马主人"是这篇作品的第一视角，作者以马主人的口吻和心态，表现了借马前、借马时和借马后的一系列心理变化和情感活动，不仅真实诙谐，而且体贴入微，一个既吝啬又好面子的市井人物形象跃然纸上。

　　整套曲子的重点是[六煞]至[三煞]的语言描写，即通过马主人对朋友一番琐细而又啰唆的嘱咐，淋漓尽致地展现了他的内心世界。当自己的马将要被借出之际，这位马主人考虑到了事后的方方面面，包括骑马、喂马、洗马、拴马等各个细节的注意事项，不仅表现了他对这匹马的无比珍爱，同时也刻画了他小气吝啬、絮絮叨叨的性格特征。那么，他为什么还要把马借出去呢？[七煞]和[二煞]这两支曲子，主要是人物的内心独白，"不借时恶了弟兄，不借时反了面皮"，原来借马是碍于朋友情面，不得已而借之，这也说明马主人还是比较看重人与人之间的情谊的。但是，在"马"与"人"之间，他的重心还是偏向了"马"这一边，比如在[耍孩儿]中他把借马人说成是"无知辈"，在[二煞]中甚至把借马人称作不懂事的"颓人"，显然带有非常强烈的负面情绪。

　　其实，当面对物质和人情两难选择之际，人的行为和表现也一定程度上折射出人性的真实和弱点。马致远笔下的这一出借马场景，在当下也有十分深刻的警世意义。

📝 | 思考与运用

❶ 请说说这篇作品在刻画人物方面有哪些可取之处。

❷ 借助注释和工具书，解释文中生词、僻词和俚词的含义，并概括元散曲的语言特点。

❸ 观看昆曲《缀白裘·借靴》，比较两者在人物和剧情方面的异同。

🔗 拓展资源

（1）观看昆曲《缀白裘·借靴》，比较两者对于人物性格刻画之异同。

（2）欣赏散曲清唱马致远《天净沙·秋思》，体会散曲的艺术风格。

学习笔记

21

金缕曲（其一）[1]

（清）顾贞观

寄吴汉槎宁古塔[2]，以词代书，时丙辰冬寓京师千佛寺冰雪中作[3]。

季子平安否？[4]便归来、平生万事，那堪回首。行路悠悠谁慰藉，母老家贫子幼。记不起、从前杯酒。魑魅择人应见惯[5]，总输他、覆雨翻云手[6]。冰与雪，周旋久。

泪痕莫滴牛衣透。[7]数天涯、依然骨肉，几家能彀。[8]比似红颜多命薄，更不如今还有。[9]只绝塞，苦寒难受。廿载包胥承一诺[10]，盼乌头、马角终相救[11]。置此札，兄怀袖。

📖 注释

[1] 选自张秉戍《弹指词笺注》，文津出版社2017年版。顾贞观（1637—1714），字华峰，号梁汾，常州无锡（今江苏无锡）人。清康熙五年（1666）举人，与纳兰性德交谊深厚。著有《弹指词》。

[2] 吴汉槎：吴兆骞（1631—1684），字汉槎，因科场案被诬告除名，于清顺治十五年流放宁古塔。后经顾贞观、纳兰性德等人全力营救，终于清康熙二十年放还京师。著有《秋笳集》。宁古塔：地名，在今黑龙江宁安市。

[3] 丙辰：清康熙十五年。千佛寺：寺名，今北京门头沟戒台寺，原有千佛阁。

[4] 季子：指吴兆骞，因他在家中排行第三，故称。

[5] 魑魅：传说居住在山林之中的鬼怪，这里代指谋害吴汉槎的仇家。择人：抓人。

[6] 覆雨翻云手：形容手段残忍，变化多端。

[7] 牛衣：用麻草编织给牛保暖的护被，这里借指破陋的衣衫。

[8] 彀：同"够"。

[9] 这句是说比起那些红颜薄命的苦命人儿，你如今能保全性命，已是不幸中的万幸。

[10] 包胥承一诺：指春秋时楚国大夫申包胥对友人伍子胥的许诺。伍子胥为报父兄之仇，对申包胥说："我必覆楚"，申包胥则对他说："我必存之。"后来伍子胥率领吴军进攻楚国，申包胥往秦国请兵救援，在墙下哭了七天七夜，终于感动了秦哀公，发兵救楚。事见《史记·伍子胥列传》。这里借申包胥典故，表明自己想尽一切办法也要营救朋友的决心。

[11] 乌头：乌鸦头变白。马角：马生出双角。《史记·刺客列传》司马贞《索隐》曰："（燕）丹求归，秦王曰：乌头白，马生角，乃许耳。"这里指期盼奇迹发生，救回友人。

💬 评析

　　顺治十四年（1657）十一月，江南发生了一起科场舞弊案，史称"南闱科场案"。江南主考官方猷与录取的举人方章钺是同宗关系，乘机舞弊，同时参加考试的吴汉槎等江南举子也无端受到牵连。第二年，吴汉槎赴京接受调查，并参加皇帝亲自主持的复试。在复试时，一方面由于考场气氛紧张，另一方面也可能是心中积有怨愤，他居然交出了一份白卷，被指控为对皇帝之大不敬。最后以"审无情弊"之判决，责以四十大板，并没收家产，与父母兄弟妻子一起流放宁古塔。顾贞观的这组词有两首，写于清康熙十五年，距离科场案始发，已整整二十年。

　　这首词的特别之处在于作者采用书信的体式，将心中对朋友要说的肺腑之言娓娓道来，表达了朋友之间的真挚情谊。这份情谊，既有对朋友的关切和担心，不知道朋友是否平安？心情是否低落？衣裳是否穿暖？也有对朋友的无比思念，常常回忆起从前把酒言欢的饮宴场景。他一方面极力安慰友人，劝他要珍惜自己和家人，鼓起勇气生活下去；同时也表达了对仇人陷害的无比愤慨，将他们比作翻云覆雨的魑魅魍魉。其实，自从吴汉槎被流放后，顾贞观、纳兰性德等友人一直在想方设法努力营救。因此，作者在词尾也再次表达了一定要救出朋友的决心和承诺，给对方带去生活的信心和希望。据说纳兰性德读罢此词后，泪下数行，曰："河梁生别之诗，山阳死友之传，得此而三"（顾贞观自注）。认为这首词堪与汉代的"苏李诗"和魏晋时向秀的《思旧赋》相媲美，它们共同见证了千年以来文人之间的深情厚谊。

✍ | 思考与运用

❶ 请说说这首词是通过怎样的感情线索来表达对友人的肺腑之言。

❷ 阅读这组词的第二首，比较两词在内容、情感和艺术手法方面的异同：

　　我亦飘零久。十年来、深恩负尽，死生师友。宿昔齐名非忝窃，只看杜陵穷瘦。曾不减、夜郎僝僽。薄命长辞知己别，问人生、到此凄凉否？千万恨，为君剖。

　　兄生辛未吾丁丑。共些时、冰霜摧折，早衰蒲柳。词赋从今须少作，留取心魂相守。但愿得、河清人寿。归日急翻行戍稿，把空名、料理传身后。言不尽，观顿首。

❸ 结合【书信】单元的学习，用白话文把这首词改写成一封书信。

| 知识延伸

　　有不少描写古代文人之间友情的文学创作，作品中体现出朋友间对与情的看重，尤其是知己朋友，可以做到"士为知己者死"。古代文人朋友之间也会常相聚，交往频繁，送别还要"千里相送"。这样的友谊坚贞不渝，当下的青年也应珍惜友情，关心帮助人生中的好友。

拓展资源

（1）阅读夏承焘《顾贞观寄吴汉槎〈金缕曲〉词征事》一文（载《唐宋词论丛》，古典文学出版社1956年版），了解这首词的创作背景。

（2）观看话剧《知己》，加深对词的理解和感悟。

学习笔记

第四部分

戏剧

文体概说

　　"戏剧"是一种由演员在舞台上扮演角色，向观众展现故事情节的表演艺术形式。从世界范围来看，戏剧的雏形大多源于原始宗教祭祀，不少学者认为，楚辞《九歌》中大量出现的以被祭祀神灵的口吻写成的独白或对话，很有可能就是当时扮演神灵的巫觋在祭祀活动中表演用的唱词。

　　到了战国，在诸侯国的宫廷中，出现了一类擅长通过角色扮演取悦国君的俳优，比如《史记·滑稽列传》中所载楚国优人优孟，这代表戏剧与宗教仪式的分离。类似优孟的表演，演出的内容仅仅是一个片断，并没有完整的剧情，而且演员仅有一人，表演形式很不完善。汉代以后，出现了多人角色的表演，如扮演蚩尤的角抵戏，扮演人虎大战的《东汉黄公》等，但这些表演都以动作为主，不太注重情节和对话。同样从东汉开始，戏剧中出现了两名演员对话的表演形式，后来演化为风靡唐朝的"参军戏"；唐代另一种流行戏剧《踏摇娘》则是在对白之外加入了歌曲演唱，这种兼具说唱的形式奠定了中国后来戏剧的主要形态。

　　唐代后期至宋代，随着城市的发展，"勾栏瓦舍"这样面对市民的戏剧表演舞台逐渐兴起，其中出现了多个角色参与的小品类杂剧，戏剧的主题既有传统故事，也有对时事的批判，非常丰富，戏剧的角色体系也于此时建立起来。同时，宋代又发展出适合长篇歌咏的叙事的歌曲形式——诸宫调（参见"词曲"部分"文体概说"）。诸宫调主要是讲唱，没有动作，但当它与原本的小品式杂剧结合以后，就形成了集合对白、动作、歌唱为一体，能够展现较复杂故事的综合性表演方式。在金灭北宋，南北分裂之后，这种综合性表演在北方称为"杂剧"，在南方称为"戏文"。

　　金元时期，观看杂剧成为当时最为流行的娱乐形式之一，许多中下层文人投入戏剧的创作之中，这一时期杂剧剧本的创作达到了鼎盛的阶段，仅元代《录鬼簿》与明初《太和正音谱》就记载有六百余种金元杂剧剧目。金元杂剧的作者，在当时称为"书会才人"，以关汉卿、马致远、郑光祖、白朴的杂剧在后世最为流行，四人也被称为"元曲四大家"。金元杂剧在剧本结构、曲目选择与表演方式上都有严格的规定，一般一个剧本分为"四折一楔子"，每折相当于现在戏剧的一幕，楔子则是全剧开头介绍基本剧情和人物的部分。在戏剧中，演员除了唱曲之外，还需要进行对白（称为"宾""白"）和动作表演（称为"科""介"）。剧中扮演不同人物类型的演员被分为不同"角色"：扮演主要、次要女性人物的演员分别称为"正旦""外旦"，扮演主要、次要男性人物的演员分别称为"正末""外末"；扮演官员的演员称为"孤"，扮演老人的演员称为"孛"，扮演小孩的演员则称为"俫"或者"贴"等等。扮演武官、粗人的配角一般没有唱曲任务，称作"净"或者"洁"。在表演时，一折中出场人物可以有很多，但一般每折只有一个主唱，由女角主唱的称为"旦本"，男角主唱的称为"末本"，演唱时曲目不是随意选择，而是每折使用一个套曲（关于套曲，参见"词曲"部分"文体概说"），按照元曲套数的押韵方式，每折所有的曲文都押同一个韵部。所用宫调也比较固定，其中"楔子"一般用《正宫·端正好》或《仙吕·赏花时》，第一折用仙吕宫，第二折用正宫，第三折用南吕宫，第四折用双调。每折开头两曲及结尾曲也基本固定。

在南北宋之交，东南的温州地区开始出现一种称为"温州杂剧"或"永嘉杂剧"的民间戏剧，到了南宋以后，"温州杂剧"流行起来，被当时人称为"戏文"，后世则称之为"南戏"。南戏中每一幕称为一"出"，全剧开头一出为"开场"，一出结束后通常有七言两句或四句诗概括内容大意。南戏中演员也需要以唱曲、科介、宾白等方式表演，角色上与杂剧相似，但扮演主要男性人物的演员通常叫作"生"，"末"则常指次要男性角色。与金元杂剧相比，南戏的结构、曲目选择和表演形式都较为灵活，一本戏文篇幅没有严格限定，可以有数出到数十出的不同，一出中各角色都可以参与演唱，表演的曲目也不限于一个宫调。这种比较自由的形式，与南戏比较接近民间有关，但缺点是有时作者会无节制地扩展剧本篇幅，加进许多与主线无关的内容，使得整体剧情比较松散。到元朝灭宋统一南北之后，北方的杂剧便迅速占领南方，南戏衰落，不过也产生了《荆钗记》《刘志远白兔记》《拜月亭》《杀狗记》等"四大南戏"和高明《琵琶记》这样优秀的作品。

元朝时，统治者来自北方，根植于北方的金元杂剧是主流戏剧；明朝建立之后，一度将首都搬迁到南京，统治阶层也不再以北人为主，再加上金元杂剧对创作的限制较多，创新不易，因此在明代中期以后，由南戏发展而来的传奇逐渐取代了杂剧的地位。与南戏相比，传奇吸纳了很多杂剧的优点，从原先南戏单用打击乐和人声的伴奏形式发展成了以弦索伴奏为主，受弦索的影响，又产生了新的唱腔，到了明代中期，传奇中最流行余姚腔、海盐腔、弋阳腔、昆山腔，其中昆山腔经过曲家魏良辅等人的改造，形成了一种细腻委婉，曲折多变的唱法，后来称为"水磨调"，最终发展为后来的昆曲。

在演出方式和曲调选用方面，明清传奇继承了南戏的特点，剧情没有篇幅的限制，每一出中可以单人演唱，也会出现合唱、轮唱、对唱等多种形式。所唱的曲目则可以兼容南曲、北曲，而且不限宫调。这样灵活的演出方式和曲调选用方式，使传奇的作者可以随心所欲发挥自己的才情，做出各种创新改革，也使更多优秀的文人，加入到戏剧的创作之中。到了明代中后期，越来越多的中上层文人参加到了戏剧的编写之中，他们往往饱读诗书，甚至不少就是诗文名家，但对曲律和戏曲的表演并不十分精通，因此创作时常常将文人趣味带入剧本中，更重视精巧的情节和文雅的词藻，在声腔选择上也比较倾向于变化细腻而节奏较慢的昆腔雅音。这种写法使得传奇中文辞的典雅程度和思想深度大大提高，但另一方面，由于曲辞太过文雅曲折，在演出时，观众仅凭现场听戏往往难以辨认戏文内容，同时也会觉得剧情比较拖沓，故此这类剧本更适合阅读，被人称为"案头"戏剧，以区别更适合演出的"场上"戏剧。明清文学史上比较有名的戏剧如《牡丹亭》《桃花扇》等，都是更偏向"案头"的。

到了清代中期以后，昆剧传奇已经逐渐文人化、经典化，多为上层士人所欣赏，当时称为"雅部"；与此同时，京腔、秦腔、梆子戏、二黄调等民间戏剧，由于其活力与创新性，也逐渐受到人们的重视，甚至进入了宫廷，当时称为"花部"。之后昆腔和以二黄调为首的各类民间戏剧在京城结合融汇，产生了国粹——京剧。而昆腔和各种民间戏剧也一直活跃不衰，直至今天。

在西方，"戏剧"一词来自希腊语"draō"，意思是"做/演"。戏剧由演员在舞台上面对观众表演，这意味着合作化的创作模式和集体性的接受形式，戏剧文本的结构直接受到这种创作和接受方式的影响。

西方戏剧起源于古希腊。雅典城邦的戏剧文化产生了三种类型的戏剧：悲剧、喜剧和萨提尔剧。在公元前5世纪，表演这三种戏剧在作为庆祝酒神狄俄尼索斯的庆典活动的一部分而举行的比赛中被制度化。"悲剧"一词在希腊语中的意思是"山羊之歌"，可能是因为歌队队员起初扮作羊人的缘故。"悲剧"一词应用到古希腊戏剧上，容易使人误解。其实，古希腊悲剧意在"严肃"，而不在"悲"。戏剧对话和歌队的合唱是古希腊悲剧的两个组成部分。随着悲剧艺术的成熟，故事情节复杂起来，剧中人物增多，戏剧成分有所增加，合唱成分相对减少。古希腊悲剧中的人物一般只有六七人，演员限于三人，剧中人物由这三个演员轮流扮演。古希腊悲剧中的对话部分采用六音步短长格诗行的形式，合唱部分则采用"合唱琴歌"的形式。在悲剧的鼎盛时期，古代希腊曾经出现了很多的悲剧家，但只有埃斯库罗斯、索福克勒斯和欧里庇得斯这三大悲剧家的少量文本流传至今。索福克勒斯的剧作讲究情节的整一，结构复杂而又重视内部的联系。他的代表作《俄狄浦斯王》和《安提戈涅》使悲剧艺术达到完美的境界。

亚里士多德的《诗学》写于古代希腊戏剧创作已经走向衰落的时候，其中对于悲剧艺术作了详细的阐述。亚里士多德给悲剧下的定义是："悲剧是对于一个严肃、完整、有一定长度的行动的模仿；它的媒介是语言，具有各种悦耳之音，分别在剧的各部分使用；模仿方式是借人物的动作来表达，而不是采用叙述法，借怜悯与恐惧来使这种情感得到疏泄。"这个定义说明了悲剧的性质和表现方法，同时也规定了它的教育作用。

古希腊喜剧起源于祭祀酒神时表演的民间歌舞，最出色的古希腊喜剧作家是政治讽刺剧作家阿里斯托芬和4世纪末的米南德。公元前2世纪初，希腊戏剧传播到罗马，喜剧成为最受欢迎的形式。这一时期的罗马喜剧主要是对希腊作品进行改编，但降低了歌队的作用，并在对话中引入了音乐伴奏。罗马喜剧将几乎所有的行动都设置在居所的外部，通过偷听和打探来推动情节。有作品传世的罗马喜剧家是普劳图斯和泰伦斯。

从中世纪早期开始，教会排演圣经故事的戏剧化版本，称为宗教剧。大约在12、13世纪，宗教剧逐渐减少以拉丁语演出的形式，转变为使用方言演出的神秘剧。神秘剧包含了大量世俗的成分，里面有魔鬼、恶棍和小丑等角色，也有滑稽笑闹的因素。1150年上演的《亚当之谜》是一部比较成熟的神秘剧。道德剧在1400年左右作为一种独特的戏剧形式出现，并一直盛行到1550年。道德剧中的人物往往是某种抽象理念的化身，如善行、知识和力量等。最有名的道德剧是《人》。13世纪之后，闹剧在法国和德国盛行，闹剧具有极强的民间性，往往表现性和排泄物等低端事物。

这些中世纪的戏剧传统形成了文艺复兴时期的戏剧的基础。在伊丽莎白统治时期的英国，面向大众演出的剧团得到了蓬勃发展，出现了一批以写作为生的职业剧作家。这批作家以"大学才子"为代表。克里斯托弗·马洛是"大学才子"中最激进的人文主义者。当然，莎士比亚才是英国文艺复兴时期戏剧艺术的主帅。他最杰出的成就是悲剧，《哈姆雷特》是莎士比亚在世界文学史上获得称誉的扛鼎之作。这是一部"多层次"的作品，家庭、爱情、友谊、社会关系、义务、复仇、信义等等这一切主题都被有机地编入情节之中。1590年到1681年是西班牙文化的"黄金时代"，戏剧成为各个阶层都喜闻乐见的艺术形式。黄金时代西班牙戏剧的数量和种类在世界戏剧史上是前所未有的。该时期的最重要的剧作家是洛佩·德·维加，这位与莎士比亚同时代的作家最擅长的是"剑袍剧"，这是一种风俗喜剧，充满了轻松愉快和诡计多端的生活情景，《狗占马槽》是维加最有代表性的剑袍剧作品。

17世纪法国古典主义的主要表现体裁是戏剧，古典主义的戏剧理论认为：理性的基本要求责成剧作家把舞台故事的全部活动限制在24小时之内，并且使事件发生在同一个地方，同时情节也要按一条主线进行。这就是古典主义戏剧理论中的"三一律"。古典主义悲剧最出色的代表是拉辛，他的悲剧《费德尔》揭示出意志和欲望、情感和理智的斗争，把主人公的心理描写得层次分明，脉络清晰。莫里哀是这一时期卓有成就的喜剧家，他塑造了一系列受制于某种强迫性心境的生动人物形象。到了18世纪，法国剧坛最有影响的理论家是狄德罗，他倡导严肃剧的创作，这是一种介于悲剧与喜剧之间的体裁，要求用自然、真实的手法来处理戏剧素材，可被视为一种对于古典主义的革新方案。

受19世纪主体哲学的影响，德国剧作家的民族主义意识不断增强，出现了浪漫主义文学运动。莱辛、歌德和席勒的戏剧激发了人们对感觉和本能作为道德行为指南的日益增长的信心。与此同时，在欧洲，商业化的情节剧成为极受欢迎的戏剧形式。情节剧的演出有音乐伴奏，故事情节遵循坏人欺负好人，最终受到报应的简单模式。德国剧作家科茨布的《厌世与忏悔》（1789）通常被认为是第一部情节剧，他和法国的皮克塞雷特的剧作确立了情节剧在19世纪初的主导地位。

19世纪后期，两种相互冲突的戏剧类型崛起：现实主义和非现实主义。现实主义戏剧在19世纪的俄国比欧洲其他地方表现得更为彻底、鲜明。俄国的现实主义传统随着斯坦尼斯拉夫斯基和丹钦科建立莫斯科艺术剧院而达到高潮。契诃夫的喜剧在心理现实主义方面达到了后人难以企及的高度。该时期另一个重要戏剧发展要归功于挪威作家易卜生的创作。易卜生的作品描述人的心灵与世界的对抗，被认为达到了"自由主义悲剧"的顶峰，他最著名的作品包括《玩偶之家》《群鬼》等，而他的晚期作品如《罗斯墨松》唤起了人类命运中对神秘力量的感知，这将成为象征主义戏剧的一个主要主题。易卜生之后，随着萧伯纳、王尔德和叶芝的创作，英国戏剧经历了复兴。与他们同时代的大多数阴郁和严肃的作品不同，萧伯纳和王尔德主要以喜剧形式写作。在非现实主义戏剧方面，瑞典戏剧大师斯特林堡的《去大马士革》三部曲（1904）和《鬼魂奏鸣曲》（1907）大量采用荒诞离奇的情节，进行深奥晦涩的抽象概括，开创了表现主义戏剧的先河。

现实主义戏剧在20世纪继续深化，并与现代主义思潮相结合，出现了大量既能参与政治实践，又更注重美学品质的作品。德国戏剧家布莱希特的创新性贡献对现代戏剧产生了重大影响，他创立了"史诗剧"的理论体系，这一体系包含了形式实验、元戏剧性和社会批判的元素。较之过往的传统，20世纪戏剧的实验性和多样化都达到了新的高度，包括残酷戏剧和"荒诞派"戏剧等。这其中最广为人知的，或许是爱尔兰剧作家贝克特的具有存在主义意味的作品《等待戈多》，在贝克特看来，虽然宇宙中很可能存在固有的意义，但人类没有能力找到它。因此，人类注定要面对"荒诞"，即缺乏内在目的的绝对荒谬的存在。

中国现代戏剧起源于清末，当时在日本的一批中国留学生成立了春柳社，骨干成员有曾孝谷、欧阳予倩、陆镜若等，他们排演《黑奴吁天录》《茶花女》等"新剧"，特点是剧情为写实，在表现形式上废除歌唱，而全用对话。1916年，胡适在《建设的文学革命论》中，提出中国戏剧应以西方的"问题戏""寄托戏""心理戏"和"讽刺戏"为师，改造旧有的戏剧精神。胡适将戏剧视为社会改革的工具，认为易卜生的作品表现了一种健全的个人主义的人生观，冲决了传统法律道德和封建风俗的束缚。胡适对易卜生主义的推崇，对后来中国戏剧的发展发生了巨大的影响。1918年，傅斯年在《再论戏剧改良》中，提出了"新剧"的六个基本法则，包括应从现实社会中获取剧本素材、表现日常生活、剧中人物应为普通人、反对大团圆结局、反对善恶分明的价值观、表达在戏外的真理等。1921年，沈雁冰、郑振铎、陈大悲和欧阳予倩等人组织了民众戏剧社，创办了新文学运动中第一个专门性的戏剧杂志《戏剧》，提倡建立一种有益于现实人生的"真"的新剧。同时期的南国社是影响最大的戏剧团体，其代表人物田汉的剧作如《咖啡店之一夜》表现知识青年的苦闷和对光明未来的追求，在现代戏剧史上赢得了很高的声誉。1924年，洪深执导了由英国戏剧改编的《少奶奶的扇子》，这是中国第一次严格按照欧美舞台的方式来演出话剧，使正处于由文明戏向现代话剧过渡的中国戏剧完成了历史性转化。20世纪30年代中期，曹禺连接发表了《雷雨》《日出》这两部现实主义杰作，对中国话剧艺术的发展走向成熟起到了决定性的作用。1937年到1949年是中国现代戏剧的黄金时期。这个时期，民族形式问题的讨论和论争促进了现代戏剧观念和民族形式的融合。抗战时期的一些重要作品，如曹禺的《北京人》、田汉的《秋声赋》等，都有强烈鲜明的民族风格。

　　1956年前后，随着"双百"方针的贯彻和对五四传统的重新评判，话剧创作迎来了新的局面，这一时期老舍的《西望长安》《茶馆》、熊佛西的《上海滩的春天》等作品，在"文学是人学"等观念影响下，突破了当时剧坛的公式化、概念化的框架，是"五四"以来戏剧现实主义的深化。1976年中国戏剧进入新时期。无论是戏剧思潮与戏剧实践，都有很大成就，成为继40年代之后，中国戏剧发展的又一个高潮。探索话剧是新时期话剧从封闭走向开放的突出标志，出现了一批展现人性丰富、高扬个体价值、面对现实的佳作，如陈子度、徐晓钟的《桑树坪纪事》，刘锦云的《狗儿爷涅槃》等。90年代，在探索戏剧退潮后，剧坛呈现出主流戏剧、先锋戏剧和商业戏剧多元并存的局面。

学习笔记

22

关大王独赴单刀会（节选）[1]

（元）关汉卿

第四折

（鲁肃上[2]，云）欢来不似今朝，喜来那逢今日[3]？小官鲁子敬是也。我使黄文持书去请关公[4]，欣喜许今日赴会，荆襄地合归还俺江东。英雄甲士已暗藏壁衣之后[5]，令人江上相候，见船到便来报我知道。

（正末关公引周仓上[6]，云）周仓，将到那里也？（周云）来到大江中流也。（正末云）看了这大江，是一派好水呵！（唱）

【双调·新水令】大江东去浪千叠[7]，引着这数十人驾着这小舟一叶。又不比九重龙凤阙[8]，可正是千丈虎狼穴。大丈夫心别[9]，我觑这单刀会似赛村社[10]。

（云）好一派江景也呵！（唱）

【驻马听】水涌山叠，年少周郎何处也？不觉的灰飞烟灭[11]，可怜黄盖转伤嗟[12]。破曹的樯橹一时绝[13]，鏖兵的江水犹然热[14]，好教我情惨切！（云）这也不是江水，（唱）二十年流不尽的英雄血！

（云）却早来到也，报复去[15]。（卒报科）（做相见科）（鲁云）江下小会，酒非洞里之长春[16]，乐乃尘中之菲艺[17]，猥劳君侯屈高就下[18]，降尊临卑，实乃鲁肃之万幸也！（正末云）量某有何德能，着大夫置酒张筵？既请必至。（鲁云）黄文，将酒来。二公子满饮一杯。（正末云）大夫饮此杯。（把盏科）（正末云）想古今咱这人过日月好疾也呵！（鲁云）过日月是好疾也。光阴似骏马加鞭，浮世似落花流水。（正末唱）

【胡十八】想古今立勋业，那里也舜五人、汉三杰[19]？两朝相隔数年别，不甫能见者[20]，却又早老也。开怀的饮数杯，（云）将酒来。（唱）尽心儿待醉一夜。

（把盏科）（正末云）你知"以德报德，以直报怨"么[21]？（鲁云）既然将军言"以德报德，以直报怨"，借物不还者谓之怨。想君侯文武全材，通练兵书，习《春秋》《左传》[22]，济拔颠危，匡扶社稷，可不谓之仁乎？待玄德如骨肉[23]，觑曹操若仇雠[24]，可不谓之义乎？辞曹归汉，弃印封金[25]，可不谓之礼乎？坐服于禁，水淹七军[26]，可不谓之智乎？且将军仁义礼智俱足，惜乎止少个"信"字，欠缺未完。再若得全个"信"字，无出君侯之右也[27]。（正末云）我怎生失信？（鲁云）非将军失信，皆因令兄玄德公失信。（正末云）我哥哥怎生失信来？（鲁云）想昔日玄德公败于当阳之上[28]，身无所归，因鲁肃之故，屯军三江夏口[29]。鲁肃又与孔明同见我主公，即日兴师拜将，破曹兵于赤壁之间。江东所费巨万，又折了首将黄盖。因将军贤昆玉无尺寸地[30]，暂借荆州以为养军之资；数年不还。今日鲁肃低情曲意，暂取荆州，以为救民之急；待仓廪丰盈，然后再献与将军掌领。鲁肃不敢自专，君侯台鉴不错[31]。（正末云）你请我吃筵席来那，是索荆州来？（鲁云）没、没、没，我则这般道[32]。孙、刘结亲，以为唇齿[33]，两国正好和谐。（正末唱）

【庆东原】你把我真心儿待，将筵宴设，你这般攀今览古，分甚枝叶[34]？我跟前使不着你"之乎者也""诗云子曰"，早该豁口截舌[35]！有意说孙、刘，你休目下翻成吴、越[36]！

（鲁云）将军原来傲物轻信！（正末云）我怎么傲物轻信？（鲁云）当日孔明亲言：破曹之后，荆州即还江东。鲁肃亲为代保[37]。不思旧日之恩，今日恩变为仇，犹自说"以德报德，以直报怨"！圣人道："信近于义，言可复也。"[38]"去食去兵，不可去信。"[39]"大车无輗，小车无軏，其何以行之哉！"[40]今将军全无仁义之心，枉作英雄之辈。荆州久借不还，却不道"人无信不立"！（正末云）鲁子敬，你听的这剑戒么[41]？（鲁云）剑戒怎么？（正末云）我这剑戒，头一遭诛了文丑[42]，第二遭斩了蔡阳[43]，鲁肃呵，莫不第三遭到你也？（鲁云）没、没、没，我则这般道来。（正末云）这荆州是谁的？（鲁云）这荆州是俺的。（正末云）你不知，听我说。（唱）

【沉醉东风】想着俺汉高皇图王霸业，汉光武秉正除邪，汉献帝将董卓诛，汉皇叔把温侯灭[44]，俺哥哥合承受汉家基业。则你这东吴国的孙权，和俺刘家却是甚枝叶？请你个不克己先生自说[45]！

（鲁云）那里甚么响？（正末云）这剑戒二次也。（鲁云）却怎么说？（正末云）这剑按天地之灵，金火之精，阴阳之气，日月之形；藏之则鬼神遁迹，出之则魑魅潜踪[46]；喜则恋鞘沉沉而不动，怒则跃匣铮铮而有声。今朝席上，倘有争锋，恐君不信，拔剑施呈。吾当摄剑[47]，鲁肃休惊。这剑果有神威不可当，庙堂之器岂寻常。今朝索取荆州事，一剑先交鲁肃亡[48]。（唱）

【雁儿落】则为你三寸不烂舌，恼犯我三尺无情铁。这剑饥餐上将头，渴饮仇人血[49]。

【得胜令】则是条龙向鞘中蛰，唬得人向座间呆。今日故友每相见，休着俺弟兄每相间别[50]。鲁子敬听者，你内心休乔怯，畅好是随邪[51]，休怪我十分酒醉也。

（鲁云）臧宫动乐[52]。（臧宫上，云）天有五星，地攒五岳。人有五德，乐按五音。五星者：金、木、水、火、土。五岳者：常、恒、泰、华、嵩[53]。五德者：温、良、恭、俭、让。五音者：宫、商、角、徵、羽[54]。（甲士拥上科）（鲁云）埋伏了者。（正末击案，怒云）有埋伏也无埋伏？（鲁云）并无埋伏。（正末云）若有埋伏，一剑挥之两段！（做击案科）（鲁云）你击碎菱花[55]。（正末云）我特来破镜！（唱）

【搅筝琶】却怎生闹炒炒军兵列，上来的休遮当、莫拦截。（云）当着我的，呵呵！（唱）我着他剑下身亡，目前流血！便有那张仪口、蒯通舌[56]，休那里躲闪藏遮。好生的送我到船上者，我和你慢慢的相别。

（鲁云）你去了倒是一场伶俐[57]。（黄文云）将军，有埋伏哩。（鲁云）迟了我的也。（关平领众将上[58]，云）请父亲上船，孩儿每来迎接哩。（正末云）鲁肃，休惜殿后[59]。（唱）

【离亭宴带歇拍煞】我则见紫袍银带公人列[60]，晚天凉风冷芦花谢，我心中喜悦。昏惨惨晚霞收，冷飕飕江风起，急飐飐云帆扯。承管待、承管待[61]，多承谢、多承谢。唤梢公慢者，缆解开岸边龙，船分开波中浪，棹搅碎江心月。正欢娱有甚进退，且谈笑不分明夜[62]。说与你两件事先生记者：百忙里称不了老兄心，急切里倒不了俺汉家节。（下）

题目：孙仲谋独占江东地 请乔公言定三条计[63]

正名[64]：鲁子敬设宴索荆州 关大王独赴单刀会

注释

[1] 选自王季思《全元戏曲》，人民文学出版社1990年版。关汉卿，金元之交的著名剧作家，大都（今北京）人。关汉卿一生沉沦市井，但却是金元时期最受欢迎的散曲、杂剧作家，现存杂剧作品近二十种，散曲、套数七十余种，最著名的剧作有《窦娥冤》《救风尘》《单刀会》等。《关大王独赴单刀会》，元刊本作《关大王单刀会》。

[2] 鲁肃：字子敬，三国时吴国大臣，在剧中为吴王中大夫，设计邀请关羽赴宴，伺机让关羽归还荆州。

[3] 欢来不似今朝，喜来那逢今日：元曲中表示欢喜的套语。

[4] 黄文：东吴将领，上文中被派去邀请关羽赴宴。

[5] 壁衣：墙上的帷幕。

[6] 正末：男主角，剧中扮演关羽。周仓，小说戏剧中关羽部将，正史中无此人物。

[7] 大江东去浪千叠：大江指长江。此段化用自苏轼《念奴娇·赤壁怀古》："大江东去，浪淘尽，千古风流人物。"

[8] 九重龙凤阙：指皇宫。

[9] 心别：心态与别人不同。

[10] 赛村社：乡村祭祀土地神时各类戏剧杂技竞演。

[11] 年少周郎……灰飞烟灭：指赤壁之战周瑜定计火烧曹操战船之事。化用自苏轼《念奴娇·赤壁怀古》："遥想公瑾当年，小乔初嫁了，雄姿英发。羽扇纶巾，谈笑间，樯橹灰飞烟灭。"

[12] 黄盖：吴国将领。赤壁之战时诈降曹操，里应外合，实现火攻之计。剧中黄盖在赤壁之战时战死。

[13] 樯橹：桅杆与船桨，这里代指船只。

[14] 鏖（áo）兵：艰苦惨烈的战斗。犹然：仍然。

[15] 报复：回报，报信。

[16] 洞里之长春：指传说中的神仙佳酿。长春，指酒。

[17] 尘中之菲艺：尘世中菲薄的技艺。

[18] 猥劳：谦词，劳您屈尊的意思。

[19] 舜五人、汉三杰："舜五人"指《论语》所说舜的五个能臣：禹、稷、契、皋陶、伯益。"汉三杰"指汉初被刘邦评为"人杰"的张良、萧何、韩信三人。

[20] 不甫能：好不容易。

[21] 以德报德，以直报怨：出自《论语·宪问》，意为以恩德报答恩德，以对等的态度报答仇怨。

[22] 习《春秋》《左传》：《三国志·吕蒙传》说关羽"读《左传》略皆上口。"

[23]　玄德：刘备，三国时蜀国的领袖，是关羽的结义弟兄。

[24]　仇雠（chóu）：仇人。

[25]　辞曹归汉，弃印封金：关羽曾一度与刘备失散，投降曹操，后得到刘备的消息，将曹操所赐官印金银封还，回到刘备身边。

[26]　坐服于禁，水淹七军：关羽镇守荆州时，曹操曾派于禁率领七军前去攻打，关羽利用汉水暴涨的机会击败于禁七军，后世传说为关羽决堤放水，淹没于禁七军。

[27]　无出君侯之右：没有人能超过你。关羽曾被封为汉寿亭侯，故称"君侯"。

[28]　当阳：在今湖北宜昌。刘备曾在当阳败给曹操军。

[29]　夏口：在今湖北武汉。刘备在当阳被曹操击败后，逃至夏口。

[30]　昆玉：对别人兄弟的美称。

[31]　台鉴：谦词。台，指对方。鉴，判断。

[32]　则：只。

[33]　以为唇齿：像嘴唇和牙齿那样互相依靠、互相保护。

[34]　分甚枝叶：有什么关系。

[35]　豁口截舌：割开嘴，截断舌头。

[36]　吴、越：春秋时吴越两国相邻，却是世仇。这里比喻吴、蜀间的敌对关系。

[37]　代保：做保证人。

[38]　信近于义，言可复也：出自《论语·学而》，意为守信而合义，则言出必践。

[39]　去食去兵，不可去信：出自《论语·颜渊》："子贡问政，子曰：'足食，足兵，民信之矣。'子贡曰：'必不得已而去，于斯三者何先?'曰：'去兵。'子贡曰：'必不得已而去，于斯二者何先?'曰：'去食。自古皆有死，民无信不立。'"意为对为政而言信用最重要。

[40]　大车无輗，小车无軏，其何以行之哉：出自《论语·为政》，上文为"人而无信，不知其可也"。輗、軏均是驾车的工具，意为没有信用则寸步难行。

[41]　剑戒：宝剑出鞘之前在鞘中发出警戒的响声。

[42]　文丑：汉末袁绍的部将，对阵曹操军时战死，后世传说为关羽所杀。

[43]　蔡阳：曹操的部将，被刘备所杀，后世传说为关羽所杀。

[44]　汉皇叔把温侯灭：指刘备杀吕布事。刘备自称汉朝宗室之后，被汉献帝认为皇叔。温侯，吕布的封号。

[45]　不克己：不能克制自己的偏见。

[46]　魑（chī）魅：传说中山林中的精怪。

[47]　摄剑：拔剑。

[48]　先交：先叫。

[49]　饥餐上将头，渴饮仇人血：化用岳飞《满江红》"壮志饥餐胡虏肉，笑谈渴饮匈奴血"。

[50]　弟兄每：弟兄们。间别：分离。

[51]　内心休乔怯，畅好是随邪：乔怯：恐惧。畅好是：真正是。随邪：轻浮浪荡。

[52]　臧宫：吴国乐官，本剧中原创的人物。

[53]　五岳：五岳为恒山（即常山）、衡山、泰山、华山、嵩山。这里将"衡"误作"恒"。

[54]　羽：这里以五音之"羽"双关"关羽"之"羽"，暗示伏兵行动。

[55]　菱花：古代镜子背面常有菱花图案，故以"菱花"指代镜子。"镜"又与鲁肃的字"子敬"谐音。

[56]　张仪口、蒯通舌：张仪为战国著名纵横家、说客。蒯通为楚汉之际著名纵横家、说客。

[57]　伶俐：干净利落。

[58]　关平：关羽之子。在第三折中负责带兵接应关羽。

[59]　殿后：撤退时在后抵挡追兵。这里是说关羽以鲁肃为人质，阻挡吴国追兵。

[60]　公人：官员。

[61]　管待：招待。

[62]　明夜：日夜，早晚。

[63]　请乔公言定三条计：剧本的第一折中，鲁肃拜见乔国老，订立夺取荆州的三条计策。

[64]　题目、正名：元杂剧的结尾常用四句诗总结剧情，称为题目、正名，又合称"正目"。

评析

　　本剧改编自《三国志·鲁肃传》中的一段记载：在赤壁之战时，孙权曾和刘备约定，将荆州、襄阳之地暂借给刘备，等刘备取得蜀中之地，得以立足后就须返还。但刘备入蜀之后，并未返还荆州，反而派关羽镇守，于是吴国大将鲁肃设宴邀请关羽，要求归还荆州的长沙、零陵、桂阳三郡，关羽单刀赴会，席间严词拒绝鲁肃，并全身而退。剧本的第一、二折写鲁肃定下宴席方案，意图先以礼请求归还荆州，不成则发动宴席中的伏兵，劫持关羽，逼他就范。在定计过程中，鲁肃先后求教了乔国老和司马徽，并从两人口中侧面了解到关羽的智计勇猛。第三折写关羽收到鲁肃邀请时，明知宴席有诈，但还是决定单刀赴会，体现了他勇猛无畏的气概。在前三折的铺垫之后，第四折正面描写关羽赴宴的过程，故事进入高潮。

　　在戏剧的前半段，鲁肃四处奔走，精心安排下宴席，设置上、中、下三计，迫使关羽归还荆州，看似万无一失。关羽这一边，明明知道宴无好宴，但还是毫不在乎地单刀赴会，到了第四折的开头，关羽一句"大丈夫心别，我觑这单刀会似赛村社！"就已先声夺人，凸显出英雄不同于常人的胆色。宴会的正文分三个部分。第一部分，鲁肃将关羽大大夸赞一番，好话说尽后"低情曲意"暗示关羽归还荆州，关羽则并没有被这种谦卑的态度所迷惑，直接点明"你请我吃筵席来那，是索荆州来！"揭穿了鲁肃的真正目的。第二部分，鲁肃以"无信"指责关羽和刘备有借无还，试图从道德的层面威胁关羽，关羽则从汉皇室的正统性入手，坚持刘备占据荆州的合法性，回击了鲁肃的指控。第三部分，鲁肃图穷匕见，试图利用武力逼迫关羽就范，关羽则显示出"若有埋伏，一剑挥之两段！"的气势，吓得鲁肃不敢动手，最终关羽以鲁肃为人质，顺利离开宴会。

　　在金元杂剧中，绝大部分剧本都是旦角、末角齐备，或多或少会加入亲情、爱情的元素。《关大王独赴单刀会》却是少数以末角贯穿全剧、完全没有女性角色出现的剧本。这个剧本中，关汉卿并没有将太多的精力花在设置剧情上，而是集中力量塑造了关羽这样一个英武、骄傲、勇敢的英雄形象。第四折中鲁肃的三种劝说之法，正好反衬出了关羽智慧、坚毅、威武三种品格，既展示了一场精彩的外交攻防，又塑造了关羽这样一位气概超群的英雄人物，其中主要剧情，后来融入各种地方戏剧中，被广为传唱。

思考与运用

① 本折开头的《新水令》《驻马听》两段唱词中，化用了许多《念奴娇·赤壁怀古》的内容，你认为这在戏剧中有什么作用？

② 在鲁肃和关羽的对答中，两人的说话风格各有什么特点？体现了两个人物怎样的个性？

③ 有人认为这一折戏剧中关羽动辄用"剑戒"威胁鲁肃，显得过于粗暴，你怎么看待这种理解？

知识延伸

关羽不顾个人安危，执意单刀赴会，体现出极强的爱国情怀和个人魅力。当今中国也有许多迎难而上、不畏艰险的"单刀赴会"事迹，学古通今，应多加学习并应用到实践中。

拓展资源

（1）观看电视剧《三国演义》"单刀会"部分，感受关羽义薄云天的豪情。

（2）观看京剧《单刀会》，体会传统曲艺中的人物塑造特色。

学习笔记

23

西厢记（节选）[1]

（元）王实甫

第四本第三折

（夫人、长老上[2]，云）今日送张生赴京，十里长亭，安排下筵席。我和长老先行，不见张生、小姐来到。

（旦、末、红同上[3]）（旦云）今日送张生上朝取应[4]，早是离人伤感，况值那暮秋天气，好烦恼人也呵！"悲欢聚散一杯酒，南北东西万里程。"

【正宫】【端正好】碧云天，黄花地[5]，西风紧，北雁南飞。晓来谁染霜林醉？总是离人泪[6]。

【滚绣球】恨相见得迟，怨归去得疾。柳丝长玉骢难系[7]。恨不倩疏林挂住斜辉[8]。马儿迍迍的行[9]，车儿快快的随，却告了相思回避[10]，破题儿又早别离[11]。听得道一声"去也"，松了金钏[12]；遥望见十里长亭，减了玉肌：此恨谁知！

（红云）姐姐今日怎不打扮？（旦云）你那知我的心里呵！（旦唱）

【叨叨令】见安排着车儿、马儿，不由人熬熬煎煎的气；有甚么心情花儿、靥儿[13]，打扮得娇娇滴滴的媚；准备着被儿、枕儿，则索昏昏沉沉的睡[14]；从今后衫儿、袖儿，揾湿做重重叠叠的泪。兀的不闷杀人也么哥[15]，兀的不闷杀人也么哥！久已后书儿、信儿，索与我恓恓惶惶的寄[16]。

（做到见夫人科）（夫人云）张生和长老坐，小姐这壁坐[17]，红娘将酒来。张生，你向前来，是自家亲眷，不要回避。俺今日将莺莺与你，到京师休辱末了俺孩儿，挣揣一个状元回来者[18]。（末云）小生托夫人余荫[19]，凭着胸中之才，视官如拾芥耳[20]。（洁云）夫人主见不差，张生不是落后的人。（把酒了，坐）（旦长吁科）

【脱布衫】下西风黄叶纷飞，染寒烟衰草萋迷。酒席上斜签着坐地[21]，蹙愁眉死临侵地[22]。

【小梁州】我见他阁泪汪汪不敢垂[23]，恐怕人知；猛然见了把头低，长吁气，推整素罗衣。

【幺篇】虽然久后成佳配，奈时间怎不悲啼[24]。意似痴，心如醉，昨宵今日，清减了小

腰围。

（夫人云）小姐把盏者[25]。（红递酒，旦把盏长吁科云）请吃酒！

【上小楼】合欢未已，离愁相继。想着俺前暮私情，昨夜成亲，今日别离。我谂知这几日相思滋味[26]，却原来比别离情更增十倍。

【幺篇】年少呵轻远别，情薄呵易弃掷。全不想腿儿相挨，脸儿相偎，手儿相携。你与俺崔相国做女婿，妻荣夫贵，但得一个并头莲，煞强如状元及第[27]。

（夫人云）红娘把盏者。（红把酒科）（旦唱）

【满庭芳】供食太急，须臾对面，顷刻别离。若不是酒席间子母们当回避，有心待与他举案齐眉[28]。虽然是厮守得一时半刻，也合着俺夫妻们共桌而食。眼底空留意，寻思起就里，险化做望夫石。

（红云）姐姐不曾吃早饭，饮一口儿汤水。（旦云）红娘，甚么汤水咽得下。

【快活三】将来的酒共食[29]，尝着似土和泥；假若便是土和泥，也有些土气息，泥滋味。

【朝天子】暖溶溶玉醅[30]，白泠泠似水，多半是相思泪。眼面前茶饭怕不待要吃[31]，恨塞满愁肠胃。蜗角虚名，蝇头微利[32]，拆鸳鸯在两下里。一个这壁，一个那壁，一递一声长吁气[33]。

（夫人云）辆起车儿[34]，俺先回去，小姐随后和红娘来。（下）（末辞洁科[35]）（洁云）此一行别无话儿，贫僧准备买登科录看[36]，做亲的茶饭少不得贫僧的。先生在意，鞍马上保重者。"从今经忏无心礼[37]，专听春雷第一声[38]。"（下）（旦唱）

【四边静】霎时间杯盘狼藉，车儿投东，马儿向西，两意徘徊，落日山横翠。知他今宵宿在那里？有梦也难寻觅。

张生，此一行，得官不得官，疾便回来。（末云）小生这一去，白夺一个状元[39]。正是："青霄有路终须到，金榜无名誓不归。"（旦云）君行别无所赠，口占一绝，为君送行："弃掷今何在，当时且自亲。还将旧来意，怜取眼前人。"[40]（末云）小姐之意差矣，张珙更敢怜谁[41]？谨赓一绝[42]，以剖寸心："人生长远别，孰与最关亲？不遇知音者，谁怜长叹人？"[43]（旦唱）

【耍孩儿】淋漓襟袖啼红泪，比司马青衫更湿[44]。伯劳东去燕西飞[45]，未登程先问归期。虽然眼底人千里，且尽生前酒一杯。未饮心先醉，眼中流泪，心内成灰。

【五煞】到京师服水土[46]，趁程途[47]，节饮食，顺时自保揣身体。荒村雨露宜眠早，野店风霜要起迟。鞍马秋风里，最难调护[48]，最要扶持。

【四煞】这忧愁诉与谁？相思只自知，老天不管人憔悴。泪添九曲黄河溢[49]，恨压三峰华岳低[50]。到晚来闷把西楼倚，见了些夕阳古道，衰草长堤。

【三煞】笑吟吟一处来，哭啼啼独自归。归家若到罗帏里[51]，昨日个绣衾香暖留春住[52]，今夜个翠被生寒有梦知。留恋你别无意，见据鞍上马，阁不住泪眼愁眉。

（末云）有甚言语嘱咐小生咱？（旦唱）

【二煞】你休忧"文齐福不齐"[53]，我则怕你"停妻再娶妻"。休要"一春鱼雁无消息"[54]，我这里"青鸾有信频须寄"[55]，你却休"金榜无名誓不归"。此一节君须记：若见了那异乡花草，再休似此处栖迟[56]。

（末云）再谁似小姐，小生又生此念？（旦唱）

【一煞】青山隔送行，疏林不做美，淡烟暮霭相遮蔽。夕阳古道无人语，禾黍秋风听马嘶。我为甚么懒上车儿内？来时甚急，去后何迟！

（红云）夫人去好一会，姐姐，咱家去[57]。（旦唱）

【收尾】四围山色中，一鞭残照里。遍人间烦恼填胸臆，量这些大小车儿如何载得起[58]？

（旦、红下）（末云）仆童赶早行一程儿，早寻个宿处。泪随流水急，愁逐野云飞。（下）

📖 注释

[1] 选自王季思校注《西厢记》，上海古籍出版社1978年版。王实甫，名德信，大都人。金元杂剧作家，生活年代为金末到元代中期。王实甫作品有《丽春堂》《芙蓉亭》《西厢记》等，其中以《西厢记》最为著名。《西厢记》共有四本，二十一折，改编自唐代元稹的传奇《莺莺传》和金代董解元《西厢记诸宫调》，写了男主人公张生在瓦官寺借宿时，在乱兵中救下前相国之女崔莺莺及其母亲，崔母本答应将崔莺莺许配给张生，后来反悔。张生与崔莺莺在崔家丫鬟红娘的帮助下私定终身，崔母最终答应张生如考上状元即可迎娶莺莺，最后张生果然得中状元，与崔莺莺终成眷属。第四本第三折讲述张生入京赶考，崔莺莺长亭送别的过程。

[2] 夫人：剧中崔莺莺的母亲。长老：瓦官寺的主持法本和尚。

[3] 旦：扮演女主人公崔莺莺。末：扮演男主人公张生。红：红娘。

[4] 取应：参加科举。

[5] 碧云天，黄花地：化用自范仲淹《苏幕遮》："碧云天，黄叶地。"

[6] 晓来谁染霜林醉，总是离人泪：化用自董解元《西厢记诸宫调》："君不见满川红叶，尽是离人眼中血！"霜林醉，指秋天霜叶变红。

[7] 玉骢（cōng）：玉花骢，泛指骏马。

[8] 倩：让。

[9] 迤迤：缓慢。

[10] 却告了相思回避：刚刚才避免了相思。

[11] 破题儿：第一次。

[12] 金钏（chuàn）：金手镯。"松了金钏"，暗示因为相思而消瘦。

[13] 靥（yè）儿：贴在颊间的装饰品。

[14] 则索：只好，只得。

[15] 兀的不闷杀人也么哥：兀的，怎么。也么哥，语尾助词。闷杀人，闷死人。

[16] 恓恓惶惶：忙碌的样子。

[17] 这壁：这边。

[18] 挣揣：争取，夺得。

[19] 托夫人余荫：相当于"托夫人的福。"

[20] 拾芥：捡起小草，形容易于取得。

[21] 斜签着坐：直挺挺地斜向坐。张生的对面是夫人，晚辈不能正面对着长辈，因此只能斜向坐。

[22] 死临侵地：生气全无的样子。

[23] 阁泪：忍住泪。

[24] 时间：当下，现在。

[25] 把盏：拿起酒杯。

[26] 谂（shěn）知：熟知。

[27] 煞强如：远远胜过。

[28] 举案齐眉：《后汉书·梁鸿传》言隐士梁鸿娶富家女为妻，妻子为他准备好饭菜时，都是将饭菜举
至齐眉献上，不敢仰视。后来用以形容夫妻相敬如宾。

[29] 将来：拿来。

[30] 玉醅：玉色的酒。

[31] 怕不待：难道不。

[32] 蜗角虚名，蝇头微利：出自苏轼《满庭芳》："蜗角虚名，蝇头微利，算来着甚干忙。"表现了对名
利的蔑视。

[33] 一递：交替。

[34] 辆起车儿：套好车子。

[35] 洁：扮演法本长老的角色。

[36] 登科录：记录当年中第考生的册子。

[37] 经忏：念经与诵忏文，僧人的常规工作。

[38] 春雷：这里指张生科举中第的好消息，科举放榜在春天，故曰"春雷"。

[39] 白夺：轻松夺得。

[40] "弃掷"句：出自元稹《莺莺传》中张生抛弃崔莺莺后，崔莺莺赠给张生的诗。

[41] 张珙（gǒng）：《西厢记》中张生的姓名。

[42] 赓：接续。

[43] 不遇知音者，谁怜长叹人：《西厢记》中崔莺莺与张生初会时，曾赠张生诗："兰闺久寂寞，无事
度芳春。料得行吟者，应怜长叹人。"

[44] 司马青衫：白居易《长恨歌》："座中泣下谁最多，江州司马青衫湿。"

[45] 伯劳东去燕西飞：化用自萧衍《东飞伯劳歌》："东飞伯劳西飞燕，黄姑织女时相见。"这里喻指情
侣分别。伯劳，一种候鸟。

[46] 服水土：适应水土。

[47] 趱程途：赶路。

[48] 调护：调养护理。

[49] 九曲黄河：黄河河道转向处很多，故称"九曲黄河"。

[50] 三峰华岳：华山东、西、南各有一座高峰，故称"三峰华岳"。

[51] 罗帏：丝绸帐子。

[52] 绣衾：绣有花纹的被子。

[53] 文齐福不齐：有文才却没有科举高中的福气。

[54] 鱼雁无消息：没有书信往来。鱼雁，指书信。

[55] 青鸾：传说中替王母传信的神鸟。

[56] 栖迟：逗留、流连。

[57] 家去：回家去。

[58] 这些大小车儿：这么小的车子。这句话用自李清照《武陵春》"只恐双溪舴艋舟，载不动，许多愁"。

评析

　　《西厢记》第四本第三折，是整部戏剧中文采最好的一折。金元杂剧的观众大多文化程度不高，为了适应他们的欣赏水平，杂剧中通常会尽量使用人们耳熟能详的口语或俗语，较少引经据典。但在这一折中，王实甫却在曲辞中化用了非常多唐诗宋词中的名句，其中大多并不是生搬硬套，而是经过改造加工，使之一方面更加通俗，另一方面也更适应剧中的情节和主人公的处境，比如将范仲淹的"碧云天，黄叶地"改为"碧云天，黄花地"，即是避免"黄叶"和下文唱词中"霜林醉"的色彩矛盾。在这样精心的处理下，整折戏剧唱词部分用语风雅，情感委婉，将崔莺莺患得患失的心情表现得非常生动，是元杂剧中雅俗共赏的经典段落。

　　除了唱词之外，这一折中为角色安排的动作细节也都非常考究，比如张生和崔莺莺来到长亭宴席上，老夫人特意将两人的座位分开，使他们无法直接接触交流，这样的座位安排，使得下面饰演崔莺莺的角色发出的"险化做望夫石""一个这壁，一个那壁，一递一声长吁气"等感叹都有了着落，在剧场上也留下了很多让演员用眼神、动作配合唱词的表演空间。又如宴席中间的几次"把盏"的动作，一方面体现了崔莺莺满怀心事，对老夫人的要求敷衍了事的状态，又借手中的酒水为喻，以"暖溶溶玉醅，白泠泠似水，多半是相思泪"等唱词，表现她心中与情郎分别的悲痛与不舍，将动作与唱词融合得紧密无间。

　　这一折中出现的人物，一共有张生、崔莺莺、红娘、老夫人和法本五位，虽然剧情不长，但五个人物的性格特点却都很生动。张生和崔莺莺都为别离所苦，其中崔莺莺只想要两人长相厮守，将功名视如敝屣；张生却或多或少还有对功名的追求，在这一点上两人表现出了差别。老夫人和法本对张生都是表面客套，但老夫人关心的完全是张生能否为崔家带来荣耀，法本长老则多少还是会关心一下张生本人的身体，说一句"鞍马上保重"。红娘在这一折中戏份不多，但她作为贴身丫鬟，一方面非常关心小姐的状况，另一方面又对小姐与情郎分别时的哀怨心情无法感同身受，为崔莺莺那句"此恨谁知"做了最好的注脚。这些都可以看出作者在设计人物唱词、对白、动作时的良苦用心。

思考与运用

❶ 这一折的开头为什么先写张生和崔莺莺在路上的情景，而不是直接从他们到达宴会的时候开始写？

❷ 这一折是旦角主唱的本子，作者是如何在所有唱词都属于崔莺莺的前提下，表现张生

的别离心情的？

❸ 结合元稹《莺莺传》的剧情，谈谈崔莺莺在[二煞]中嘱咐张生的言辞，对剧情的意义。

拓展资源

　　观看京剧《西厢记·长亭送别》、越剧《西厢记·长亭送别》，比较《西厢记》剧情在不同曲种之间的不同呈现方式。

学习笔记

24

牡丹亭（节选）[1]

（明）汤显祖

第十出《惊梦》

【绕池游】（旦上）梦回莺啭，乱煞年光遍[2]。人立小庭深院。（贴）[3]炷尽沉烟[4]，抛残绣线，恁今春关情似去年[5]？

〔乌夜啼〕（旦）晓来望断梅关[6]，宿妆残。（贴）你侧着宜春髻子，恰凭阑[7]。（旦）剪不断，理还乱[8]，闷无端。（贴）已分付催花莺燕，借春看。（旦）春香，可曾叫人扫除花径？（贴）分付了。（旦）取镜台衣服来。（贴取镜台衣服上）"云髻罢梳还对镜，罗衣欲换更添香。"镜台衣服在此。

【步步娇】（旦）袅晴丝吹来闲庭院[9]，摇漾春如线。停半晌、整花钿[10]。没揣菱花，偷人半面[11]，迤逗的彩云偏[12]。（行介）步香闺怎便把全身现！（贴）今日穿插的好。

【醉扶归】（旦）你道翠生生出落的裙衫儿茜[13]，艳晶晶花簪八宝填，可知我常一生儿爱好是天然[14]。恰三春好处无人见[15]。不隄防沉鱼落雁鸟惊喧[16]，则怕的羞花闭月花愁颤[17]。

（贴）早茶时了，请行。（行介）你看："画廊金粉半零星，池馆苍苔一片青。踏草怕泥新绣袜[18]，惜花疼煞小金铃[19]。"（旦）不到园林，怎知春色如许！

【皂罗袍】原来姹紫嫣红开遍，似这般都付与断井颓垣。良辰美景奈何天，赏心乐事谁家院[20]！恁般景致，我老爷和奶奶再不提起[21]。（合）朝飞暮卷，云霞翠轩；雨丝风片，烟波画船——锦屏人忒看的这韶光贱！[22]

（贴）是花都放了，那牡丹还早。

【好姐姐】（旦）遍青山啼红了杜鹃，荼蘼外烟丝醉软[23]。春香呵，牡丹虽好，他春归怎占的先！[24]（贴）成对儿莺燕啊。（合）闲凝眄[25]，生生燕语明如翦，呖呖莺歌溜的圆[26]。

（旦）去罢。（贴）这园子委是观之不足也。（旦）提他怎的！（行介）

【隔尾】观之不足由他缱[27]，便赏遍了十二亭台是枉然。到不如兴尽回家闲过遣[28]。

（作到介）（贴）"开我西阁门，展我东阁床[29]。瓶插映山紫[30]，炉添沉水香[31]。"小姐，你歇息片时，俺瞧老夫人去也。（下）

（旦叹介）"默地游春转，小试宜春面[32]。"春啊，得和你两留连，春去如何遣？咳，恁般天气，好困人也。春香那里？（作左右瞧介）（又低首沉吟介）天呵，春色恼人，信有之乎！常观诗词乐府，古之女子，因春感情，遇秋成恨，诚不谬矣。吾今年已二八[33]，未逢折桂之夫[34]；忽慕春情，怎得蟾宫之客[35]？昔日韩夫人得遇于郎[36]，张生偶逢崔氏[37]，曾有《题红记》《崔徽传》二书。此佳人才子，前以密约偷期，后皆得成秦晋[38]。（长叹介）吾生于宦族[39]，长在名门。年已及笄[40]，不得早成佳配，诚为虚度青春，光阴如过隙耳。（泪介）可惜妾身颜色如花，岂料命如一叶乎！

【山坡羊】没乱里春情难遣[41]，蓦地里怀人幽怨。则为俺生小婵娟[42]，拣名门一例、一例里神仙眷[43]。甚良缘，把青春抛的远！俺的睡情谁见？则索因循腼腆[44]。想幽梦谁边，和春光暗流转？迁延[45]，这衷怀那处言！淹煎，泼残生，除问天[46]！身子困乏了，且自隐几而眠[47]。（睡介）（梦生介）[48]（生持柳枝上）"莺逢日暖歌声滑，人遇风情笑口开。一径落花随水入，今朝阮肇到天台[49]。"小生顺路儿跟着杜小姐回来，怎生不见？（回看介）呀！小姐，小姐！（旦作惊起介）（相见介）（生）小生那一处不寻访小姐来，却在这里！（旦作斜视不语介）（生）恰好花园内，折取垂柳半枝。姐姐，你既淹通书史[50]，可作诗以赏此柳枝乎？（旦作惊喜，欲言又止介）（背想）这生素昧平生，何因到此？（生笑介）小姐，咱爱杀你哩[51]！

【山桃红】则为你如花美眷，似水流年，是答儿闲寻遍。在幽闺自怜。小姐，和你那答儿讲话去[52]。（旦作含笑不行）（生作牵衣介）（旦低问）那边去？（生）转过这芍药栏前，紧靠着湖山石边。（旦低问）秀才，去怎的？（生低答）和你把领扣松，衣带宽，袖梢儿揾着牙儿苫也[53]，则待你忍耐温存一晌眠。（旦作羞）（生前抱）（旦推介）（合）是那处曾相见，相看俨然[54]，早难道这好处相逢无一言？（生强抱旦下）

（末扮花神，束发冠，红衣，插花上）催花御史惜花天，检点春工又一年。蘸客伤心红雨下[55]，勾人悬梦采云边。吾乃掌管南安府后花园花神是也[56]。因杜知府小姐丽娘，与柳梦梅秀才，后日有姻缘之分。杜小姐游春感伤，致使柳秀才入梦。咱花神专掌惜玉怜香，竟来保护他，要他云雨十分欢幸也[57]。

【鲍老催】（末）单则是混阳烝变[58]，看他似虫儿般蠢动把风情搧。一般儿娇凝翠绽魂儿颤。这是景上缘，想内成，因中见[59]。呀！淫邪展污了花台殿[60]。咱待拈片落花儿惊醒他。（向鬼门丢花介）[61]他梦酣春透了怎留连？拈花闪碎的红如片。秀才才到的半梦儿；梦毕之时，好送杜小姐仍归香阁。吾神去也。（下）

【山桃红】（生、旦携手上）（生）这一霎天留人便，草藉花眠。小姐可好？（旦低头介）（生）则把云鬟点，红松翠偏[62]。小姐，休忘了呵，见了你紧相偎，慢厮连[63]，恨不得肉儿般团成片也，逗的个日下胭脂雨上鲜。（旦）秀才，你可去呵？（合）是那处曾相见，相看俨然，早难道这好处相逢无一言？（生）姐姐，你身子乏了，将息，将息。（送旦依前作睡介）（轻拍旦介）姐姐，俺去了。（作回顾介）姐姐，你可十分将息，我再来瞧你那。"行来春色三分雨，睡去巫山一片云。"[64]（下）（旦作惊醒，低叫介）秀才，秀才，你去了也？（又作痴睡介）

（老旦上）[65]"夫婿坐黄堂[66]，娇娃立绣窗。怪他裙衩上，花鸟绣双双。"孩儿，孩儿，你为甚瞌睡在此？（旦作醒，叫秀才介）咳也。（老旦）孩儿怎的来？（旦作惊起介）奶奶到此！（老旦）我儿，何不做些针指，或观玩书史，舒展情怀？因何昼寝于此？（旦）孩儿适花园中闲玩，忽值春暄恼人，故此回房。无可消遣，不觉困倦少息。有失迎接，望母亲恕儿之罪。（老旦）孩儿，这后花园中冷静，少去闲行。（旦）领母亲严命。（老旦）孩儿，学堂看书去。（旦）先生不在[67]，且自消停[68]。（老旦叹介）女孩儿长成，自有许多情态，且自由他。正是："宛转随儿女，辛勤做老娘。"（下）

（旦长叹介）（看老旦下介）哎也，天那，今日杜丽娘有些侥幸也。偶到后花园中，百花开遍，睹景伤情。没兴而回，昼眠香阁。忽见一生，年可弱冠[69]，丰姿俊妍。于园中折得柳丝一枝，笑对奴家说："姐姐既淹通书史，何不将柳枝题赏一篇？"那时待要应他一声，心中自忖，素昧平生，不知名姓，何得轻与交言。正如此想间，只见那生向前说了几句伤心话儿，将奴搂抱去牡丹亭畔，芍药阑边，共成云雨之欢。两情和合，真个是千般爱惜，万种温存。欢毕之时，又送我睡眠，几声"将息"。正待自送那生出门，忽值母亲来到，唤醒将来。我一身冷汗，乃是南柯一梦。忙身参礼母亲[70]，又被母亲絮了许多闲话[71]。奴家口虽无言答应，心内思想梦中之事，何曾放怀。行坐不宁，自觉如有所失。娘呵，你教我学堂看书去，知他看那一种书消闷也。（作掩泪介）

【绵搭絮】雨香云片，才到梦儿边。无奈高堂，唤醒纱窗睡不便。泼新鲜冷汗粘煎，闪的俺心悠步嚲[72]，意软鬟偏。不争多费尽神情[73]，坐起谁忺[74]？则待去眠。（贴上）"晚妆销粉印，春润费香篝[75]。"小姐，薰了被窝睡罢。

【尾声】（旦）困春心游赏倦，也不索香薰绣被眠。天呵，有心情那梦儿还去不远。

春望逍遥出画堂（张说）[76]，间梅遮柳不胜芳（罗隐）[77]。

可知刘阮逢人处（许浑）[78]？回首东风一断肠（韦庄）[79]。

注释

[1] 选自徐朔方、杨笑梅校注《牡丹亭》，人民文学出版社2002年版。汤显祖（1550—1616），字义仍，号若士、清远道人，江西临川（今江西抚州）人。隆庆五年（1571）举人，万历十一年（1583）进士。曾任南京太常寺博士、礼部祠祭司主事等。万历十九年（1591）因上书抨击朝政，左迁广东徐闻县典史、浙江遂昌县知县，万历二十六年（1598）弃官回乡，设玉茗堂，专心从事戏曲写作。汤显祖诗文集有《玉茗堂集》，传奇作品有《紫钗记》《牡丹亭》《南柯记》《邯郸记》等，其中《牡丹亭》最为知名。

[2] 乱煞年光遍：春光遍地，乱得很。煞，口语词，表程度深。年光，春光。

[3] 贴：扮演杜丽娘的丫鬟春香。

[4] 炷尽：燃尽。

[5] 恁（nèn）：怎么。

[6] 梅关：大庾岭。此时杜丽娘随父亲住在南安府，正在大庾岭北，而《牡丹亭》男主人公名叫柳梦梅，家在大庾岭南，故云"望断梅关"，暗示两人关系。

[7] 宜春髻子：立春之日女子戴的头饰。

[8] 剪不断，理还乱：化用自李煜《乌夜啼》："剪不断，理还乱，是离愁。"

[9] 晴丝：晴天的游丝。又双关"情思"。

[10] 花钿：头饰。

[11] 没揣菱花，偷人半面：没揣，没想到。菱花，背后雕有菱花的镜子。偷人半面，指镜子映出了杜丽娘的半张脸。

[12] 迤逗的彩云偏：迤逗，引诱。彩云，此处指头发。

[13] 翠生生出落的裙衫儿茜（qiàn）：翠生生，鲜艳。茜，红色。

[14] 爱好（hǎo）是天然：喜欢美是出于天性。

[15] 恰：只是。

[16] 不隄防：没想到。

[17] 则怕：只怕。

[18] 泥：沾污。

[19] 惜花疼煞小金铃：《开元天宝遗事》载唐玄宗时宁王惜花，在花园中布满红绳，上悬金铃，有鸟来则拉动金铃驱赶。

[20] 良辰美景、赏心乐事：谢灵运《拟魏太子邺中集序》："天下良辰、美景、赏心、乐事，四者难并。"

[21] 老爷和奶奶：杜丽娘的父母。

[22] 锦屏人忒看的这韶光贱：闺中之人先前将春光看得太贱了。忒，过于。韶光，春光。

[23] 荼蘼（mí）：蔷薇科植物，春末开花。

[24] 他春归怎占的先：意为牡丹开时春花大多已经凋谢，无法与百花比美。

[25] 凝眄（miǎn）：凝视。

[26] 溜的圆：（莺声）流畅圆美。

[27] 缱：流连。

[28] 过遣：打发时间。

[29] 开我西阁门，展我东阁床：化用自《木兰辞》"开我东阁门，坐我西阁床。"

[30] 映山紫：红杜鹃。

[31] 沉水香：沉香，一种香料。

[32] 宜春面：春天的妆容。

[33] 年已二八：年方十六。

[34] 折桂之夫：古人称中进士为折桂，这里指佳偶。

[35] 蟾宫之客：将独居的女子比作嫦娥，蟾宫之客指配偶。

[36] 韩夫人得遇于郎：唐人小说《流红记》载唐僖宗时儒生于祐于御沟水中得红叶题诗，中诉深宫寂寞，便也题诗红叶回应，放入御沟流回宫中。后三千宫女被放出宫，于祐与其中一位韩夫人结婚，发现韩夫人正是当年红叶题诗的宫女。下文所说《题红记》即是根据这一故事改编的戏剧。

[37] 张生偶逢崔氏：即《西厢记》的故事。下文所说《崔徽传》是另一个传奇故事，疑为作者笔误。

[38] 得成秦晋：春秋时秦晋常联姻，故以"得成秦晋"表示结为夫妻。

[39] 宦族：官宦人家。

[40] 及笄：女子十五岁可以婚配时，以笄为饰，称为"及笄"。

[41] 没乱里：心绪焦急纷乱的样子。

[42] 则为俺生小婵娟：只因为我从小长得好看。

[43]　一例：一律，全部都是。

[44]　则索：只好，只得。

[45]　迁延：拖着不做的样子。

[46]　淹煎、泼残生：淹煎，长久煎熬。泼，可恶。

[47]　隐几而眠：靠着几案睡觉。

[48]　生：扮演男主角柳梦梅。

[49]　阮肇到天台：《幽明录》载，汉代刘晨、阮肇到天台山砍柴，误入仙境，与仙女结亲，回乡后发现已经过了七世。

[50]　淹通：博学贯通。

[51]　爱杀你：爱死你。

[52]　是答儿、那答儿：答儿，表处所。是答儿，到处。那答儿，那边。

[53]　袖梢儿揾（wèn）着牙儿苫（shàn）：揾，按住。苫，颤动。意为用长袖遮住嘴微微颤动，形容害羞。

[54]　是那处曾相见，相看俨然：看上去好像在哪里见过。

[55]　蘸客：粘在人身上。

[56]　南安府：在今江西大庾，杜丽娘的父亲此时为南安太守。

[57]　云雨：指男女欢会，宋玉《高唐赋》言楚王游云梦遇巫山神女，"旦为朝云，暮为行雨"。

[58]　混阳烝变：混阳，阴阳相混。烝变，指阴阳之气交融变化。

[59]　景上缘，想内成，因中见：想象中成就虚幻的因缘。景，通"影"，表虚幻。因，因缘。

[60]　展污：沾污。

[61]　鬼门：戏台上演员上下场的门。

[62]　则把云鬟点，红松翠偏：杜丽娘点头时，头上的发饰松动，发型也歪了。

[63]　厮连：相连，形容亲密的样子。

[64]　巫山一片云：见前"云雨"注。

[65]　老旦：在剧中扮演杜丽娘的母亲。

[66]　黄堂：太守的厅堂。这里指杜丽娘父亲杜宝的官府。

[67]　先生：指杜丽娘父母为女儿聘请的教书先生陈最良。

[68]　消停：休息。

[69]　弱冠：古代男子二十岁可以行冠礼，称为"弱冠"。

[70]　忙身：向前欠身，表恭敬。

[71]　絮：唠叨。

[72]　闪的俺心悠步嚲（duǒ）：惊得我心神不定，步伐沉重。嚲，下垂。

[73]　不争多：差不多。

[74]　伭（xiān）：惬意。

[75]　香篝：竹制熏笼，有熏香、烘干两种作用。

[76]　张说：盛唐诗人，"春望逍遥出画堂"出自张说《奉和圣制春日出苑应制》。

[77]　罗隐：唐末诗人，"间梅遮柳不胜芳"出自罗隐《桃花》。

[78]　许浑：晚唐诗人，"可知刘阮逢人处"出自许浑《早发天台中岩寺度关岭次天姥岑》。刘阮，指刘

晨、阮肇。见前"阮肇到天台"注。

[79]　韦庄：唐末诗人，"回首东风一断肠"出自前注罗隐《桃花》，收入韦庄编《又玄集》，此处疑为作者误记。

评析

《牡丹亭》是汤显祖最著名的剧作，全剧共五十五出，讲述了杜丽娘和柳梦梅的爱情故事：南安太守杜宝之女杜丽娘后园游春之时，与书生柳梦梅在梦中相会，醒来后因思念柳梦梅，伤情而死，葬在梅花道院。三年后柳梦梅北上临安赶考，在梅花道院寄宿，与杜丽娘在梦中重逢，杜丽娘因而起死回生。后来柳梦梅考上了状元，得到了杜宝的认可，终与杜丽娘结为连理。

《惊梦》是《牡丹亭》的第十出，也是最关键的一出。汤显祖在《牡丹亭题词》中，曾经评价故事的女主人公说："如丽娘者，乃可谓之有情人耳。情不知所起，一往而深。生者可以死，死可以生。生而不可与死，死而不可复生者，皆非情之至也。"故事的主体剧情，写杜丽娘思念柳梦梅而死，死后三年遇见柳梦梅复活，是表现"生者可以死，死可以生"；而这一出《惊梦》，表现的则是"情不知所起，一往而深"。

杜丽娘原是南安太守杜宝的女儿，杜宝的家教很严格，因此杜丽娘从小就被灌输了"步香闺怎便把全身现"的观念，被关在闺阁之中，不要说追寻爱情，连出门的机会都没有。杜宝夫妇认为，只要限制女儿的行动，隔绝女儿和外界的联系，就可以让女儿将精力都放在读书和女红上，不被"情"所干扰。但在《惊梦》中，杜丽娘不但产生了"情"，而且深陷其中，不能自拔。

那么杜丽娘的"情"从何而来呢？"情"的来源首先是透入闭锁闺阁之中的那一缕"袅晴丝"，正是在这一缕晴丝/情思的引导之下，杜丽娘发现了镜中自己的青春和美丽，并将自己的美丽与春色之美结合起来。在接下来的游园过程中，杜丽娘看到"原来姹紫嫣红开遍，似这般都付与断井颓垣"的颓废佳园，看到"牡丹虽好，他春归怎占的先"的寂寞名花，自然而然就想到了正值青春美好而却无人怜惜的自己，产生了对爱情的渴望。杜宝夫妇能够闭锁女儿的身体，但无法闭锁女儿的心灵，杜丽娘虽然无法在现实中见到爱人，但却通过"梦"的方式，硬生生塑造了一个爱人——柳梦梅，最终获得爱情的慰藉。就这样，杜丽娘的"情"从一缕"晴丝"开始，愈演愈浓，终于扩展成了生死以之的热烈爱情。杜宝夫妇对女儿的管控已经足够严密，但仍然无法阻隔爱情的产生。

《牡丹亭》通常被看作一个爱情故事，但与其他爱情故事不同，这个故事中，男女主人公在实际见面之前就已经在梦中相爱了，汤显祖这样的处理，正是要表达他对于"情"的认识：情并不是外来的，而是根植于人的天性。男女之间的爱情，最重要的并不是一方对另一方的吸引，而是自身对于爱情的追求。汤显祖在《宜黄县戏神清源师庙记》中说："人生而有情。思欢怒愁，感于幽微，流乎啸歌，形诸动摇。"正是《惊梦》一出要表达的内容。

📝 思考与运用

❶ 杜丽娘在照镜子的时候，为何会"迤逗的彩云偏"？

❷ 杜丽娘家的后园，为什么会如此荒芜？

❸ 从《惊梦》这一出来看，《牡丹亭》中的"牡丹"有何寓意？

🔗 拓展资源

（1）观看昆曲《牡丹亭·惊梦》，感受剧本与实际演出的区别。

（2）观看青春版《牡丹亭·惊梦》，思考如何在现代激活传统曲艺文化。

学习笔记

25

樱桃园（节选）[1]

[俄] 契诃夫

焦菊隐　译

人　物

柳鲍芙·安德烈耶夫娜·朗涅夫斯卡娅——女地主。

安尼雅——柳鲍芙的女儿，17岁。

瓦里雅——柳鲍芙的养女，24岁。

列奥尼德·安德列耶维奇·加耶夫——柳鲍芙的哥哥。

叶尔莫拉伊·阿列克谢耶维奇·罗巴辛——商人。

彼得·谢尔盖耶维奇·特罗费莫夫——大学生。

费尔斯——男仆，87岁。

雅莎——年轻仆人。

故事发生在朗涅夫斯卡娅的樱桃园里。

罗巴辛　你非得最后下一次决心不可了。时间是什么人都不等的呀。这个问题其实极简单。你是不是肯把地皮分租给别人去盖别墅？只要你回答一个字：肯，还是不？只要一个字。

柳鲍芙·安德烈耶夫娜　是谁在这儿抽这种怪难闻的雪茄呀？（坐下）

加耶夫　他们修了这条铁路，如今可够多么方便哪！（坐下）看我们到城里去吃这顿中饭，一转眼的工夫，就已经打了个来回了……红球进中兜！我倒很想回家打它一盘去。

柳鲍芙·安德烈耶夫娜　不忙去，有的是时候。

罗巴辛　只要一个字！（恳求地）可是回答我呀！

加耶夫　（打呵欠）说谁？

柳鲍芙·安德烈耶夫娜　（打开自己的钱袋看看）昨天找还有不少的钱呢，可是今天就差不多都光了。我那可怜的瓦里雅，为了省钱，每顿饭都喂我们牛奶汤吃，厨房里的老佣人们，也是除了干豌豆就吃不着别的菜，可是我呢，我还是照旧乱糟蹋钱……（钱袋掉在地上，硬币撒出来）好哇，看我现在全给撒光了！……

雅莎　让我来给你拾吧！（捡钱）

柳鲍芙·安德烈耶夫娜 好吧，你拾吧，雅沙！我为什么要跑到城里去吃这顿中饭呢？你们这儿的饭馆可真叫人讨厌死了，还有那种难听的音乐，那种一股胰子味儿的桌布。你为什么喝那么多的酒哇，列奥尼德？你怎么吃得那么多？为什么说那么多的话呀？你今天在饭馆里可又谈得太多了，说的又都不是地方，什么七十年代呀，什么颓废派呀的[2]。你是对谁说呢？难道跟跑堂的谈颓废派吗？

罗巴辛 这话对。

加耶夫 （用手做了一个绝望的姿势）我是改不了的了，这还不是明摆着的事！（不能忍耐地，向雅沙）你干什么老在我面前鬼鬼祟祟的？

雅沙 （笑）我一听见你的声音，就忍不住要笑。

加耶夫 （向他妹妹）他不走，我就……

柳鲍芙·安德烈耶夫娜 滚开，雅沙，滚开。

雅沙 （把钱包递给她）我马上就走。（简直禁不住要笑）马上就走……（下）

罗巴辛 那位富翁捷里冈诺夫想买你这份地产。据说他要亲自去拍卖。

柳鲍芙·安德烈耶夫娜 你怎么知道的？

罗巴辛 城里有人这么说。

加耶夫 住在亚罗斯拉夫尔的那位婶母[3]，答应了给我们送一笔钱来；不过，什么时候送来？送多少？我可就不知道了……

罗巴辛 她会送多少来呢？十万卢布呢，还是二十万呢？

柳鲍芙·安德烈耶夫娜 咳，得啦……她如果送给我们一万、一万五的，就已经够感谢的了。

罗巴辛 请原谅我说一句老实话吧，亲爱的朋友们，我一辈子可还没有遇见过像你们两位这么琐碎、这么古里古怪、这么不务实际的人呢。我告诉过你们，说你们的地产不久可就要扣押拍卖了，我说的全是清清楚楚的俄国话呀，可是你们仿佛一句也不懂。

柳鲍芙·安德烈耶夫娜 那么我们该怎么办呢？告诉我们该怎么办？

罗巴辛 我每天都跟你们说。我每天说的都是那一句话，你们必须把樱桃园和其余的地皮，分段租给人家去盖别墅，而且要赶快，马上办。拍卖的日期马上就到了！要明白这个！只要你一下决心，肯叫这里盖起别墅来，那么，你所需要的款子，要借多少就能借到多少，那你们可就有救了。

柳鲍芙·安德烈耶夫娜 请原谅我吧！什么别墅呀、租客呀的，哎……这多俗气！

加耶夫 我完全同意你的话。

罗巴辛 你这话叫我不是哭就得叫，要不然就得晕过去。我可再也受不了啦！你真要我的命！（向加耶夫）你简直是一个软弱的娘儿们！

加耶夫 你说谁？

罗巴辛　说你！（要走）

柳鲍芙·安德烈耶夫娜　（惊慌起来）别，别，别走，我的朋友。我求求你。也许我们可以想出一个好办法来呢！

罗巴辛　这还用得着想吗？

柳鲍芙·安德烈耶夫娜　你不要走，我求你。无论怎么样，你在这里，我心里总还能轻松一点。

（停顿）

我时时都觉得好像要发生点什么变故似的，就好像这座房子要从头顶上塌下来似的。

加耶夫　（完全走了神）发球从角边上撞回来，打"达布"进中兜[4]！……

柳鲍芙·安德烈耶夫娜　这都是我们造孽造得太多了！……

罗巴辛　你们造了什么孽呢？

加耶夫　（往嘴里放了一块糖果）都说我吃糖把家当都给吃光了……（笑）

柳鲍芙·安德烈耶夫娜　哎呀，要说我造的孽呀……我总是像个疯子似的，拿钱往水里扔。我嫁了一个男人，他什么也没有干过，只驮了一身的债，我的丈夫喝香槟酒给喝死了；他是个怕人的酒鬼。我还造了一个孽，就是我又爱了一个人，在我正要和他弄得挺亲热的时候，就受到了头一次的惩罚，好比头顶上挨了一棒子似的：就在这条河里，我的小儿子淹死了……我于是跑到国外去，干干脆脆跑开了，永远也不想再回来了，为的是永远也不再看见这条河啊……我就像一个疯子似的，闭上眼睛跑开了。可是，他呀……忍心的、无情的，又追了我去。因为他病在芒东[5]，我就在那儿买了一座别墅，整整三年的工夫，我无论是白天，无论是夜晚，从来都没有休息过；我叫这个病人折磨得精疲力竭。后来，就在去年，我把别墅卖了还债，就到了巴黎。谁知道他又跟去了，把我耗得个精光，然后丢了我又弄上了一个别的女人。那个时候，我真要服毒……那够多么糊涂，多么丢脸啊……后来，我忽然怀念起俄国，怀念起自己的祖国，怀念起我的女儿来了……（擦着眼泪）主啊，主啊，你发发慈悲！饶了我的罪孽吧！你已经把我惩罚得够了！（从口袋里掏出一封电报来）我今天接到这封从巴黎发来的电报……他求我饶恕他，请我回去……（把电报撕碎了）我听着好像远处有音乐吧？（倾听）

加耶夫　这就是我们这儿那个著名的犹太乐队。你还记得吗？四把提琴，一只笛子，一把大提琴。

柳鲍芙·安德烈耶夫娜　这个乐队还在呀？哪天咱们得请他们来一次，开个小小的晚会。

罗巴辛　（倾听）我什么都没有听见哪。（低唱）"为了一笔钱，德国人会把俄国人变成法国人。"（笑）昨天晚上，我在戏园子里看了一出非常滑稽的戏；滑稽得要命！

柳鲍芙·安德烈耶夫娜　恐怕一点也没有什么滑稽。你们这般人不应该去看戏；你们应该留下工夫来好好看看你们自己，看看你们过的都是多么死沉沉的生活，看看你们说了多少废话。

罗巴辛　对极了。应该老老实实地承认我们所过的生活，简直是糊涂透顶。

（停顿）

我的父亲是一个无知的庄稼人，什么都不懂，他什么也没有教给我，只有喝醉了就用棍子打我。实际上呢，我的无知和粗野，也和他一样。我什么书也没有读过，我的字写出来难看得怕人，像虫子爬的，连自己都觉得丢脸。

柳鲍芙·安德烈耶夫娜　我的朋友，你应该结婚了。

罗巴辛　是的……这是实话。

柳鲍芙·安德烈耶夫娜　为什么不娶瓦里雅呢？她是一个很好的姑娘。

罗巴辛　当然。

柳鲍芙·安德烈耶夫娜　她出身是一个农民家庭；整天地工作，而最重要的一点，是她爱你，你也早就喜欢她了不是？

罗巴辛　是啊！谁说不呢？我也没有说不呀！她是一个好姑娘。

（停顿）

加耶夫　有人给我在银行里找了一个位置，六千卢布一年。你觉得怎么样？

柳鲍芙·安德烈耶夫娜　你到银行去？还是老老实实待在家里吧！……

（费尔斯拿着一件外衣上）

费尔斯　（向加耶夫）我请你穿上吧，主人，有点凉了。

加耶夫　（披上外衣）你多么叫人烦得慌呀！

费尔斯　怎么跟你说也没用……今天早晨，你又是一声也不关照我就出去了。（从头到脚地打量他）

柳鲍芙·安德烈耶夫娜　你多大年纪了，费尔斯？

费尔斯　你说什么？

罗巴辛　她说你老得厉害啦！

费尔斯　我活的年头可长啦。他们给我找到老婆的时候，连你父亲都还没有出世呢。（笑）到解放农奴的时候[6]，我已经升到听差头目了，那种自由，我没有愿意要，所以我照旧还是侍候着老主人们。

（停顿）

我还记得，那个时候，大伙都快活得不得了，可是为什么快活呢？连他们自己也不知道。

罗巴辛　解放农奴以前倒好些。至少还可以时常打打农民。

费尔斯　（听错了他的话）可不是！那个时候，农民顾念主人，主人也顾念农民；现在可好，颠三倒四的，全乱了，你简直什么也闹不清楚。

加耶夫　住嘴吧，费尔斯。我明天还得到城里去。他们答应介绍我去见一位将军，他也许能出一张支票，借给我一笔款子。

罗巴辛　那没有用。你连利息都不够付的，这件事情你还是死心吧。

柳鲍芙·安德烈耶夫娜　（向罗巴辛）他在那儿做梦呢，根本就没有那么一位将军。

（特罗费莫夫、安尼雅、瓦里雅同上）

加耶夫　啊！他们也来了。

安尼雅　妈妈在这儿了。

柳鲍芙·安德烈耶夫娜　（温柔地）来吧……过来，我的亲爱的，（拥抱安尼雅和瓦里雅）你们知道我有多么爱你们两个啊！坐在我的旁边……这儿，对了。

（大家都坐下）

罗巴辛　这位永久的学生，永远跟姑娘们混在一块儿呀！

特罗费莫夫　这你管不着。

罗巴辛　他都快五十了，可还是一个学生呢。

特罗费莫夫　别再开你这种笨玩笑了吧！

罗巴辛　你这是发的哪家子的脾气呀，混人？

特罗费莫夫　你顶好别理我！

罗巴辛　（笑）我倒要请问请问，你对我是怎么个看法呢？

特罗费莫夫　叶尔莫拉伊·阿列克谢耶维奇，我对你的看法是这样的：你是一个阔人，不久还会变成百万富翁。一个遇见什么就吞什么的、吃肉的猛兽，在生存的剧烈斗争里，是不可少的东西；所以你这个角色，在社会里也是不可少的。

（大家都大笑）

📖 注释

[1] 选自契诃夫《契诃夫戏剧集》，焦菊隐译，上海译文出版社1980年版。《樱桃园》是契诃夫创作的四幕喜剧，发表于1903年。本文选自第二幕。契诃夫（1860—1904），俄国小说家、戏剧家，生于罗斯托夫省塔甘罗格市。1880年开始在杂志上发表作品。从1884年到1887年相继出版了三部短篇小说集，从此成为知名作家。契诃夫是短篇小说大师，又是戏剧艺术大家。他的作品真实质朴，言简意赅。他戏剧作品的主题多表现知识分子，特别是19世纪末俄国知识分子精神失落，且在生活中找不到出路的悲剧命运。他的剧本蕴含了丰富的潜台词和浓郁的抒情意味，形象生动而具象征性，对世界文坛产生了巨大影响。

[2] 颓废派：颓废主义运动是19世纪末的一场艺术和文学运动，以西欧为中心，奉行过度化和人工化的美学思想。法国小说家于斯曼的小说《逆流》（1884）被认为是颓废运动的代表作。该运动的特点是自我放弃，对世界持怀疑态度，描述人性中的变态部分。颓废主义认为艺术与自然完全对立，并相信人类的创造力优于自然界。

[3] 亚罗斯拉夫尔：俄国城市，是雅罗斯拉夫尔州的行政中心，位于莫斯科东北部250公里。

[4] 达布：指的是台球游戏中，球在进中洞前在边角处撞击了两次。

[5] 芒东：也译为芒通，法国东南部的一个市镇，是一个度假胜地。

[6] 解放农奴：指俄国1861年的农奴制改革。沙皇亚历山大二世在该年3月3日签署了解放法令，规定私人农庄的农奴获得自由公民的全部权利。这一改革有效地废除了俄国的农奴制，超过2300万人获得了自由。

评析

《樱桃园》代表了契诃夫戏剧的最高成就。生动地展现了俄国旧制度的崩溃和新兴力量的到来，以及在这个过程中各色人等的精神状态。

柳鲍芙和加耶夫这对兄妹，代表的是崇尚空谈而不务实际、好幻想又无实践能力的旧式贵族。柳鲍芙不断寻求着"爱"，哪怕这种所谓的爱充满了欺骗，但她只能通过它来获得存在感。她的情绪是高度不稳定的，可以在瞬间以一种孩子气的方式转换。前一秒她刚撕掉情人的电报，表示决心和他一刀两断，但下一秒听到了音乐，就计划着开一个派对。这种幼稚和虚幻的状态同样体现在加耶夫身上，他虽然51岁了，却成天吃零食，像小孩一样在想象中玩着台球游戏。与之相反，罗巴辛是一个有高度现实感的人，也只有他是通过自己的劳动，而不是空想，获得了成功。在戏剧中，他代表了时间和变化的必然到来。当柳鲍芙迟迟不做决定，推诿说"有的是时候"时，罗巴辛提醒她："时间是什么人都不等的呀。"然而，罗巴辛又是个复杂的人物，他一方面嘲笑贵族的无能，但另一方面，他清楚自己的农奴出身，对自己的缺乏教育深感羞愧。他对柳鲍芙一家有报恩思想，希望自己可以改变他们的悲惨现状。这些都反映出在一个急遽变化的时代中，随着人们身份地位的出人意料的改变，所带来的人性的多重性和不可预知性。

值得注意的是，在契诃夫的戏剧艺术中，很少出现以往戏剧那种跌宕起伏的情节和强烈的冲突。相反，展现的似乎都是一些琐碎、不连贯的生活场景。然而，这些看似芜杂的描写，背后蕴含的是人物的内在情绪。那些半吞半吐的话，絮絮叨叨的抒情，都是为了刻画人物的精神状态。比如说当罗巴辛和柳鲍芙谈庄园拍卖的事时，柳鲍芙突然说："这都是我们造孽造得太多了！"而加耶夫莫名其妙地说："打'达布'进中兜！"我们可以从中读出这兄妹二人由于无法面对现实，只好逃进自怨自艾的情绪和空洞的梦想之中。而由此形成的戏剧冲突并不在于表面，而是内在的、不可视的冲突。正是通过这种方法，契诃夫的戏剧无比透彻地开掘出了人生的真实。

思考与运用

❶ 剧中的樱桃园是一个有多重意义的象征。试分析其多重性内涵。

❷ 作为一个从未工作过的人，柳鲍芙却指责罗巴辛："你们这般人不应该去看戏；你们应该留下工夫来好好看看你们自己，看看你们过的都是多么死沉沉的生活，看看你们说了多少废话。"试分析她这样说的原因，谈谈你对此的理解。

③ 剧本中人物对话时多次出现了"停顿"，请问你如何理解"停顿"在塑造人物方面所起的作用？

④ 怎样理解柳鲍芙打算把养女瓦里雅嫁给罗巴辛这一情节？

■ | 知识延伸

　　历史不可阻挡地向前发展，我们应该清晰地认识到历史发展的客观规律，认清我们所在的发展阶段，立足于当前社会的实际状况，更好地用实际行动来推动整个社会的发展。

🔗 拓展资源

　　（1）阅读《契诃夫戏剧集》（焦菊隐译，上海译文出版社1980年版），概括契诃夫戏创作的艺术特点。

　　（2）观看话剧《樱桃园》，说说剧场演出对于剧本文字有何发挥和创造。

学习笔记

第五部分

小说

文体概说

作为一种文学体裁的"小说"概念是从西方学术语境中引入的，这与中国古代的"小说"概念有很大差异。而小说概念在中国古代也经历了复杂的演化过程，清人刘廷玑《在园杂志》云："盖小说之名虽同，而古今之别，则相去天渊。"今天我们将《搜神记》《世说新语》、唐传奇、宋元话本、《聊斋志异》《三国演义》《浮生六记》《狂人日记》等都统称为小说，属于同一种文学体裁。然而这些作品所体现的"小说"概念的差异是显而易见的，如文言小说与白话小说在古人观念里就截然不同，史传、自叙传与虚构小说也相去甚远。为了明晰小说的种种特征，这里从古代小说的概念、分类及源流谈起。

追溯"小说"一词的出现，往往会提到《庄子·外物》篇中的"饰小说以干县令"，但这里的小说"乃谓琐屑之言，非道术所在，与后来所谓小说者固不同"（鲁迅《中国小说史略》）。东汉桓谭《新论》云："若其小说家，合丛残小语，近取譬论，以作短书，治身理家，有可观之辞。"这里的"小说家"，与后来目录学中的"小说家"相近。《汉书·艺文志》列"小说家"于诸子十家之末，并说："小说家者流，盖出于稗官，街谈巷语，道听途说者之所造也。"小说是一些琐碎的街谈巷语，虽为"小道"，但也有可采之处，因此列于"诸子"之末。受其影响，后世多将小说隶于子部。

关于小说的分类，今天我们习惯按照篇幅分为长篇、中篇、短篇。对于古代小说，则通常划分为文言小说与通俗白话小说两类。古人论文言小说，往往依据小说内容进行划分。唐初刘知几在《史通·杂述》中将"偏记小说"分为十家，"一曰偏纪，二曰小录，三曰逸事，四曰琐言，五曰郡书，六曰家史，七曰别传，八曰杂记，九曰地理书，十曰都邑簿"。刘知几是从史学的角度来认识小说的，其"小说"意识尚不明晰，如视《世说新语》为"琐言"，视《搜神记》为"杂记",尚无明确的区分标准。刘知几对小说的分类是出于史学家的态度,而非站在文学的立场。宋代欧阳修撰《新唐书·艺文志》,将《隋书》《旧唐书》"经籍志"中归于史部杂传类的《列异传》《续齐谐记》等志神怪者与《感应传》《旌异记》等明因果者,移入子部小说类中,同时将唐人传奇也列入"小说"类,可见欧阳修对"志怪""传奇"的故事性、虚构性有了自觉的意识,已是从文学的角度认识小说了。明代胡应麟《少室山房笔丛》将繁杂的小说派别综核为"志怪""传奇""杂录""丛谈""辩订""箴规"六类。他论述小说云:"唐人以前,纪述多虚,而藻绘可观。宋人以后,论次多实,而彩艳殊乏。"胡氏已从虚实的角度品评唐宋小说;在评论《世说新语》时称"晋人面目气韵恍惚生动",也注意到人物形象的品评。这与我们今天关注小说的虚构性、人物形象比较接近。乾隆年间由纪昀主持编纂的《四库全书》又将小说分为三派:"其一叙述杂事,其一记录异闻,其一缀辑琐语。"观其所收书目,志怪、志人、丛谈、传奇等俱在,对小说的认识已有清晰的界限。

与文言小说的"诸子之末"相比,通俗白话小说的地位还要更低,它们往往被排斥于官修图书目录之外,如《四库全书》就未著录《水浒传》《金瓶梅》之类的通俗小说。实际上,自宋代以来,通俗小说就日益兴盛。宋代瓦肆勾栏中的"说话"艺术极为发达,说书人为提升艺术效果,或设置悬念,或跌宕情节,或虚构故事,使通俗小说越来越厚实。消费市场的旺盛,促使了话本、讲史演义等通俗小说的兴起与发展。通俗小说的评价往往受不同阶层、不同身份的评论者影响而呈现截然不同的态度。贬低者认为通俗小说毒害人心,罪恶极大;而赞赏者认为叙事详尽,可与史传媲美,金圣叹评《水浒传》为"第五才子书"即是一例。通俗小说拥有广大读者,其娱心悦目、劝善惩恶等价值是不能忽视的。

古人的"小说"观念是不断发展的,而小说创作也在不断演进。鲁迅《中国小说史略》依据时代先后,勾勒了"神话传说"、目录所见及伪托的"汉人小说"、六朝"志怪小说""志人小说""唐宋传奇""话本""拟话本"、元明"讲史"、明清"神魔小说""人情小说""拟市人小说""讽刺小说""狭邪小说""谴责小说"等中国古代小说的发展轨迹。

《阳羡书生》属于六朝志怪小说。"志怪"一词首见于庄子《逍遥游》"齐谐者,志怪者也",意思是记录怪异之事。志怪小说的源头可以追溯至《山海经》,该书在记录山川风貌的同时,也记载了不少神仙、鬼怪、传说之事,可视为志怪小说之先河。到了汉魏六朝,佛教、道教盛行,清谈之风又起,志怪小说进入了创作的繁盛时期。汉魏六朝志怪小说大致可分为两类。一是地理博物类,代表作有托名东方朔的《神异经》、西晋张华《博物志》等。二是杂记杂传体小说,代表作有干宝的《搜神记》、托名陶渊明的《搜神后记》、刘义庆《幽明录》《拾遗记》《齐谐记》《续齐谐记》等。志怪小说大多篇幅简短,多受宗教迷信思想的影响。志怪小说的作者记录灵异故事,目的往往是"明神道之不诬"(干宝《搜神记序》),但客观上拓宽了古代小说的想象空间,为后世的狐鬼神魔小说提供了参照。

《世说新语》一书主要记载东汉末至刘宋初约三百年间的人和事,主体是上层名士的清议闲谈与逸闻趣事,展现了魏晋士人的生活状态与精神世界,其"记言则玄远冷峻,记行则高简瑰奇"（鲁迅《中国小说史略》）。全书共分德行、言语、政事、文学、方正、雅量等三十六门，将"孔门四科"置于篇首，体现了编选者立足于儒家思想。《世说新语》以笔记体记言载事，为志人小说代表，这也对后世产生重大影响，乃至后世出现"世说"体著述。

"传奇"之名始于唐代裴铏的小说集《传奇》，后来用来泛指唐宋人以文言写作的小说。唐传奇融合了汉魏六朝人物杂传、志怪志人小说、辞赋、变文等文体的写作手法，成为一种特色鲜明、文学性极强的文体。王度的《古镜记》被认为是唐传奇的开山之作，之后产生了众多代表性作品，如沈既济《任氏传》、陈玄祐《离魂记》、白行简《李娃传》、李朝威《柳毅传》、许尧佐《柳氏传》、杜光庭《虬髯客传》等，到了宋代，传奇创作并未中断，产生了乐史《绿珠传》、张实《流红记》等优秀作品。相比于六朝小说，唐传奇已经有意地虚构情节，胡应麟评论说："变异之谈，盛于六朝，然多是传录舛讹，未必尽幻设语，至唐人乃作意好奇，假小说以寄笔端。"可见唐人是有意识地创作小说的。唐传奇在人物描写、情节结构、语言艺术等方面达到了极高的水平，成为唐代文学的双璧之一，对后世小说戏曲产生了深远影响。

明清文言短篇小说可视为唐宋传奇在明清的续写与复兴，明代瞿祐的《剪灯新话》是一部杰出的小说集，影响远及东亚。《聊斋志异》是中国古代文言短篇小说创作的高峰。作者蒲松龄据搜集到的民间故事传说，以传奇笔法进行再创作，借花妖狐鬼来抒写内心情感与人生理想。另外，《阅微草堂笔记》也是传播广泛的作品。这些小说风格多样、艺术手法成熟，在叙事技巧、语言、想象等方面促进了现代小说叙事模式的转变。

中国的小说历来被视为"小道"，长久以来处于文学的边缘地带。直至清末民初，小说的地位才开始发生转变，逐渐向文学中心靠拢。1902年，梁启超发起"小说界革命"，将小说推为"文学之最上乘"，强调其启迪民智的社会功能。但"新小说"创作却实绩不大，总体上仍囿于传统的文言体式。真正推动中国小说步入现代化进程的是1917年发生的"文学革命"。文学革命在白话文的推广、外国翻译小说的引入以及新式教育的启蒙等方面，为中国现代小说的出现准备了作家和读者。

1918年5月，鲁迅在《新青年》第4卷第5号发表了中国第一部现代短篇白话小说《狂人日记》，标志着中国现代小说正式登上历史舞台。它以"表现的深切和格式的特别"，在内容和形式上均体现出了现代化的特征。其后，新文学社团中的一批青年作家也开始投入小说创作，带动了问题小说、乡土小说、"自叙传"抒情小说等创作潮流。这一时期的小说创作，在广泛吸收西方浪漫主义、写实主义、现代主义等创作方法的基础上，形成了短篇小说的现代文体："横截面"的叙述结构取代了传统的"纵剖"结构；消除叙述的"说书"痕迹，发展了客观叙事、主观叙事和新型的限制性叙事；以人物为中心，注重表现社会中的人，摆脱了类型化、简单化的弊病。在现代文学的第一个十年，小说呈现出一种开放性的发展景象。

受20世纪30年代政治和商业的影响，"五四"小说在完成现代性转折之后，渐渐走向部分的整合，按照不同的意识形态和文体的各种组合关系，表现为左翼、京派、海派这三种风格各异的小说流派。

　　其中，左翼小说强化了社会小说文体，以社会剖析小说为主流。这种新型的小说模式，将小说艺术与社会科学相结合：一方面追求作品反映时代的深广度；另一方面着重以阶级观念表现社会关系。此外，左翼小说在发展初期还出现过"革命加恋爱"主题小说的流行，但这种公式化、概念化的小说很快就被革命现实主义小说取代。

　　而京派作家则承续了乡土小说的传统，以诚实、从容、宽厚的审美情感，在小说中描绘乡村中国的文学形态，提出乡村叙述的总体，为现代小说提供了比较成熟的抒情体和讽刺体样式。在这一点上，沈从文的诗体乡土小说具有代表性。

　　与左翼、京派的传统不同，海派小说除了承继新文学的先锋传统之外，还接续了市民通俗小说的商业性传统。这使得以"新感觉派"为代表的海派作家在小说题材和创作手法的选择上表现出了一定的特殊性：他们首次将现代都市作为独立的审美对象，开拓了"都市男女"的主题；并且还吸收了西方现代派的艺术经验，将心理分析、意识流、蒙太奇等创作方法用于小说形式的创新。

　　综上所述，20世纪30年代的现代小说在确立后进入了深化发展的阶段：在体制上，突破了单线条的传统长篇体制，产生了史诗性长篇和诗体长篇，短篇也得到了进一步的完善；在体式上，写实小说出现了散文化变体，抒情小说开始向诗情发展，其他类型的小说变化多样，带来了第二个十年小说的繁盛。

　　由于长期战乱，20世纪40年代的中国分裂为了三个地区，这种特殊的社会背景对小说创作产生了深刻的影响。在低潮过后，国统区、沦陷区和解放区各自发展了不同类型的小说，把20世纪二三十年代以来的现代小说推向成熟。

　　国统区小说以讽刺暴露为主。国统区的作家们针对国民党腐败统治，融合中国古典小说的讽刺手法和外国文学的经验，创作了一大批揭露政权丑恶的讽喻型小说，促进了现代讽刺艺术的成熟。

　　因特殊的政治背景和文化环境，这一时期的沦陷区小说，延续了海派通俗和先锋的两面性，产生了兼具古典和现代特质的新市民小说。这种新小说文体的代表作家是张爱玲。张爱玲的小说，主要表现沪港两地都市男女的现代生活，小说中的女性解剖和都市发现具有明显的现代性，并且还运用了西方现代派的意象，但其整体的叙述风格却带有中国古典小说的韵味。

　　解放区社会主义现实主义新型小说是左翼小说民间化的结果。这种新型小说以赵树理的通俗乡土小说为代表。他的小说反映了解放区农民心理思想的改造过程，在艺术形式和审美观念上回归民间传统，开创了评书体的现代小说形式。此外，解放区的"土改"小说也产生过较大的影响。

　　第三个十年的小说创作在走向成熟的同时，也因政治的变化而发生了一定的转向。这一点在之后的历史进程中表现得更为显著。

　　在"十七年文学"时期，当代小说的创作大体延续了解放区的文艺路线，主要集中于革命历史题材和农村题材。从体制上看，短篇和长篇因反映时代的整体性和先驱性而表现突出。

　　20世纪80年代中期开始，"寻根"作为一种重要的思想文化潮流，极大地影响了小说创作。以汪曾祺的《受戒》《大淖记事》为源头，文坛上涌现出许多关于"寻根"的作品。"寻根小说"通常用现代意识来观照传统，寻找民族精神之"根"以推进现代化进程；表现出偏离现实批判和政治历史反思的特征。

20世纪80年代，还有另一种重要的创作潮流是与"现代派"有关的"先锋小说"。这类小说超越社会政治，摆脱社会主义现实主义的创作方法；重视"虚构性"和叙事的审美意义，吸收了法国"新小说"和拉美文学的经验，在小说形式上做出了大胆的实验。此外，这一时期还出现过以写实为主要特征，注重还原现实生活"原生态"的"新写实小说"。

20世纪90年代以后，长篇小说取得重大收获，尤其是家族题材的长篇小说在数量和质量上颇引人瞩目。"家族小说"改写了"十七年"单一的阶级视角，对中国现代历史变迁作了"全景式"的"史诗性"描述。其他小说在内容和形式上的多样性，使其难以被简单归类，但在叙事上仍表现出"跨文体"和"纪实"的两大趋向。

21世纪以来，由于新媒体的出现，传统的文学生产机制遭遇了前所未有的危机，而新型生产机制的生成则带来了"网络小说"的崛起。科幻小说以及各种网络小说，在通俗文学中影响较大，受到读者的欢迎。

外国小说同样也有着悠久的发展历史。古希腊和古罗马的一些神话、传奇、寓言、民间传说及轶闻故事，可视为小说的前身。在希腊地区，公元前2世纪阿里斯提德写的《米利都故事》六卷本可被视为现代小说的前身，其内容是小镇米利都发生的幽默与讽刺事件。公元2世纪，琉善的《一个真实的故事》是一部杰出的虚构作品。6世纪的朗戈斯写了一个生动的田园爱情故事《达佛涅斯和克洛伊》，是所有当时的文学作品中最能被称为小说的。在罗马文学中，阿普列乌斯的《金驴记》具有强烈的讽刺性，1世纪的佩特洛尼乌斯写了一个杰出的喜剧讽刺故事《萨蒂利卡》，虽然只余残篇，但显示出罗马人已能在散文中通俗但不失深刻地表达日常生活了。

现代欧洲小说出现于意大利北部。13世纪时，那里盛行着各种故事类型，有骑士传奇、神话、寓言等。这一时期最重要的作品是薄伽丘的《十日谈》（1350），这部短篇小说集以诙谐大胆的风格和巧妙的结构而闻名。马苏西奥·萨勒尼塔诺是欧洲小说发展过程中的一个重要人物，他的《新故事集》（1476）是一部由50个短篇故事组成的集子，具有强烈的喜剧性、讽刺性和世俗性。法国在1500年左右才形成用散文讲故事的风气，初期最出色的作品无疑是弗朗索瓦·拉伯雷的《巨人传》（1532—1564），这个系列诙谐散文故事显示了作者极高的天赋。公认的第一部完全达到成熟的法国小说是拉法耶特夫人的《克莱芙王妃》（1678），这是一部杰出的道德分析小说，逼真地刻画了上流社会的习俗和生活。托马斯·马洛礼的《亚瑟王之死》（1470）是英国散文小说的开端，这部作品初步摆脱了中世纪的寓言负担，对人的心灵作出诠释，但在总体上还不够成熟。文艺复兴时期的英国小说受到意大利短篇故事的极大影响，其中的典型是乔叟的《坎特伯雷故事集》（1400）。黎里的《尤弗伊斯》（1579）是一部十分机智有趣的作品，不过更像是一部哲学著作而不是故事。格里美豪森的《痴儿西木传》（1669）被视为最早的德国小说，这部作品由一系列精彩的片段和插曲组成。1554年，一部佚名的西班牙流浪汉小说《小癞子》被称为"喜剧散文史诗永远的标杆"，这部现代冒险故事写得新奇有趣、富于活力。但西班牙文学最伟大的成就无疑是塞万提斯的《堂吉诃德》（1604），这部里程碑式的作品开创了小说史上的新纪元。虽然《堂吉诃德》的本意是嘲笑衰落了的骑士传统和骑士文学，但其意义远不止于此，它是如此博大精深，几乎后代所有小说流派都能在《堂吉诃德》中找到起源。

在18世纪的法国，勒萨日的现实主义小说《吉尔·布拉斯》（1735）的成功在于它的幽默和活力，而非对普通人物形象的冷静刻画。而马里沃的《暴发户农民》（1735）则重拾了拉法耶特夫人心理分析的传统。伏尔泰（Voltaire）写了一系列精彩的哲理小说，最好的一部是《老实人》（1759），不仅寓意深刻，而且富于讽刺性和消遣性。卢梭的作品明显受到同时期英国小说的影响，他的《新爱洛伊丝》（1761）和《爱弥儿》（1762）虽然缺乏精巧的架构，但标志了以动人的浪漫形式向公众传播社会改革思想的小说的诞生。这个时代最具有原创价值的德国小说是歌德的《少年维特之烦恼》（1774），它对欧洲的浪漫主义文学起到了推动作用。歌德后来还写了《威廉·迈斯特》（1796），关注了一个理想主义者的心灵成长。英国现代小说的奠基者是笛福，他借鉴了流浪汉小说的写法，结合自己对生活的细致观察和直接体验，创造了《鲁滨逊漂流记》（1719）这部不朽的小说，这部作品对个人主义价值观的颂扬是前所未有的。塞缪尔·理查逊的书信体小说《克拉丽莎》（1747）深刻地探讨了人的潜在心理世界，被称为"探遍了人心所有幽深角落，揭开了它的全貌"。同一时期的亨利·菲尔丁发表了《弃儿汤姆·琼斯史》（1749），该小说设置了一个能够看透人物想法并不断进行评论的旁观叙事者，在写法上是很大的进步。另一部值得关注的作品是劳伦斯·斯特恩的《项狄传》（1759），这是一部典型的文人作品，里面充满了高雅的幽默，而大量离题的议论冲淡了它的叙事性。

19世纪浪漫主义作家特别着重描写作家个人的主观世界对事物的内心反应和感受，反对17世纪以来统治欧洲文坛的古典主义教条。在这一时期，艺术被认为能揭示出以前被世俗的教条隐藏起来的东西。玛丽·雪莱的《弗兰肯斯坦》（1818年）、霍夫曼的《魔鬼的万灵药》（1815）和爱伦·坡的《怪异故事集》（1840）都是这方面的力作。历史传奇小说在这个时期也很重要，沃尔特·司各特的历史小说《艾凡赫》（1814）赋予了历史题材更深的想象力和情感意义。浪漫主义传统在19世纪中期得到了振兴。值得注意的作品有夏洛蒂·勃朗特的《简·爱》（1847）和艾米莉·勃朗特（Emily Jane Bronte）的《呼啸山庄》（1847），她们的作品带有某种阴郁的哥特风格。同样，在美国，浪漫主义文学也被用来探索复杂的宗教和哲学问题，如霍桑的《红字》（1850）和梅尔维尔的《白鲸》（1851）等。这一时期受到浪漫主义传统影响的重要作品还有雨果的《巴黎圣母院》（1831）和《悲惨世界》（1862），莱蒙托夫的《当代英雄》（1840）等。约瑟夫·康拉德的《黑暗的心脏》（1902）以浪漫主义的手法探讨了严肃的社会政治问题，在他手上，浪漫风格呈现出高度的象征性，逐渐向现代主义靠拢。这一时期文学上的里程碑事件是福楼拜发表了《包法利夫人》（1856），这部作品以惊人的技巧前所未有地将现实主义和浪漫主义冶为一炉。

19世纪哲学和科学的发展，尤其是唯物论和实证主义哲学的兴起、自然科学方面的新成就和实验科学的流行，启发了作家去探求写实的新方法。现实主义作家主张如实地反映现实，注重深入、细致地观察生活，对社会问题进行研究和讨论。曼佐尼是意大利第一个优秀的现代小说家，他的《约婚夫妇》（1827）以对人类意识的曲折复杂性的明锐洞察而闻名。司汤达的《红与黑》（1830）和《巴马修道院》（1839）证明了仅凭细致的心理研究、个人生活的记录就可以变得引人入胜。现实主义创造了广泛概括生活的社会小说，扩大了小说这一文学体裁的容量。在法国，左拉的小说《萌芽》（1884）、《娜娜》（1880）、《小酒店》（1876）描述了无产阶级的世界。巴尔扎克是一个有着不倦的精力和热情的作家，他宏大的系列作品《人间喜剧》（1830—1856）具有惊人的密度，提供了一部法国上流社会的卓越的现实主义历史，让我们看到小说的一个功能是呈现真实而客观的人性图景。在英国，狄更斯的小说《雾都孤儿》（1838）、《小杜丽》（1857）等带领他的读者进入工场，并提供了关于童工的第一手资料。乔治·艾略特在其作品《米德尔马契》（1871）和《亚当·比德》（1859）中公开挑战了妇女在角色、教育和社会地位上所受的束缚。狄更斯和乔治·艾略特这批作家，不同于前辈的显著之处就是他们作品中社会学的和人道主义的倾向。他们明确地知道生活中痛苦和不平等的存在，试图在作品中想象性地进行社会治理与改良。与他们不同风格的作家是简·奥斯汀，她以惊人的细致、洞见和叙事艺术，创造出了如"两寸牙雕"一般精致的艺术品，如《理智与情感》（1811）、《爱玛》（1815）和《傲慢与偏见》（1813）。俄国现实主义形成于19世纪30年代。以果戈理为代表的自然派的崛起，使农民、城市贫民、小公务员等"小人物"成为文学描写的对象。俄国现实主义文学的最高成就是托尔斯泰和陀思妥耶夫斯基。托尔斯泰的《战争与和平》（1867）和《安娜·卡列尼娜》（1877）展现了他对社会和政治框架的杰出表现力和心理刻画的惊人深度；而陀思妥耶夫斯基的代表作《卡拉马佐夫兄弟》（1879）、《罪与罚》（1866）等实现了"描绘人的灵魂的全部深度"的创作探索，对20世纪小说艺术的发展产生了重要而持久的影响。在19世纪与20世纪之交，德国的现实主义文学出现了亨利希·曼和托马斯·曼等作家。他们的小说反映了德国从自由资本主义走向垄断资本主义的历史过程。

詹姆斯·乔伊斯的《尤利西斯》（1922）对20世纪的小说家产生了重大影响，它以试图记录内心想法或"意识流"的文本取代了18世纪和19世纪的叙事者。"意识流"的手法在马塞尔·普鲁斯特的《追忆似水年华》（1913）、弗吉尼亚·伍尔夫的《到灯塔去》（1927）和威廉·福克纳的《喧哗与骚动》（1929）等现代主义小说中得到了体现。德国作家阿尔弗雷德·德布林在《柏林，亚历山大广场》（1929）中将非虚构文本片段与虚构材料拼贴在一起，创造了另一种形式的现实主义。

20世纪的小说涉及了极为广泛的主题。这一时期最重要的德语小说家卡夫卡的《变形记》（1912）、《城堡》（1922）和《审判》（1918）等表现了世纪之交的人作为主体的失落感。美国小说家菲茨杰拉德在其《了不起的盖茨比》（1925）中探讨了美国浮华的20世纪20年代。思考极权主义的危害是英国作家乔治·奥威尔最著名的小说《1984》（1949）的主题。存在主义文学的代表作是法国作家萨特的《恶心》（1938）和加缪的《局外人》（1942）。法国"新小说"派主张将人类精神世界和物的客观世界等量齐观，代表作有格里耶的《橡皮》（1953）、《窥视者》等，布托尔的《路过米兰》（1954）、《变化》（1957）等。20世纪50年代以来，小说家们也对种族和性别身份的主题感兴趣，波伏娃、莱辛和耶利内克的小说代表了这一时期的女性主义声音。此外，20世纪波云诡谲的政治版图的变化也影响了小说家。君特·格拉斯的《铁皮鼓》（1959）和约瑟夫·海勒的《第22条军规》（1961）反思了战争对人性的戕害。在20世纪60年代的政治动荡之后，拉丁美洲作家在文学上产生了强烈的主体意识，他们创造了"魔幻现实主义"的手法，其代表作家是马尔克斯、富恩特斯和略萨。

学习笔记

26

世说新语·三则

（一）王谢优劣^[1]

（南朝）刘义庆

　　桓公伏甲设馔^[2]，广延朝士，因此欲诛谢安、王坦之^[3]。《晋安帝记》曰："简文晏驾，遗诏桓温依诸葛亮、王导故事。温大怒，以为黜其权，谢安、王坦之所建也。入赴山陵，百官拜于道侧，在位望者，战栗失色。"或云自此欲杀王、谢。王甚遽，问谢曰："当作何计？"谢神意不变，谓文度曰："晋阼存亡，在此一行。"相与俱前。王之恐状，转见于色。谢之宽容，愈表于貌。望阶趋席，方作洛生咏^[4]，讽"浩浩洪流"^[5]。桓惮其旷远，乃趣解兵^[6]。按宋明帝《文章志》曰："安能作洛下书生咏，而少有鼻疾，语音浊。后名流多效其咏，弗能及，手掩鼻而吟焉。桓温止新亭，大陈卫兵；呼安及坦之，欲于坐害之。王入失措，倒执手版，汗流沾衣。安神姿举动不异于常，举目遍历温左右卫士，谓温曰：'安闻诸侯有道，守在四邻，明公何用壁间著阿堵辈？'温笑曰：'正自不能不尔。'于是怂庄之心顿尽，命却左右，促燕行觞，笑语移日。"王、谢旧齐名，于此始判优劣。

📖 注释

[1] 选自刘义庆撰、刘孝标注、余嘉锡笺疏《世说新语笺疏》，中华书局1983年版。刘义庆（403—444），彭城（今江苏徐州）人，刘裕异母弟道怜子，曾追随刘裕北伐。南朝宋建立，袭封临川王。刘义庆为人简素，雅好文学，招聚才学之士编纂典籍，所编《世说新语》最为知名。《世说新语》记载了东汉至魏晋时期的名士言行，文辞隽永，是魏晋南北朝志人小说的杰出代表。

[2] 桓公：桓温（312—373），字元子，一作符子，东晋谯国龙亢（今安徽省怀远县龙亢镇）人。桓彝长子，晋明帝司马绍女婿。曾数次北伐，战功累累，官至大司马、都督中外诸军事、行尚书事，威势极盛。独揽朝政，行废立之事。废司马奕为海西公，改立会稽王司马昱，是为简文帝。曾欲篡位，受制于朝中王、谢势力而未能如愿。谥宣武。

[3] 谢安（320—385），字安石，陈郡阳夏（今河南太康）人。年少以清谈知名，长期隐居不仕。中年入仕，政绩卓著。曾指挥淝水之战，以少胜多、击溃前秦苻坚大军，继而北伐收复失地。官至宰相，死后追赠太傅。王坦之（330—375），字文度，晋太原晋阳（今山西太原）人，尚书令王述子。简文帝时领左卫将军，孝武帝时累迁中书令，领丹阳尹、北中郎将、徐兖二州刺史，镇广陵。

[4] 洛生咏：晋时洛阳一带读书人吟诵诗文的音调，声音重浊。谢安有鼻疾，语重浊，自然善作洛生咏。南渡以来名士亦仿效其咏，弗能及，就用手掩鼻而吟。

[5] 浩浩洪流：此一句出自嵇康《赠秀才入军》："浩浩洪流，带我邦畿。萋萋绿林，奋荣扬晖。鱼龙瀺灂，山鸟群飞。驾言出游，日夕忘归。思我良朋，如渴如饥。愿言不获，怆矣其悲。"谢安能在这危

急时刻吟咏这首冲淡玄远之诗，足见其临危不惧、镇定自若的雅量。

[6]　趣：通"促"，急忙。

评析

王坦之、谢安是魏晋名士，而王、谢又是魏晋时期显赫的世家大姓，常并举作为高门世族的代表，如"旧时王谢堂前燕"（唐刘禹锡《乌衣巷》）。无论是从个人还是从家族角度，王谢都一时齐名。本篇却在王谢之间分优劣，这反映了人物品第是当时的社会风气。《世说新语》中有多处据人物言行加以轩轾的例证，如华（歆）、王（朗）优劣，二陆（机、云）优劣等，这一风气与清议及九品中正制有密切的关系。

思考与运用

战功累累的大将军桓温，为何会忌惮谢安的旷远？

知识延伸

从容自在、悠游不迫是古人崇尚的人生状态，也是一种难得的品质。人的一生，难免会遇到险象环生的局面。在危难时，为信念保持镇定、坚持自我，这是仁人志士应有的高贵品质。在近现代史上，无数革命志士在血雨腥风的岁月里，始终坚守信念、临危不乱，甚至慷慨赴死。他们的这种大无畏精神，正是我们应当学习的"谢优"。

拓展资源

观看骆玉明《世说新语》讲读视频，了解魏晋时期的皇权与士权。

学习笔记

....

....

....

....

（二）王子猷居山阴

（南朝）刘义庆

　　王子猷居山阴[1]。夜大雪，眠觉[2]，开室，命酌酒，四望皎然。因起彷徨，咏左思《招隐》诗[3]，忽忆戴安道[4]。时戴在剡[5]，即便夜乘小船就之，经宿方至，造门不前而返。人问其故，王曰："吾本乘兴而行，兴尽而返，何必见戴。"

注释

[1] 王子猷：王徽之（？—386），字子猷，晋右军将军王羲之子，琅玡临沂（今山东临沂）人。有才气，放诞不羁。历大司马桓温参军、黄门侍郎等职。山阴：地名，今浙江绍兴。

[2] 觉：醒。

[3] 左思：字太冲，齐国临淄（今山东淄博）人，西晋著名诗人。左思《招隐》诗有二首，歌咏隐居乐趣。

[4] 戴安道：戴逵（330？—396），字安道，谯郡铚县（今安徽濉溪）人。东晋名士，博学多才，善鼓琴，工书画。隐居会稽剡山，不仕而终。《晋书》卷九四有传。

[5] 剡：地名，今浙江嵊州。

评析

　　魏晋名士，越名教而任自然，崇尚真率、洒脱，率性而动，不拘泥于世俗常规。本篇王子猷雪夜醒来，想起友人，即不顾夜晚及路途遥远，乘小船前往拜访。到达目的地时，却"造门不前而返"，真正做到了"乘兴而行，兴尽而返"，兴之所至已成为日常行为准则，这种魏晋风度为后世文人叹赏。

思考与运用

王子猷大费周折夜访友人却兴尽而返，这是率性还是任性？

知识延伸

　　世人的很多行为或许带有功利性，所谓"天下熙熙，皆为利来；天下壤壤，皆为利往"（《史记·货殖列传》），但有时候功利会遮蔽人们的双眼。如果带着功利心去读书，会限制我们的视野。我们应该保持真诚和率真，在愉快的阅读中不断提升人生的境界。

拓展资源

观看《戴建业精讲世说新语》视频，思考雪夜访戴是"尽兴还是任性"？

学习笔记

（三）周侯救诸王反被害

（南朝）刘义庆

王大将军起事[1]，丞相兄弟诣阙谢[2]，周侯深忧诸王[3]，始入，甚有忧色。丞相呼周侯曰："百口委卿。"周直过不应。既入，苦相存救。既释，周大说，饮酒。及出，诸王故在门[4]。周曰："今年杀诸贼奴，当取金印如斗大系肘后。"[5]大将军至石头[6]，问丞相曰："周侯可为三公不？"丞相不答。又问："可为尚书令不？"又不应。因云："如此，唯当杀之耳！"逮周侯被害[7]，丞相后知周侯救己，叹曰："我不杀周侯，周侯因我而死，幽冥中负此人！"

注释

[1] 王大将军：王敦，字处仲，王导从兄，晋武帝女婿。好清谈，口不言钱。元帝过江，敦与王导同心辅佐，授镇东大将军。晋元帝永昌元年（332）以讨伐刘隗、刁协为名起兵攻建康。

[2] 丞相兄弟：王导兄弟。王敦为王导从兄，王敦起兵，刘隗劝晋元帝尽诛王氏。

[3] 周侯：周顗，字伯仁，汝南安城（今河南汝南）人，时官尚书左仆射。周顗与王导交谊深厚。

[4] 故：仍旧。

[5] 周侯之言，谓今年当杀贼立功，定当升官晋爵。王敦攻占石头城，晋朝廷派戴渊、刘隗、周顗等帅军出战，却不敌王敦军。

[6] 石头：石头城，今江苏南京。

[7] 逮：及，到。

评析

周侯救诸王而不欲示私恩，其为有德之人明矣。然而恩德可以不立，但招怨之言却不可不慎，周顗"今年杀诸贼奴，当取金印如斗大系肘后"之语招致灾祸。杨慎认为王导"借剑于敦，而杀顗也"。王导虽未杀周顗，但对他的怨恨却是衔而久之的。"我不杀伯仁，伯仁却因我而死"已成为一句谚语，表达对负有间接责任的人去世的悔恨之情。

思考与运用

周侯深虑诸王，为何面对王导求救，却"直过不应"？周侯既救诸王，为何却不告知，反而说"今年杀诸贼奴"？

27

阳羡书生^[1]

（南朝）吴均

　　阳羡许彦^[2]，于绥安山行^[3]，遇一书生，年十七八，卧路侧，云脚痛，求寄鹅笼中。彦以为戏言。书生便入笼，笼亦不更广，书生亦不更小，宛然与双鹅并坐，鹅亦不惊。彦负笼而去，都不觉重。

　　前行息树下，书生乃出笼，谓彦曰："欲为君薄设^[4]。"彦曰："善。"乃口中吐出一铜奁子，奁子中具诸饍馔。珍馐方丈^[5]。其器皿皆铜物，气味香旨，世所罕见。酒数行，谓彦曰："向将一妇人自随。今欲暂邀之。"彦曰："善。"又于口中吐一女子，年可十五六，衣服绮丽，容貌殊绝，共坐宴。俄而书生醉卧，此女谓彦曰："虽与书生结妻，而实怀怨。向亦窃得一男子同行，书生既眠，暂唤之，君幸勿言。"彦曰："善。"女子于口中吐出一男子，年可二十三四，亦颖悟可爱，乃与彦叙寒温。书生卧欲觉，女子口吐一锦行障遮书生，书生乃留女子共卧。男子谓彦曰："此女子虽有心，情亦不甚^[6]，向复窃得一女人同行，今欲暂见之，愿君勿泄。"彦曰："善。"男子又于口中吐一妇人，年可二十许，共酌戏谈甚久，闻书生动声，男子曰："二人眠已觉。"因取所吐女人，还纳口中。须臾，书生处女乃出，谓彦曰："书生欲起。"乃吞向男子，独对彦坐。然后书生起，谓彦曰："暂眠遂久，君独坐，当悒悒耶？日又晚，当与君别。"遂吞其女子，诸器皿悉纳口中，留大铜盘，可二尺广，与彦别曰："无以藉君^[7]，与君相忆也。"

　　彦大元中为兰台令史^[8]，以盘饷侍中张散；散看其铭，题云是永平三年作^[9]。

📖 注释

[1] 选自吴均《续齐谐记》，明嘉靖《顾氏文房小说》。吴均（469—520），字叔庠，吴兴故鄣（今浙江安吉）人，南朝梁文学家，兼通史学。梁武帝时深受赏识，官至奉朝请。其小品书札以写景见长，诗亦清新流丽。《梁书》本传称："均文体清拔有古气，好事者或学之，谓为'吴均体'。"《续齐谐记》是吴均仿照《齐谐记》而续辑的一部志怪小说集，取材广泛，内容奇诡。

[2] 阳羡：县名，在今江苏宜兴。

[3] 绥安：地名，在今宜兴西南。

[4] 薄设：简略招待。薄，自谦语，简略之意；设，准备酒菜之类。

[5] 珍馐方丈：珍贵精美的食物摆满方丈大的面积，形容美食极多。

[6] 不甚：不专一。

[7] 藉：报答。

[8] 大元：即太元，晋孝武帝年号（373—396）。

[9] 永平三年：公元60年。永平，东汉明帝年号（58—75）。

💬 评析

　　中国有巫术、神仙、鬼神的文化传统，流传有不少灵异传说。随着佛教传入、道教产生，滋生神怪故事的土壤更为深厚。《阳羡书生》是极为奇诡的一则小说：担鹅人许彦路上遇到一书生，书中坐到鹅笼中，鹅不惊，鹅笼亦不变重；休息时，书生从口中吐出器皿佳肴及一名女子，而后女子又吐出一男子，男子又复吐出一女子，而最终又渐次回到腹中，小说情节匪夷所思。然而《旧杂譬喻经》里已有僧人梵志口吐一壶，壶中藏男女，女子腹中又藏男子这样的情节；《观佛三昧海经》也有菩萨入毛中，而"菩萨不小，毛亦不大"的表述；《灵鬼志》也有外国来的道人入笼中而笼大小不变的异事。这些记载与佛教的诸相皆空观念有关。可见《阳羡书生》是在佛教传入的背景下经文人改编而成为本土人物故事。

？| 思考与运用

　　许彦所遇之男女感情极不专一，故事是否有警世意味？

🔗 拓展资源

　　阅读张中、李秉星《吐壶故事的空间与欲望结构》，分析佛经寓言里的空间及其欲望结构。

学习笔记

28

婴宁[1]

（清）蒲松龄

王子服，莒之罗店人[2]，早孤，绝惠，十四入泮[3]。母最爱之，寻常不令游郊野。聘萧氏，未嫁而夭，故求凰未就也[4]。

会上元[5]，有舅氏子吴生邀同眺瞩，方至村外，舅家有仆来，招吴去。生见游女如云，乘兴独遨。有女郎携婢，拈梅花一枝，容华绝代，笑容可掬。生注目不移，竟忘顾忌。女过去数武[6]，顾婢曰："个儿郎目灼灼似贼！"遗花地上，笑语自去。生拾花怅然，神魂丧失，怏怏遂返。至家，藏花枕底，垂头而睡，不语亦不食。母忧之，醮禳益剧[7]，肌革锐减。医师诊视，投剂发表[8]，忽忽若迷。母抚问所由，默然不答。适吴生来，嘱密诘之。吴至榻前，生见之泪下。吴就榻慰解，渐致研诘[9]，生具吐其实，且求谋画。吴笑曰："君意亦复痴！此愿有何难遂？当代访之。徒步于野，必非世家，如其未字[10]，事固谐矣，不然，拚以重赂[11]，计必允遂。但得痊瘳[12]，成事在我。"生闻之不觉解颐[13]。吴出告母，物色女子居里。而探访既穷，并无踪绪。母大忧，无所为计。然自吴去后，颜顿开，食亦略进。数日，吴复来，生问所谋。吴绐之曰[14]："已得之矣。我以为谁何人，乃我姑氏女，即君姨妹行，今尚待聘。虽内戚有婚姻之嫌[15]，实告之，无不谐者。"生喜溢眉宇，问："居何里？"吴诡曰："西南山中，去此可三十余里。"生又付嘱再四，吴锐身自任而去[16]。生由此饮食渐加，日就平复。探视枕底，花虽枯，未便雕落，凝思把玩，如见其人。怪吴不至，折柬招之，吴支托不肯赴招。生恚怒，悒悒不欢。母虑其复病，急为议姻，略与商榷，辄摇首不愿，惟日盼吴。吴迄无耗，益怨恨之。转思三十里非遥，何必仰息他人？怀梅袖中，负气自往，而家人不知也。伶仃独步，无可问程，但望南山行去。约三十余里，乱山合沓[17]，空翠爽肌，寂无人行，止有鸟道。遥望谷底，丛花乱树中，隐隐有小里落。下山入村，见舍宇无多，皆茅屋，而意甚修雅。北向一家，门前皆丝柳，墙内桃杏尤繁，间以修竹，野鸟格磔其中[18]。意其园亭，不敢遽入。回顾对户，有巨石滑洁，因坐

少憩。俄闻墙内有女子，长呼："小荣！"其声娇细。方伫听间，一女郎由东而西，执杏花一朵，俯首自簪；举头见生，遂不复簪，含笑拈花而入。审视之，即上元途中所遇也。心骤喜，但念无以阶进。欲呼姨氏，顾从无还往，惧有诧误。门内无人可问，坐卧徘徊，自朝至于日昃[19]，盈盈望断，并忘饥渴。时见女子露半面来窥，似讶其不去者。忽一老媪扶杖出，顾生曰："何处郎君，闻自辰刻便来，以至于今。意将何为？得勿饥耶？"生急起揖之，答云："将以盼亲。"媪聋聩不闻。又大言之。乃问："贵戚何姓？"生不能答。媪笑曰："奇哉！姓名尚自不知，何亲可探？我视郎君亦书痴耳。不如从我来，啖以粗粝，家有短榻可卧。待明朝归，询知姓氏，再来探访不晚也。"生方腹馁思啖，又从此渐近丽人，大喜。从媪入，见门内白石砌路，夹道红花片片坠阶上，曲折而西，又启一关[20]，豆棚花架满庭中。肃客入舍[21]，粉壁光如明镜，窗外海棠枝朵，探入室中；裀藉几榻，罔不洁泽。甫坐，即有人自窗外隐约相窥。媪唤："小荣！可速作黍。"外有婢子嗷声而应。坐次，具展宗阀[22]。媪曰："郎君外祖，莫姓吴否？"曰："然。"媪惊曰："是吾甥也！尊堂，我妹子。年来以家窭贫[23]，又无三尺男，遂至音问梗塞。甥长成如许，尚不相识。"生曰："此来即为姨也，匆遽遂忘姓氏。"媪曰："老身秦姓，并无诞育，弱息仅存，亦为庶产[24]。渠母改醮[25]，遗我鞠养。颇亦不钝，但少教训，嬉不知愁。少顷，使来拜识。"未几，婢子具饭，雏尾盈握[26]。媪劝餐已，婢来敛具。媪曰："唤宁姑来。"婢应去。良久，闻户外隐有笑声。媪又唤曰："婴宁，汝姨兄在此。"户外嗤嗤笑不已。婢推之以入，犹掩其口，笑不可遏。媪嗔目曰："有客在，咤咤叱叱，是何景象？"女忍笑而立，生揖之。媪曰："此王郎，汝姨子。一家尚不相识，可笑人也。"生问："妹子年几何矣？"媪未能解；生又言之。女复笑，不可仰视。媪谓生曰："我言少教诲，此可见矣。年已十六，呆痴裁如婴儿。"生曰："小于甥一岁。"曰："阿甥已十七矣，得非庚午属马者耶？"生首应之。又问："甥妇阿谁？"答曰："无之。"曰："如甥才貌，何十七岁犹未聘？婴宁亦无姑家，极相匹敌。惜有内亲之嫌。"生无语，目注婴宁，不遑他瞬[27]。婢向女小语云："目灼灼，贼腔未改！"女又大笑，顾婢曰："视碧桃开未？"遽起，以袖掩口，细碎连步而出。至门外，笑声始纵。媪亦起，唤婢襆被[28]，为生安置。曰："阿甥来不易，宜留三五日，迟迟送汝归。如嫌幽闷，舍后有小园，可供消遣；有书可读。"

次日，至舍后，果有园半亩，细草铺毡，杨花糁径[29]。有草舍三楹，花木四合其所。穿花小步，闻树头苏苏有声；仰视，则婴宁在上。见生来，狂笑欲堕。生曰："勿尔，堕矣！"女且下且笑，不能自止。方将及地，失手而堕，笑乃止。生扶之，阴捘其腕[30]。女笑又作，倚树不能行，良久乃罢。生俟其笑歇，乃出袖中花示之。女接之，曰："枯矣！何留之？"曰："此上元妹子所遗，故存之。"问："存之何意？"曰："以示相爱不忘。自上元相遇，凝思成病，自分化为异物[31]；不图得见颜色，幸垂怜悯。"女曰："此大细事，至戚何所靳惜？待郎行时，园中花，当唤老奴来，折一巨捆负送之。"生曰："妹子痴耶？"女曰："何便是痴？"生曰："我非爱花，爱拈花之人耳。"女曰："葭莩之情[32]，爱何待言。"生曰："我所谓爱，非瓜葛之爱[33]，乃夫妻之爱。"女曰："有以异乎？"曰："夜共枕席耳。"女俯思良久，曰："我不惯与生人睡。"

语未已，婢潜至，生惶恐遁去。少时，会母所，母问："何往？"女答以园中共话。媪曰："饭熟已久，有何长言，周遮乃尔[34]。"女曰："大哥欲我共寝。"言未已，生大窘，急目瞪之。女微笑而止。幸媪不闻，犹絮絮究诘。生急以他词掩之，因小语责女。女曰："适此语不应说耶？"生曰："此背人语。"女曰："背他人，岂得背老母？且寝处亦常事，何讳之？"生恨其痴，无术可悟之。

食方竟，家中人捉双卫来寻生[35]。先是，母待生久不归，始疑。村中搜觅已遍，竟无踪兆，因往寻吴。吴忆暴言[36]，因教于西南山村寻觅。凡历数村，始至于此。生出门，适相值，便入告媪，且请偕女同归。媪喜曰："我有志，匪伊朝夕[37]。但残躯不能远涉，得甥携妹子去，识认阿姨，大好！"呼婴宁，宁笑至。媪曰："有何喜？笑辄不辍？若不笑，当为全人。"因怒之以目，乃曰："大哥欲同汝去，可便装束。"又餉家人酒食，始送之出，曰："姨家田产丰裕，能养冗人[38]。到彼且勿归，小学诗礼，亦好事翁姑。即烦阿姨，为汝择一良匹。"二人遂发。至山坳回顾，犹依稀见媪倚门北望也。

抵家，母睹姝丽，惊问为谁。生以姨女对。母曰："前吴郎与儿言者，诈也。我未有姊，何以得甥？"问女，女曰："我非母出。父为秦氏，没时儿在襁中，不能记忆。"母曰："我一姊适秦氏良确。然殂谢已久[39]，何得复存？"因审诘面庞志赘[40]，一一符合。又疑曰："是矣！然亡已多年，何得复存？"疑虑间，吴生至，女避入室。吴询得故，惘然久之，忽曰："此女名婴宁耶？"生然之。吴极称怪事。问所自知，吴曰："秦家姑去后，姑丈鳏居，祟于狐，病瘵死。狐生女名婴宁，绷卧床上[41]，家人皆见之。姑丈没，狐犹时来。后求天师符粘壁间，狐遂携女去。将勿此耶？"彼此疑参，但闻室中吃吃，皆婴宁笑声。母曰："此女亦太憨生。"吴请面之。母入室，女犹浓笑不顾。母促令出，始极力忍笑，又面壁移时方出。才一展拜。翻然遽入，放声大笑。满室妇女，为之粲然。

吴请往觇其异，就便执柯[42]。寻至村所，庐舍全无，山花零落而已。吴忆姑葬处，仿佛不远，然坟垅湮没，莫可辨识，诧叹而返。母疑其为鬼，入告吴言，女略无骇意。又吊其无家，亦殊无悲意，孜孜憨笑而已。众莫之测，母令与少女同寝止，昧爽即来省问[43]，操女红精巧绝伦[44]。但善笑，禁之亦不可止。然笑处嫣然，狂而不损其媚，人皆乐之。邻女少妇，争承迎之。母择吉将为合卺[45]，而终恐为鬼物，窃于日中窥之，形影殊无少异。

至日，使华装行新妇礼，女笑极不能俯仰，遂罢。生以其憨痴，恐漏泄房中隐事，而女殊密秘，不肯道一语。每值母忧怒，女至，一笑即解。奴婢小过，恐遭鞭楚，辄求诣母共话，罪婢投见恒得免。而爱花成癖，物色遍戚党；窃典金钗，购佳种，数月，阶砌藩溷[46]，无非花者。庭后有木香一架，故邻西家。女每攀登其上，摘供簪玩。母时遇见，辄诃之，女卒不改。一日，西人子见之，凝注倾倒。女不避而笑。西人子谓女意已属[47]，心益荡。女指墙底，笑而下，西人子谓示约处，大悦。及昏而往，女果在焉，就而淫之，则阴如锥刺，痛彻于心，大号而蹀[48]。细视，非女，则一枯木卧墙边，所接乃水淋窍也。邻父闻声，急奔研问，呻而不言；妻来，始以实告。爇火烛窍，见中有巨蝎，如小蟹然。翁碎木捉杀之。负子至家，半夜寻卒。

邻人讼生，讦发婴宁妖异[49]。邑宰素仰生才，稔知其笃行士，谓邻翁讼诬，将杖责之，生为乞免，逐释而出。母谓女曰："憨狂尔尔，早知过喜而伏忧也。邑令神明，幸不牵累。设鹘突官宰[50]，必逮妇女质公堂，我儿何颜见戚里？"女正色，矢不复笑。母曰："人罔不笑，但须有时。"而女由是竟不复笑，虽故逗，亦终不笑，然竟日未尝有戚容。

一夕，对生零涕。异之。女哽咽曰："曩以相从日浅，言之恐致骇怪。今日察姑及郎皆过爱，无有异心，直告或无妨乎？妾本狐产。母临去，以妾托鬼母，相依十余年，始有今日。妾又无兄弟，所恃者惟君。老母岑寂山阿[51]，无人怜而合厝之[52]，九泉辄为悼恨。君倘不惜烦费，使地下人消此怨恫，庶养女者不忍溺弃。"生诺之，然虑坟冢迷于荒草。女但言无虑。刻日夫妇舆榇而往[53]。女于荒烟错楚中，指示墓处，果得媪尸，肤革犹存。女抚哭哀痛。舁归[54]，寻秦氏墓合葬焉。是夜，生梦媪来称谢，寤而述之。女曰："妾夜见之，嘱勿惊郎君耳。"生恨不邀留。女曰："彼鬼也。生人多，阳气胜，何能久居？"生问小荣，曰："是亦狐，最黠。狐母留以视妾，每摄饵相哺，故德之常不去心；昨问母，云已嫁之。"由是岁值寒食，夫妻登秦墓，拜扫无缺。女逾年生一子，在怀抱中，不畏生人，见人辄笑，亦大有母风云。

异史氏曰："观其孜孜憨笑，似全无心肝者。而墙下恶作剧，其黠孰甚焉！至凄恋鬼母，反笑为哭，我婴宁殆隐于笑者矣。窃闻山中有草，名'笑矣乎'，嗅之则笑不可止。房中植此一种，则合欢、忘忧，并无颜色矣。若解语花，正嫌其作态耳。"

注释

[1] 选自蒲松龄著、任笃行辑校《全校会注集评聊斋志异（修订本）》，人民文学出版社2016年版。蒲松龄（1640—1715），字留仙，一字剑臣，别号柳泉居士，世称聊斋先生，山东淄川（今属淄博）蒲家庄人。幼习科举，19岁应童子试，得以补博士弟子员。但此后屡试不第，71岁才援例补贡生。蒲松龄一生除了31岁时短暂入同乡孙蕙之幕外，都是在家乡设帐授业，以教书谋生。其笔耕不辍，著述甚多，代表作为《聊斋志异》。《聊斋志异》是中国古代文言短篇小说之集大成者，全书收录近500篇作品，大部分是在民间故事、传说基础上创作而成的，描绘了广阔的社会风貌。书中多借狐鬼故事抒发情感，"花妖狐魅，多具人情"，本篇的女主角婴宁即是由鬼抚育长大的狐女。

[2] 莒（jǔ）：地名，今山东莒县。

[3] 入泮：入学读书。泮，古代地方官办的学校。

[4] 求凰：求妻。未就：没有完成。因原已订婚的萧姓女子未嫁而早逝，所以娶妻之事还没完成。

[5] 上元：旧俗以正月十五元宵节为上元。

[6] 数武：几步。武，古称半步为武。

[7] 醮禳：向鬼神佛祈祷或做法事以驱除灾病。

[8] 发表：把体内的病发散出来。

[9] 研诘：仔细询问。

[10] 未字：未许人家。

[11] 拚（pàn）：豁出去。

[12]　瘳瘳（chōu）：病愈。

[13]　解颐：开颜欢笑。

[14]　绐（dài）：哄骗。

[15]　内戚有婚姻之嫌：古代认为姨表血统较近，一般不通婚。内戚：指母系亲戚。

[16]　锐身自任：挺身而出承担任务。

[17]　乱山合沓：群山重重叠叠。

[18]　格磔（zhé）：鸟鸣声，这里用作动词。

[19]　日昃（zè）：已过中午，太阳偏西。

[20]　关：此指门。

[21]　肃客入舍：恭敬地引导客人进屋。肃：恭敬地引进，《礼记·曲礼上》："主人肃客而入。"

[22]　具展宗阀：详细展开谈论自己的宗族门第。

[23]　窭（jù）贫：家中贫寒，不能遵礼。

[24]　庶产：庶出，即妾生的孩子。

[25]　渠母改醮（jiào）：她的母亲改嫁。渠：他（她）的；改醮：改嫁。

[26]　雏尾盈握：家禽的尾巴需要抓满手把才能握住，指招待的鸡鸭等很肥大。《礼记·内则》："雏尾不盈握，弗食。"这里反其意用之。

[27]　不遑他瞬：顾不上看其他的。瞬：目动，眨眼，这里引申为看。

[28]　襆（pú）被：整理被褥。襆，用包袱包裹衣服，这里是整理之意。

[29]　糁（sǎn）径：散落在路上。糁：散开，散落。

[30]　阴捘（zùn）其腕：暗中捏婴宁的手腕。捘，按，捏。

[31]　自分化为异物：自己料想将会死去。自分：自己料想；异物：这里指鬼。

[32]　葭莩之情：亲戚间的感情。葭莩，芦苇内附着的白色薄膜，比喻疏远淡薄的人情关系。

[33]　瓜葛之爱：互相关联的亲戚间的关爱。瓜、葛均为蔓生植物，比喻互相牵连的关系。

[34]　周遮：话长语多，言语烦琐。

[35]　捉双卫：牵着两头驴子。捉，牵着；卫：驴之别名。

[36]　曩言：昔日之言。曩：昔日，旧时。

[37]　匪伊朝夕：不止一朝一夕，指很多日子。

[38]　冗人：多余的人。

[39]　殂（cú）谢：去世。

[40]　面庞志赘：面容及皮肤上的痣和肿块。这里指人的外貌身形特征等。

[41]　绷卧床上：用布袋裹着睡在床上。绷，裹束小儿的布袋。

[42]　执柯：做媒。《诗经·豳风·伐柯》："伐柯如何？匪斧不克。娶妻如何？匪媒不得。"

[43]　昧爽：黎明，拂晓，天刚要亮的时候。

[44]　女红：即女工，指纺织、刺绣等女子做的针线活。

[45]　合卺（jǐn）：古代男女成婚的一种仪式，新婚夫妇各执一卺，斟酒以饮，称为合卺。后以合卺代指成婚。

[46]　藩溷（hùn）：篱笆和厕所。

[47]　谓女意已属：认为婴宁对他已有心意。

[48] 踣（bó）：倒下，跌倒。

[49] 讦（jié）发：揭发。讦，发人隐私。

[50] 鹘突：即糊涂。

[51] 岑寂山阿：孤独冷清地埋在深山里。

[52] 合厝：合葬。厝，安置，埋葬。

[53] 舆榇（chèn）：用车子载着棺材。榇，棺材。

[54] 舁（yú）归：抬回来。

评析

　　《婴宁》是《聊斋志异》中的名篇，写书生王子服郊游时偶遇美貌爱笑的少女婴宁，爱慕不已，相思成疾，后几经周折，终成佳偶。婴宁是狐生女，生长于山野，由鬼母带大，亦得狐婢小荣侍奉。在这样一个远离封建礼教、人伦纲纪的环境中成长，婴宁天真烂漫，爱花成癖，与笑为伴，憨态可掬，是一个完美的少女形象。作品"以笑字立胎，而以花为眼"（清但明伦评语），故事始终围绕花与笑展开，如王生初见婴宁时，即拾掇其遗花，并珍藏枕下；婴宁成长于花丛；至王家后又豆棚花架、阶砌藩溷，无非花者；其欢笑则时刻不止、无处不在。然而婴宁因西邻子事件而终不笑，可见她并非不守礼法之人。作者塑造了一位完美的理想的少女形象，在诗情画意的环境描写中寄托了自己对美的礼赞。

思考与运用

　　王子服初见婴宁时目光"灼灼似贼"，而婴宁并无恶意；西邻之子觊觎她却丧命，作者这样写有何深意？

拓展资源

（1）欣赏京剧《婴宁一笑缘》，分析京剧对小说故事的改编。

（2）观看《婴宁》（电视剧《聊斋》第3集），结合小说谈谈婴宁这一人物形象。

学习笔记

29

伤逝[1]
——涓生的手记

鲁迅

　　如果我能够，我要写下我的悔恨和悲哀，为子君，为自己。

　　会馆里的被遗忘在偏僻里的破屋是这样地寂静和空虚[2]。时光过得真快，我爱子君，仗着她逃出这寂静和空虚，已经满一年了。事情又这么不凑巧，我重来时，偏偏空着的又只有这一间屋。依然是这样的破窗，这样的窗外的半枯的槐树和老紫藤，这样的窗前的方桌，这样的败壁，这样的靠壁的板床。深夜中独自躺在床上，就如我未曾和子君同居以前一般，过去一年中的时光全被消灭，全未有过，我并没有曾经从这破屋子搬出，在吉兆胡同创立了满怀希望的小小的家庭。

　　不但如此。在一年之前，这寂静和空虚是并不这样的，常常含着期待；期待子君的到来。在久待的焦躁中，一听到皮鞋的高底尖触着砖路的清响，是怎样地使我骤然生动起来呵！于是就看见带着笑涡的苍白的圆脸，苍白的瘦的臂膊，布的有条纹的衫子，玄色的裙。她又带了窗外的半枯的槐树的新叶来，使我看见，还有挂在铁似的老干上的一房一房的紫白的藤花。

　　然而现在呢，只有寂静和空虚依旧，子君却决不再来了，而且永远，永远地！……

　　子君不在我这破屋里时，我什么也看不见。在百无聊赖中，顺手抓过一本书来，科学也好，文学也好，横竖什么都一样；看下去，看下去，忽而自己觉得，已经翻了十多页了，但是毫不记得书上所说的事。只是耳朵却分外地灵，仿佛听到大门外一切往来的履声，从中便有子君的，而且橐橐地逐渐临近，——但是，往往又逐渐渺茫，终于消失在别的步声的杂沓中了。我憎恶那不像子君鞋声的穿布底鞋的长班的儿子[3]，我憎恶那太像子君鞋声的常常穿着新皮鞋的邻院的搽雪花膏的小东西！

　　莫非她翻了车么？莫非她被电车撞伤了么？……

　　我便要取了帽子去看她，然而她的胞叔就曾经当面骂过我。

　　蓦然，她的鞋声近来了，一步响于一步，迎出去时，却已经走过紫藤棚下，脸上带着微笑的酒涡。她在她叔子的家里大约并未受气；我的心宁帖了，默默地相视片时之后，破屋里便渐渐充满了我的语声，谈家庭专制，谈打破旧习惯，谈男女平等，谈伊孛生，谈泰戈尔，谈雪莱[4]……。她总是微笑点头，两眼里弥漫着稚气的好奇的光泽。壁上就钉着一张铜板的雪莱半身像，是从杂志上裁下来的，是他的最美的一张像。当我指给她看时，她却只草草一看，便低了头，似乎不好意思了。这些地方，子君就大概还未脱尽旧思想的束缚，——我后来也想，倒不如换一张雪莱淹死在海里的记念像或是伊孛生的罢；但也终于没有换，现在是连这一张也不知那里去了。

"我是我自己的，他们谁也没有干涉我的权利！"

这是我们交际了半年，又谈起她在这里的胞叔和在家的父亲时，她默想了一会之后，分明地，坚决地，沉静地说了出来的话。其时是我已经说尽了我的意见，我的身世，我的缺点，很少隐瞒；她也完全了解的了。这几句话很震动了我的灵魂，此后许多天还在耳中发响，而且说不出的狂喜，知道中国女性，并不如厌世家所说那样的无法可施，在不远的将来，便要看见辉煌的曙色的。

送她出门，照例是相离十多步远；照例是那鲇鱼须的老东西的脸又紧帖在脏的窗玻璃上了，连鼻尖都挤成一个小平面；到外院，照例又是明晃晃的玻璃窗里的那小东西的脸，加厚的雪花膏。她目不邪视地骄傲地走了，没有看见；我骄傲地回来。

"我是我自己的，他们谁也没有干涉我的权利！"这彻底的思想就在她的脑里，比我还透澈，坚强得多。半瓶雪花膏和鼻尖的小平面，于她能算什么东西呢？

我已经记不清那时怎样地将我的纯真热烈的爱表示给她。岂但现在，那时的事后便已模胡，夜间回想，早只剩了一些断片了；同居以后一两月，便连这些断片也化作无可追踪的梦影。我只记得那时以前的十几天，曾经很仔细地研究过表示的态度，排列过措辞的先后，以及倘或遭了拒绝以后的情形。可是临时似乎都无用，在慌张中，身不由己地竟用了在电影上见过的方法了。后来一想到，就使我很愧恧，但在记忆上却偏只有这一点永远留遗，至今还如暗室的孤灯一般，照见我含泪握着她的手，一条腿跪了下去……。

不但我自己的，便是子君的言语举动，我那时就没有看得分明；仅知道她已经允许我了。但也还仿佛记得她脸色变成青白，后来又渐渐转作绯红，——没有见过，也没有再见的绯红；孩子似的眼里射出悲喜，但是夹着惊疑的光，虽然力避我的视线，张皇地似乎要破窗飞去。然而我知道她已经允许我了，没有知道她怎样说或是没有说。

她却是什么都记得：我的言辞，竟至于读熟了的一般，能够滔滔背诵；我的举动，就如有一张我所看不见的影片挂在眼下，叙述得如生，很细微，自然连那使我不愿再想的浅薄的电影的一闪。夜阑人静，是相对温习的时候了，我常是被质问，被考验，并且被命复述当时的言语，然而常须由她补足，由她纠正，像一个丁等的学生。

这温习后来也渐渐稀疏起来。但我只要看见她两眼注视空中，出神似的凝想着，于是神色越加柔和，笑窝也深下去，便知道她又在自修旧课了，只是我很怕她看到我那可笑的电影的一闪。但我又知道，她一定要看见，而且也非看不可的。

然而她并不觉得可笑。即使我自己以为可笑，甚而至于可鄙的，她也毫不以为可笑。这事我知道得很清楚，因为她爱我，是这样地热烈，这样地纯真。

去年的暮春是最为幸福，也是最为忙碌的时光。我的心平静下去了，但又有别一部分和身体一同忙碌起来。我们这时才在路上同行，也到过几回公园，最多的是寻住所。我觉得在路上时时遇到探索，讥笑，猥亵和轻蔑的眼光，一不小心，便使我的全身有些瑟缩，只得即刻提起我的骄傲和反抗来支持。她却是大无畏的，对于这些全不关心，只是镇静地缓缓前行，坦然如入无人之境。

寻住所实在不是容易事，大半是被托辞拒绝，小半是我们以为不相宜。起先我们选择得很苛酷，——也非苛酷，因为看去大抵不像是我们的安身之所；后来，便只要他们能相容了。看了二十多处，这才得到可以暂且敷衍的处所，是吉兆胡同一所小屋里的两间南屋；主人是一个小官，然而倒是明白人，自住着正屋和厢房。他只有夫人和一个不到周岁的女孩子，雇一个乡下的女工，只要孩子不啼哭，是极其安闲幽静的。

我们的家具很简单，但已经用去了我的筹来的款子的大半；子君还卖掉了她唯一的金戒指和耳环。我拦阻她，还是定要卖，我也就不再坚持下去了；我知道不给她加入一点股分去，她是住不舒服的。

和她的叔子，她早经闹开，至于使他气愤到不再认她做侄女；我也陆续和几个自以为忠告，其实是替我胆怯，或者竟是嫉妒的朋友绝了交。然而这倒很清静。每日办公散后，虽然已近黄昏，车夫又一定走得这样慢，但究竟还有二人相对的时候。我们先是沉默的相视，接着是放怀而亲密的交谈，后来又是沉默。大家低头沉思着，却并未想着什么事。我也渐渐清醒地读遍了她的身体，她的灵魂，不过三星期，我似乎于她已经更加了解，揭去许多先前以为了解而现在看来却是隔膜，即所谓真的隔膜了。

子君也逐日活泼起来。但她并不爱花，我在庙会时买来的两盆小草花[5]，四天不浇，枯死在壁角了，我又没有照顾一切的闲暇。然而她爱动物，也许是从官太太那里传染的罢，不一月，我们的眷属便骤然加得很多，四只小油鸡，在小院子里和房主人的十多只在一同走。但她们却认识鸡的相貌，各知道那一只是自家的。还有一只花白的叭儿狗，从庙会买来，记得似乎原有名字，子君却给它另起了一个，叫作阿随。我就叫它阿随，但我不喜欢这名字。

这是真的，爱情必须时时更新，生长，创造。我和子君说起这，她也领会地点点头。

唉唉，那是怎样的宁静而幸福的夜呵！

安宁和幸福是要凝固的，永久是这样的安宁和幸福。我们在会馆里时，还偶有议论的冲突和意思的误会，自从到吉兆胡同以来，连这一点也没有了；我们只在灯下对坐的怀旧谭中，回味那时冲突以后的和解的重生一般的乐趣。

子君竟胖了起来，脸色也红活了；可惜的是忙。管了家务便连谈天的工夫也没有，何况读书和散步。我们常说，我们总还得雇一个女工。

　　这就使我也一样地不快活，傍晚回来，常见她包藏着不快活的颜色，尤其使我不乐的是她要装作勉强的笑容。幸而探听出来了，也还是和那小官太太的暗斗，导火线便是两家的小油鸡。但又何必硬不告诉我呢？人总该有一个独立的家庭。这样的处所，是不能居住的。

　　我的路也铸定了，每星期中的六天，是由家到局，又由局到家。在局里便坐在办公桌前钞，钞，钞些公文和信件；在家里是和她相对或帮她生白炉子，煮饭，蒸馒头。我的学会了煮饭，就在这时候。

　　但我的食品却比在会馆里时好得多了。做菜虽不是子君的特长，然而她于此却倾注着全力；对于她的日夜的操心，使我也不能不一同操心，来算作分甘共苦。况且她又这样地终日汗流满面，短发都粘在脑额上；两只手又只是这样地粗糙起来。

　　况且还要饲阿随，饲油鸡，……都是非她不可的工作。

　　我曾经忠告她：我不吃，倒也罢了；却万不可这样地操劳。她只看了我一眼，不开口，神色却似乎有点凄然；我也只好不开口。然而她还是这样地操劳。

　　我所豫期的打击果然到来。双十节的前一晚，我呆坐着，她在洗碗。听到打门声，我去开门时，是局里的信差，交给我一张油印的纸条。我就有些料到了，到灯下去一看，果然，印着的就是：

> 奉
> 局长谕史涓生着毋庸到局办事
> 　　　　秘书处启　十月九号

　　这在会馆里时，我就早已料到了；那雪花膏便是局长的儿子的赌友，一定要去添些谣言，设法报告的。到现在才发生效验，已经要算是很晚的了。其实这在我不能算是一个打击，因为我早就决定，可以给别人去钞写，或者教读，或者虽然费力，也还可以译点书，况且《自由之友》的总编辑便是见过几次的熟人，两月前还通过信。但我的心却跳跃着。那么一个无畏的子君也变了色，尤其使我痛心；她近来似乎也较为怯弱了。

　　"那算什么。哼，我们干新的。我们……。"她说。

　　她的话没有说完；不知怎地，那声音在我听去却只是浮浮的；灯光也觉得格外黯淡。人们真是可笑的动物，一点极微末的小事情，便会受着很深的影响。我们先是默默地相视，逐渐商量起来，终于决定将现有的钱竭力节省，一面登"小广告"去寻求钞写和教读，一面写信给《自由之友》的总编辑，说明我目下的遭遇，请他收用我的译本，给我帮一点艰辛时候的忙。

　　"说做，就做罢！来开一条新的路！"

　　我立刻转身向了书案，推开盛香油的瓶子和醋碟，子君便送过那黯淡的灯来。我先拟广告；其次是选定可译的书，迁移以来未曾翻阅过，每本的头上都满漫着灰尘了；最后才写信。

　　我很费踌蹰，不知道怎样措辞好，当停笔凝思的时候，转眼去一瞥她的脸，在昏暗的灯光下，又很见得凄然。我真不料这样微细的小事情，竟会给坚决的，无畏的子君以这么显著的变化。她近来实在变得很怯弱了，但也并不是今夜才开始的。我的心因此更缭乱，忽然有安宁的生活的影像——会馆里的破屋的寂静，在眼前一闪，刚刚想定睛凝视，却又看见了昏暗的灯光。

许久之后，信也写成了，是一封颇长的信；很觉得疲劳，仿佛近来自己也较为怯弱了。于是我们决定，广告和发信，就在明日一同实行。大家不约而同地伸直了腰肢，在无言中，似乎又都感到彼此的坚忍崛强的精神，还看见从新萌芽起来的将来的希望。

外来的打击其实倒是振作了我们的新精神。局里的生活，原如鸟贩子手里的禽鸟一般，仅有一点小米维系残生，决不会肥胖；日子一久，只落得麻痹了翅子，即使放出笼外，早已不能奋飞。现在总算脱出这牢笼了，我从此要在新的开阔的天空中翱翔，趁我还未忘却了我的翅子的扇动。

小广告是一时自然不会发生效力的；但译书也不是容易事，先前看过，以为已经懂得的，一动手，却疑难百出了，进行得很慢。然而我决计努力地做，一本半新的字典，不到半月，边上便有了一大片乌黑的指痕，这就证明着我的工作的切实。《自由之友》的总编辑曾经说过，他的刊物是决不会埋没好稿子的。

可惜的是我没有一间静室，子君又没有先前那么幽静，善于体帖了，屋子里总是散乱着碗碟，弥漫着煤烟，使人不能安心做事，但是这自然还只能怨我自己无力置一间书斋。然而又加以阿随，加以油鸡们。加以油鸡们又大起来了，更容易成为两家争吵的引线。

加以每日的"川流不息"的吃饭；子君的功业，仿佛就完全建立在这吃饭中。吃了筹钱，筹来吃饭，还要喂阿随，饲油鸡；她似乎将先前所知道的全都忘掉了，也不想到我的构思就常常为了这催促吃饭而打断。即使在坐中给看一点怒色，她总是不改变，仍然毫无感触似的大嚼起来。

使她明白了我的作工不能受规定的吃饭的束缚，就费去五星期。她明白之后，大约很不高兴罢，可是没有说。我的工作果然从此较为迅速地进行，不久就共译了五万言，只要润色一回，便可以和做好的两篇小品，一同寄给《自由之友》去。只是吃饭却依然给我苦恼。菜冷，是无妨的，然而竟不够；有时连饭也不够，虽然我因为终日坐在家里用脑，饭量已经比先前要减少得多。这是先去喂了阿随了，有时还并那近来连自己也轻易不吃的羊肉。她说，阿随实在瘦得太可怜，房东太太还因此嗤笑我们了，她受不住这样的奚落。

于是吃我残饭的便只有油鸡们。这是我积久才看出来的，但同时也如赫胥黎的论定"人类在宇宙间的位置"一般[6]，自觉了我在这里的位置：不过是叭儿狗和油鸡之间。

后来，经多次的抗争和催逼，油鸡们也逐渐成为肴馔，我们和阿随都享用了十多日的鲜肥；可是其实都很瘦，因为它们早已每日只能得到几粒高粱了。从此便清静得多。只有子君很颓唐，似乎常觉得凄苦和无聊，至于不大愿意开口。我想，人是多么容易改变呵！

但是阿随也将留不住了。我们已经不能再希望从什么地方会有来信，子君也早没有一点食物可以引它打拱或直立起来。冬季又逼近得这么快，火炉就要成为很大的问题；它的食量，在我们其实早是一个极易觉得的很重的负担。于是连它也留不住了。

倘使插了草标到庙市去出卖[7]，也许得几文钱罢，然而我们都不能，也不愿这样做。终于是用包袱蒙着头，由我带到西郊去放掉了，还要追上来，便推在一个并不很深的土坑里。

我一回寓，觉得又清静得多多了；但子君的凄惨的神色，却使我很吃惊。那是没有见过的神色，自然是为阿随。但又何至于此呢？我还没有说起推在土坑里的事。

到夜间，在她的凄惨的神色中，加上冰冷的分子了。

"奇怪。——子君，你怎么今天这样儿了？"我忍不住问。

"什么？"她连看也不看我。

"你的脸色……。"

"没有什么，——什么也没有。"

我终于从她言动上看出，她大概已经认定我是一个忍心的人。其实，我一个人，是容易生活的，虽然因为骄傲，向来不与世交来往，迁居以后，也疏远了所有旧识的人，然而只要能远走高飞，生路还宽广得很。现在忍受着这生活压迫的苦痛，大半倒是为她，便是放掉阿随，也何尝不如此。但子君的识见却似乎只是浅薄起来，竟至于连这一点也想不到了。

我拣了一个机会，将这些道理暗示她；她领会似的点头。然而看她后来的情形，她是没有懂，或者是并不相信的。

天气的冷和神情的冷，逼迫我不能在家庭中安身。但是，往那里去呢？大道上，公园里，虽然没有冰冷的神情，冷风究竟也刺得人皮肤欲裂。我终于在通俗图书馆里觅得了我的天堂。

那里无须买票；阅书室里又装着两个铁火炉。纵使不过是烧着不死不活的煤的火炉，但单是看见装着它，精神上也就总觉得有些温暖。书却无可看：旧的陈腐，新的是几乎没有的。

好在我到那里去也并非为看书。另外时常还有几个人，多则十余人，都是单薄衣裳，正如我，各人看各人的书，作为取暖的口实。这于我尤为合式。道路上容易遇见熟人，得到轻蔑的一瞥，但此地却决无那样的横祸，因为他们是永远围在别的铁炉旁，或者靠在自家的白炉边的。

那里虽然没有书给我看，却还有安闲容得我想。待到孤身枯坐，回忆从前，这才觉得大半年来，只为了爱，——盲目的爱，——而将别的人生的要义全盘疏忽了。第一，便是生活。人必生活着，爱才有所附丽。世界上并非没有为了奋斗者而开的活路；我也还未忘却翅子的扇动，虽然比先前已经颓唐得多……。

屋子和读者渐渐消失了，我看见怒涛中的渔夫，战壕中的兵士，摩托车中的贵人[8]，洋场上的投机家，深山密林中的豪杰，讲台上的教授，昏夜的运动者和深夜的偷儿……。子君，——不在近旁。她的勇气都失掉了，只为着阿随悲愤，为着做饭出神；然而奇怪的是倒也并不怎样瘦损……。

冷了起来，火炉里的不死不活的几片硬煤，也终于烧尽了，已是闭馆的时候。又须回到吉兆胡同，领略冰冷的颜色去了。近来也间或遇到温暖的神情，但这却反而增加我的苦痛。记得有一夜，子君的眼里忽而又发出久已不见的稚气的光来，笑着和我谈到还在会馆时候的情形，时时又很带些恐怖的神色。我知道我近来的超过她的冷漠，已经引起她的忧疑来，只得也勉力谈笑，想给她一点慰藉。然而我的笑貌一上脸，我的话一出口，却即刻变为空虚，这空虚又即刻发生反响，回向我的耳目里，给我一个难堪的恶毒的冷嘲。

子君似乎也觉得的，从此便失掉她往常的麻木似的镇静，虽然竭力掩饰，总还是时时露出忧疑的神色来，但对我却温和得多了。

我要明告她，但我还没有敢，当决心要说的时候，看见她孩子一般的眼色，就使我只得暂且改作勉强的欢容。但是这又即刻来冷嘲我，并使我失却那冷漠的镇静。

她从此又开始了往事的温习和新的考验，逼我做出许多虚伪的温存的答案来，将温存示给她，虚伪的草稿便写在自己的心上。我的心渐被这些草稿填满了，常觉得难于呼吸。我在苦恼中常常想，说真实自然须有极大的勇气的；假如没有这勇气，而苟安于虚伪，那也便是不能开辟新的生路的人。不独不是这个，连这人也未尝有！

子君有怨色，在早晨，极冷的早晨，这是从未见过的，但也许是从我看来的怨色。我那时冷冷地气愤和暗笑了；她所磨练的思想和豁达无畏的言论，到底也还是一个空虚，而对于这空虚却并未自觉。她早已什么书也不看，已不知道人的生活的第一着是求生，向着这求生的道路，是必须携手同行，或奋身孤往的了，倘使只知道握着一个人的衣角[9]，那便是虽战士也难于战斗，只得一同灭亡。

我觉得新的希望就只在我们的分离；她应该决然舍去，——我也突然想到她的死，然而立刻自责，忏悔了。幸而是早晨，时间正多，我可以说我的真实。我们的新的道路的开辟，便在这一遭。

我和她闲谈，故意地引起我们的往事，提到文艺，于是涉及外国的文人，文人的作品：《诺拉》，《海的女人》[10]。称扬诺拉的果决……。也还是去年在会馆的破屋里讲过的那些话，但现在已经变成空虚，从我的嘴传入自己的耳中，时时疑心有一个隐形的坏孩子，在背后恶意地刻毒地学舌。

她还是点头答应着倾听，后来沉默了。我也就断续地说完了我的话，连余音都消失在虚空中了。

"是的。"她又沉默了一会，说，"但是，……涓生，我觉得你近来很两样了。可是的？你，——你老实告诉我。"

我觉得这似乎给了我当头一击，但也立即定了神，说出我的意见和主张来：新的路的开辟，新的生活的再造，为的是免得一同灭亡。

临末，我用了十分的决心，加上这几句话：

"……况且你已经可以无须顾虑，勇往直前了。你要我老实说；是的，人是不该虚伪的。我老实说罢：因为，因为我已经不爱你了！但这于你倒好得多，因为你更可以毫无挂念地做事……。"

我同时豫期着大的变故的到来，然而只有沉默。她脸色陡然变成灰黄，死了似的；瞬间便又苏生，眼里也发了稚气的闪闪的光泽。这眼光射向四处，正如孩子在饥渴中寻求着慈爱的母亲，但只在空中寻求，恐怖地回避着我的眼。

我不能看下去了，幸而是早晨，我冒着寒风径奔通俗图书馆。

在那里看见《自由之友》，我的小品文都登出了。这使我一惊，仿佛得了一点生气。我想，生活的路还很多，——但是，现在这样也还是不行的。

我开始去访问久已不相闻问的熟人，但这也不过一两次；他们的屋子自然是暖和的，我在骨髓中却觉得寒冽。夜间，便蜷伏在比冰还冷的冷屋中。

冰的针刺着我的灵魂，使我永远苦于麻木的疼痛。生活的路还很多，我也还没有忘却翅子的扇动，我想。——我突然想到她的死，然而立刻自责，忏悔了。

在通俗图书馆里往往瞥见一闪的光明，新的生路横在前面。她勇猛地觉悟了，毅然走出这冰冷的家，而且，——毫无怨恨的神色。我便轻如行云，漂浮空际，上有蔚蓝的天，下是深山大海，广厦高楼，战场，摩托车，洋场，公馆，晴明的闹市，黑暗的夜……。

而且，真的，我豫感得这新生面便要来到了。

我们总算度过了极难忍受的冬天，这北京的冬天；就如蜻蜓落在恶作剧的坏孩子的手里一般，被系着细线，尽情玩弄，虐待，虽然幸而没有送掉性命，结果也还是躺在地上，只争着一个迟早之间。

写给《自由之友》的总编辑已经有三封信，这才得到回信，信封里只有两张书券[11]：两角的和三角的。我却单是催，就用了九分的邮票，一天的饥饿，又都白挨给于己一无所得的空虚了。

然而觉得要来的事，却终于来到了。

这是冬春之交的事，风已没有这么冷，我也更久地在外面徘徊；待到回家，大概已经昏黑。就在这样一个昏黑的晚上，我照常没精打采地回来，一看见寓所的门，也照常更加丧气，使脚步放得更缓。但终于走进自己的屋子里了，没有灯火；摸火柴点起来时，是异样的寂寞和空虚！

正在错愕中，官太太便到窗外来叫我出去。

"今天子君的父亲来到这里，将她接回去了。"她很简单地说。

这似乎又不是意料中的事，我便如脑后受了一击，无言地站着。

"她去了么?"过了些时,我只问出这样一句话。

"她去了。"

"她,——她可说什么?"

"没说什么。单是托我见你回来时告诉你,说她去了。"

我不信;但是屋子里是异样的寂寞和空虚。我遍看各处,寻觅子君;只见几件破旧而黯淡的家具,都显得极其清疏,在证明着它们毫无隐匿一人一物的能力。我转念寻信或她留下的字迹,也没有;只是盐和干辣椒,面粉,半株白菜,却聚集在一处了,旁边还有几十枚铜元。这是我们两人生活材料的全副,现在她就郑重地将这留给我一个人,在不言中,教我借此去维持较久的生活。

我似乎被周围所排挤,奔到院子中间,有昏黑在我的周围;正屋的纸窗上映出明亮的灯光,他们正在逗着孩子玩笑。我的心也沉静下来,觉得在沉重的迫压中,渐渐隐约地现出脱走的路径:深山大泽,洋场,电灯下的盛筵,壕沟,最黑最黑的深夜,利刃的一击,毫无声响的脚步……。

心地有些轻松,舒展了,想到旅费,并且嘘一口气。

躺着,在合着的眼前经过的豫想的前途,不到半夜已经现尽;暗中忽然仿佛看见一堆食物,这之后,便浮出一个子君的灰黄的脸来,睁了孩子气的眼睛,恳托似的看着我。我一定神,什么也没有了。

但我的心却又觉得沉重。我为什么偏不忍耐几天,要这样急急地告诉她真话的呢?现在她知道,她以后所有的只是她父亲——儿女的债主——的烈日一般的严威和旁人的赛过冰霜的冷眼。此外便是虚空。负着虚空的重担,在严威和冷眼中走着所谓人生的路,这是怎么可怕的事呵!而况这路的尽头,又不过是——连墓碑也没有的坟墓。

我不应该将真实说给子君,我们相爱过,我应该永久奉献她我的说谎。如果真实可以宝贵,这在子君就不该是一个沉重的空虚。谎语当然也是一个空虚,然而临末,至多也不过这样地沉重。

我以为将真实说给子君,她便可以毫无顾虑,坚决地毅然前行,一如我们将要同居时那样。但这恐怕是我错误了。她当时的勇敢和无畏是因为爱。

我没有负着虚伪的重担的勇气,却将真实的重担卸给她了。她爱我之后,就要负了这重担,在严威和冷眼中走着所谓人生的路。

我想到她的死……。我看见我是一个卑怯者,应该被摈于强有力的人们,无论是真实者,虚伪者。然而她却自始至终,还希望我维持较久的生活……。

我要离开吉兆胡同,在这里是异样的空虚和寂寞。我想,只要离开这里,子君便如还在我的身边;至少,也如还在城中,有一天,将要出乎意表地访我,像住在会馆时候似的。

　　然而一切请托和书信，都是一无反响；我不得已，只好访问一个久不问候的世交去了。他是我伯父的幼年的同窗，以正经出名的拔贡[12]，寓京很久，交游也广阔的。

　　大概因为衣服的破旧罢，一登门便很遭门房的白眼。好容易才相见，也还相识，但是很冷落。我们的往事，他全都知道了。

　　"自然，你也不能在这里了，"他听了我托他在别处觅事之后，冷冷地说，"但那里去呢？很难。——你那，什么呢，你的朋友罢，子君，你可知道，她死了。"

　　我惊得没有话。

　　"真的？"我终于不自觉地问。

　　"哈哈。自然真的。我家的王升的家，就和她家同村。"

　　"但是，——不知道是怎么死的？"

　　"谁知道呢。总之是死了就是了。"

　　我已经忘却了怎样辞别他，回到自己的寓所。我知道他是不说谎话的；子君总不会再来的了，像去年那样。她虽是想在严威和冷眼中负着虚空的重担来走所谓人生的路，也已经不能。她的命运，已经决定她在我所给与的真实——无爱的人间死灭了！

　　自然，我不能在这里了；但是，"那里去呢？"

　　四围是广大的空虚，还有死的寂静。死于无爱的人们的眼前的黑暗，我仿佛一一看见，还听得一切苦闷和绝望的挣扎的声音。

　　我还期待着新的东西到来，无名的，意外的。但一天一天，无非是死的寂静。

　　我比先前已经不大出门，只坐卧在广大的空虚里，一任这死的寂静侵蚀着我的灵魂。死的寂静有时也自己战栗，自己退藏，于是在这绝续之交，便闪出无名的，意外的，新的期待。

　　一天是阴沉的上午，太阳还不能从云里面挣扎出来，连空气都疲乏着。耳中听到细碎的步声和咻咻的鼻息，使我睁开眼。大致一看，屋子里还是空虚；但偶然看到地面，却盘旋着一匹小小的动物，瘦弱的，半死的，满身灰土的……。

　　我一细看，我的心就一停，接着便直跳起来。

　　那是阿随。它回来了。

　　我的离开吉兆胡同，也不单是为了房主人们和他家女工的冷眼，大半就为着这阿随。但是，"那里去呢？"新的生路自然还很多，我约略知道，也间或依稀看见，觉得就在我面前，然而我还没有知道跨进那里去的第一步的方法。

　　经过许多回的思量和比较，也还只有会馆是还能相容的地方。依然是这样的破屋，这样的板床，这样的半枯的槐树和紫藤，但那时使我希望，欢欣，爱，生活的，却全都逝去了，只有一个虚空，我用真实去换来的虚空存在。

　　新的生路还很多，我必须跨进去，因为我还活着。但我还不知道怎样跨出那第一步。有时，仿佛看见那生路就像一条灰白的长蛇，自己蜿蜒地向我奔来，我等着，等着，看看临近，但忽然便消失在黑暗里了。

初春的夜，还是那么长。长久的枯坐中记起上午在街头所见的葬式，前面是纸人纸马，后面是唱歌一般的哭声。我现在已经知道他们的聪明了，这是多么轻松简截的事。

然而子君的葬式却又在我的眼前，是独自负着虚空的重担，在灰白的长路上前行，而又即刻消失在周围的严威和冷眼里了。

我愿意真有所谓鬼魂，真有所谓地狱，那么，即使在孽风怒吼之中，我也将寻觅子君，当面说出我的悔恨和悲哀，祈求她的饶恕；否则，地狱的毒焰将围绕我，猛烈地烧尽我的悔恨和悲哀。

我将在孽风和毒焰中拥抱子君，乞她宽容，或者使她快意……。

但是，这却更虚空于新的生路；现在所有的只是初春的夜，竟还是那么长。我活着，我总得向着新的生路跨出去，那第一步，——却不过是写下我的悔恨和悲哀，为子君，为自己。

我仍然只有唱歌一般的哭声，给子君送葬，葬在遗忘中。

我要遗忘；我为自己，并且要不再想到这用了遗忘给子君送葬。

我要向着新的生路跨进第一步去，我要将真实深深地藏在心的创伤中，默默地前行，用遗忘和说谎做我的前导……。

一九二五年十月二十一日毕。

注释

[1] 选自《鲁迅全集》第二卷，人民文学出版社2005年版。鲁迅（1881—1936），原名周樟寿，后改名周树人，字豫山，后改字豫才，浙江绍兴人。著名文学家、思想家、革命家，新文化运动的重要参与者，中国现代文学的奠基人之一。早年留学日本。1918年发表《狂人日记》时使用"鲁迅"为笔名。鲁迅一生在文学创作、文学批评、文学史研究、翻译、美术理论引进、基础科学介绍和古籍校勘与研究等多个领域具有重大贡献，对中国国民性的了解、批判尤为深切，被誉为"民族魂"。著有小说集《呐喊》《彷徨》《故事新编》、散文集《朝花夕拾》、散文诗集《野草》、杂文集《坟》《热风》《华盖集》《南腔北调集》《且介亭杂文》等，文学研究著作有《中国小说史略》《汉文学史纲要》，校勘《嵇康集》，译介俄苏、日本、东欧、北欧等国文艺作品、马克思主义文艺理论。20世纪30年代成为左翼作家联盟的精神领袖，积极推动无产阶级文艺，支持版画运动。《伤逝》是鲁迅多不见的描写男女爱情悲剧的小说，收入《彷徨》，1926年由北新书局初版，收入《彷徨》之前未在报刊发表过。

[2] 会馆：旧时都市中同乡会或同业公会设立的馆舍，供同乡或同业旅居、聚会之用。

[3] 长班：旧时官员的随身仆人，也用来称呼一般的"听差"。

[4] 伊孛生（1828—1906），通译易卜生，挪威剧作家。泰戈尔（1861—1941），印度诗人。1924年曾来过我国。当时他的诗作译成中文的有《新月集》《飞鸟集》等。雪莱（1792—1822），英国诗人。曾参加爱尔兰民族独立运动，因传播革命思想和争取婚姻自由屡遭迫害。后在海里覆舟淹死。他的《西风颂》《云雀颂》等著名短诗，"五四"后被介绍到我国。

[5]　庙会：又称"庙市"，旧时在节日或规定的日子，设在寺庙或其附近的集市。

[6]　赫胥黎（1825—1895），英国生物学家。他的《人类在宇宙间的位置》（今译《人类在自然界的位置》），是宣传达尔文的进化论的重要著作。

[7]　草标：旧时在被卖的人身或物品上插置的草秆，作为出卖的标志。

[8]　摩托车：当时对小汽车的称呼。

[9]　挝：通"捶"，亦作"垂"解，意为"坠"。

[10]　《诺拉》通译《娜拉》（又译作《玩偶之家》），《海的女人》通译《海的夫人》，都是易卜生的著名剧作。

[11]　书券：购书用的代价券，可按券面金额到指定书店选购。旧时有的报刊用它代替现金支付稿酬。

[12]　拔贡：据清代科举考试制度，在规定的年限（原定六年，后改为十二年）选拔"文行计优"的秀才，保送到京师，贡入国子监，称为"拔贡"，是贡生的一种。

评析

　　《彷徨》收入鲁迅1924年至1925年期间所作小说，鲁迅曾在一首诗中记叙过他彼时的心境："寂寞新文苑，平安旧战场。两间余一卒，荷戟独彷徨。"《伤逝》正是《彷徨》中一篇，其中蕴含了鲁迅在后"五四"时期的情绪和思考。小说以涓生的叙述视角讲述了一个"爱情灭亡"的故事：青年女性子君在涓生使用"五四"新思想进行启蒙之下，摆脱旧家庭的束缚，不顾众人的冷眼与嘲笑，与涓生结合组建新的小家庭。他们在吉兆胡同赁屋同居，但随着时间的流逝，子君忙于家庭琐事，涓生也失去了工作，生活日渐窘迫。最终涓生决定告诉子君自己已不爱她，提议二人分开。后来，子君独自在无爱的人间死去。而涓生决定用遗忘和说谎做迈向新生活的前导。

　　《伤逝》意蕴丰富，给予后人丰富的解读空间。周作人别出心裁地将《伤逝》解读为借男女恋爱的悲剧来怀念他们的兄弟失和，此说较为独特，聊备一说。有的学者把这篇小说与鲁迅的演讲《娜拉走后怎样》并置在一起，认为这篇小说将"五四"以降的女性解放启蒙话语放置在具体的社会生活中，暴露出女性解放话语的内在困境。子君能够走出家庭主要原因在于受到涓生的启蒙，从而感悟到："我是我自己的，他们谁也没有干涉我的权利！"但走出旧家庭需要物质支撑，正如鲁迅所说，"在目下的社会里，经济权就见得最要紧了。第一，在家应该先获得男女平均的分配；第二，在社会应该获得男女相等的势力"，娜拉出走之后实在只有两条路："不是堕落，就是回来。"如果女性解放只是由男性所创造和推动的，而缺乏其他相应支撑和保障，那么，很可能遭遇困境。《伤逝》中，子君"出走"的思想意识，完全是由涓生灌输的。小说写到涓生对子君的宣讲："破屋里便渐渐充满了我的语声，谈家庭专制，谈打破旧习惯，谈男女平等，谈伊孛生，谈泰戈尔，谈雪莱……。她总是微笑点头，两眼里弥漫着稚气的好奇的光泽。"当涓生向子君表白时，子君又一次"孩子似的眼里射出悲喜，但是夹着惊疑的光"。显然，从故事一开始，涓生和子君的地位就是不平等的，子君一直是在追随着涓生。当她"分明地，坚决地，沉静地"说出"我是我自己的，他们谁也没有干涉我的权利"时，俨然是娜拉关门的重演，告别了父权的家庭。可是究竟什么是"自己的"，怎样成为"自己的"，子君其实并没有清晰的自觉。她的爱情宣言同时也是对涓生权力的认可。这加固了原有的性别结构，子君依然没有主体性。

还有学者认为，这篇小说反映了鲁迅对"启蒙"的深层思考，包括启蒙话语的抽象性，启蒙者和被启蒙者的权力关系，等等。启蒙中的文化动员与现实社会改造之间存在着无法忽视的巨大鸿沟，从而使得启蒙所提出的价值目标陷入一种虚空的境地。《伤逝》中，涓生面对子君，使用的始终是关于"爱"的"抽象的抒情"。爱情寄托了涓生这样的知识分子对于新的人际关系和文化伦理的渴望，他们浪漫地赋予了爱情以绝对性的价值，并借助它进行文化动员。但是就像在小说中，涓生似乎始终沉陷于文化上的美好憧憬，无法在相应的社会变革上作出努力，开创与"爱的共同体"相适应的政治、经济和法律状况一样。所以，《伤逝》呈现的，并不只是新女性的困境，还有作为启蒙者的知识分子自身面临的困境。

也有学者从叙事学的角度分析，小说的副标题"涓生的手记"提醒我们注意是谁在讲述故事。全篇是涓生在叙述，但实际上涓生的叙述又同时是被隐含作者叙述出来的。整篇充斥着隐性的、但无所不在的反讽的笔调，甚至可以说成为《伤逝》的一个结构原则。作者或者并置其自相矛盾的意见，或者以言行不一、表象和事实对比构成反讽性事态，使叙述者的讲述反而成为嘲讽自己的来源。例如，小家庭面临生存危机，涓生想到的恰恰不是他所说的"携手同行"，而是像杀掉油鸡，甩掉阿随一样地摆脱子君，为此而费尽心机。涓生暗示子君他"大半倒是为了她"才忍受着这生活压迫的苦痛，希望子君能够"勇猛地觉悟了，毅然走出这冰冷的家"，而且"毫无怨恨的神色"。涓生为自己解脱后的自由做起了白日梦，想象自己"轻如行云，漂浮空际"，这些大词和与涓生一再想到子君的死，还要粉饰自己，将责任推到子君身上的行径形成刻意的反讽的对照。涓生应该为子君的悲剧负主要责任。作者把涓生的忏悔行为与"子君的葬式"——"是独自负着虚空的重担，在灰白的长路上前行，而即刻消失在周围的严威和冷眼里了"进行对比；并将他在街头所见的葬式与涓生"给子君送葬"的方式——"我仍然只有唱歌一样的哭声"作类比，通过使用完全相同词语的手法，在街头葬式和涓生给子君送葬的方式之间画了一个等式，暴露涓生忏悔的虚伪性。

📝 | 思考与运用

❶ 涓生对子君的死到底应负怎样的责任？他的忏悔是否是真诚的？

❷ "我也渐渐清醒地读遍了她的身体，她的灵魂，不过三星期，我似乎于她已经更加了解，揭去许多先前以为了解而现在看来却是隔膜，即所谓真的隔膜了。"请问这句话中的"真的隔膜"指的是什么？谈一谈你的理解。

❸ 如果这个故事由子君来讲述，你认为会是怎样的？请展开你的想象，以"子君的手记"为副标题，重写这篇小说。

▍知识延伸

　　爱情是美好的，对于青年人来说尤其如此。但爱情也不是发生和存在于真空中的。在爱情中需要平等的人格，互相尊重，互相支持；更需要把爱情和各种现实条件与社会因素结合起来考虑。必须成为独立而成熟的主体，创造很多更好的条件，"爱才有所附丽"，才能持久保鲜。

⚙ 拓展资源

（1）观看电影《伤逝》，试分析电影对小说的改编，并比较二者的不同。

（2）阅读鲁迅《娜拉走后怎样》，分析子君悲剧的深层原因。

学习笔记

30

断魂枪[1]

老舍

"生命是闹着玩，事事显出如此；从前我这么想过，现在我懂得了。"

沙子龙的镖局已改成客栈[2]。

东方的大梦没法子不醒了。炮声压下去马来与印度野林中的虎啸。半醒的人们，揉着眼，祷告着祖先与神灵；不大会儿，失去了国土、自由与主权。门外立着不同面色的人，枪口还热着。他们的长矛毒弩，花蛇斑彩的厚盾，都有什么用呢？连祖先与祖先所信的神明全不灵了啊！龙旗的中国也不再神秘，有了火车呀，穿坟过墓破坏着风水。枣红色多穗的镖旗，绿鲨皮鞘的钢刀，响着串铃的口马[3]，江湖上的智慧与黑话，义气与声名，连沙子龙，他的武艺、事业，都梦似的变成昨夜的。今天是火车、快枪，通商与恐怖。听说，有人还要杀下皇帝的头呢！

这是走镖已没有饭吃，而国术还没被革命党与教育家提倡起来的时候。

谁不晓得沙子龙是短瘦、利落、硬棒，两眼明得像霜夜的大星？可是，现在他身上放了肉。镖局改了客栈，他自己在后小院占着三间北房，大枪立在墙角，院子里有几只楼鸽。只是在夜间，他把小院的门关好，熟习熟习他的"五虎断魂枪"。这条枪与这套枪[4]，二十年的工夫，在西北一带，给他创出来"神枪沙子龙"五个字，没遇见过敌手。现在，这条枪与这套枪不会再替他增光显胜了；只是摸摸这凉、滑、硬而发颤的杆子，使他心中少难过一些而已。只有在夜间独自拿起枪来，才能相信自己还是"神枪沙"。在白天，他不大谈武艺与往事；他的世界已被狂风吹了走。

在他手下创练起来的少年们还时常来找他。他们大多数是没落子弟，都有点武艺，可是没地方去用。有的在庙会上去卖艺：踢两趟腿，练套家伙，翻几个跟头，附带着卖点大力丸，混个三吊两吊的。有的实在闲不起了，去弄筐果子，或挑些毛豆角，赶早儿在街上论斤吆喝出去。那时候，米贱肉贱，肯卖膀子力气本来可以混个肚儿圆；他们可是不成：肚量既大，而且得吃口当事儿的[5]；干饽饽辣饼子咽不下去[6]。况且他们还时常去走会：五虎棍[7]，开路[8]，太狮少狮[9]……虽然算不了什么——比起走镖来——可是到底有个机会活动活动，露露脸。是的，走会捧场是买脸的事，他们打扮的得像个样儿，至少得有条青洋绉裤子，新漂白细市布的小褂，和一双鱼踏实鳞鞋——顶好是青缎子抓地虎靴子。他们是神枪沙子龙的徒弟——虽然沙子龙并不承认——得到处露脸，走会得赔上俩钱，说不定还得打场架。没钱，上沙老师那里去求。沙老师不含糊，多少不拘，不让他们空着手儿走。可是，为打架或献技去讨教一个招数，或是请给说个"对子"——什么空手夺刀，或虎头钩进枪——沙老师有时说句笑话，马虎过去"教什么？拿开水浇吧！"有时直接把他们赶出去。他们不大明白沙老师是怎么了，心中也有点不乐意。

可是，他们到处为沙老师吹腾，一来是愿意使人知道他们的武艺有真传授，受过高人的指教；二来是为激动沙老师：万一有人不服气而找上老师来，老师难道还不露一两手真的吗？所以，沙老师一拳就砸倒了个牛！沙老师一脚把人踢到房上去，并没使多大的劲！他们谁也没见过这种事，但是说着说着，他们相信这是真的了，有年月，有地方，千真万确，敢起誓！

王三胜——沙子龙的大伙计——在土地庙拉开了场子，摆好了家伙。抹了一鼻子茶叶末色的鼻烟，他抡了几下竹节钢鞭，把场子打大一些。放下鞭，没向四围作揖，叉着腰念了两句："脚踢天下好汉，拳打五路英雄！"向四围扫了一眼："乡亲们，王三胜不是卖艺的；玩艺儿会几套，西北路上走过镖，会过绿林中的朋友。现在闲着没事，拉个场子陪诸位玩玩。有爱练的尽管下来，王三胜以武会友，有赏脸的，我陪着。神枪沙子龙是我的师傅；玩艺地道！诸位，有愿下来的没有？"他看着，准知道没人敢下来，他的话硬，可是那条钢鞭更硬，十八斤重。

王三胜，大个子，一脸横肉，努着对大黑眼珠，看着四周。大家不出声。他脱了小褂，紧了紧深月白色的"腰里硬"，把肚子杀进去。给手心一口唾沫，抄起大刀来："诸位，王三胜先练趟瞧瞧。不白练，练完了，带着的扔几个；没钱，给喊个好，助助威。这儿没生意口。好，上眼！ [10]"

大刀靠了身，眼珠努出多高，脸上绷紧，胸脯子鼓出，像两块老桦木根子。一踩脚，刀横起，大红缨子在肩前摆动。削砍劈拨，蹲越闪转，手起风生，忽忽直响。忽然刀在右手心上旋转，身弯下去，四围鸦雀无声，只有缨铃轻叫。刀顺过来，猛的一个"踩泥"，身子直挺，比众人高着一头，黑塔似的，收了势："诸位！"一手持刀，一手叉腰，看着四围。稀稀的扔下几个铜钱，他点点头。"诸位！"他等着，等着，地上依旧是那几个亮而削薄的铜钱，外层的人偷偷散去。他咽了口气："没人懂！"他低声地说，可是大家全听见了。

"有功夫！"西北角上一个黄胡子老头儿答了话。

"啊?"王三胜好似没听明白。

"我说，你——有——功——夫！"老头子的语气很不得人心。

放下大刀，王三胜随着大家的头往西北看。谁也没看重这个老人：小干巴个儿，披着件粗蓝布大衫，脸上窝窝瘪瘪，眼陷进去很深，嘴上几根细黄胡，肩上扛着条小黄草辫子，有筷子那么细，而绝对不像筷子那么直顺。王三胜可是看出这老家伙有功夫，脑门亮，眼睛亮——眼眶虽深，眼珠可黑得像两口小井，深深地闪着黑光。王三胜不怕：他看得出别人有功夫没有，可更相信自己的本事，他是沙子龙手下的大将。

"下来玩玩，大叔！"王三胜说得很得体。

点点头，老头儿往里走。这一走，四处全笑了。他的胳臂不大动；左脚往前迈，右脚随着拉上来，一步步地往前拉扯，身子整着[11]，像是患过瘫痪病。蹭到场中，把大衫扔在地上，一点没理会四围怎样笑他。

"神枪沙子龙的徒弟,你说? 好,让你使枪吧,我呢?"老头子非常的干脆,很像久想动手。

人们全回来了,邻场耍狗熊的无论怎么敲锣也不中用了。

"三截棍进枪吧?"王三胜要看老头子一手,三截棍不是随便就拿得起来的家伙。

老头子又点点头,拾起家伙来。王三胜努着眼,抖着枪,脸上十分难看。

老头子的黑眼珠更深更小了,像两个香火头,随着面前的枪尖儿转,王三胜忽然觉得不舒服,那俩黑眼珠似乎要把枪尖吸进去! 四处已围得风雨不透,大家都觉出老头子确是有威。为躲那对眼睛,王三胜耍了个枪花。老头子的黄胡子一动:"请!"王三胜一扣枪,向前躬步,枪尖奔了老头子的喉头去,枪缨打了一个红旋。老人的身子忽然活展了[12],将身微偏,让过枪尖,前把一挂,后把撩王三胜的手。拍,拍,两响,王三胜的枪撒了手。场外叫了好。王三胜连脸带胸口全紫了,抄起枪来;一个花子,连枪带人滚了过来,枪尖奔了老人的中部。老头子的眼亮得发着黑光;腿轻轻一屈,下把掩裆,上把打着刚要抽回的枪杆;拍,枪又落在地上。

场外又是一片彩声。王三胜流了汗,不再去拾枪,努着眼,木在那里。老头子扔下家伙,拾起大衫,还是拉拉着腿,可是走得很快了,大衫搭在臂上,他过来拍了王三胜一下:"还得练哪,伙计!"

"别走!"王三胜擦着汗:"你不离,姓王的服了! 可有一样,你敢会会沙老师?"

"就是为会他才来的!"老头子的干巴脸上皱起点来,似乎是笑呢。"走? 收了吧,晚饭我请!"

王三胜把兵器拢在一处,寄放在变戏法二麻子那里,陪着老头子往庙外走。后面跟着不少人,他把他们骂散了。

"你老贵姓?"他问。

"姓孙哪,"老头子的话与人一样,都那么干巴。"爱练;久想会会沙子龙。"

沙子龙不把你打扁了! 王三胜心里说。他脚底下加了劲,可是没把孙老头落下。他看出来,老头子的腿是老走着查拳门中的连跳步[13];交起手来,必定很快。但是,无论他怎么快,沙子龙是没对手的。准知道孙老头要吃亏,他心中痛快了些,放慢了些脚步。

"孙大叔贵处?"

"河间的[14],小地方。"孙老者也和气了些:"真的,你那两手就不坏!"

王三胜头上的汗又回来了,没言语。

"月棍年刀一辈子枪,不容易见功夫!"

到了客栈,他心中直跳,惟恐沙老师不在家,他急于报仇。他知道老师不爱管这种事,师弟们已碰过不少回钉子,可是他相信这回必定行,他是大伙计,不比那些毛孩子;再说,人家在庙会上点名叫阵,沙老师还能丢这个脸吗?

"三胜,"沙子龙正在床上看着本《封神榜》,"有事吗?"

三胜的脸又紫了，嘴唇动着，说不出话来。

沙子龙坐起来，“怎了，三胜?”

“栽了跟头!”

只打了个不甚长的哈欠，沙老师没别的表示。

王三胜心中不平，但是不敢发作；他得激动老师：“姓孙的一个老头儿，门外等着老师呢；把我的枪，枪，打掉了两次!”他知道“枪”字在老师心中有多大分量。没等吩咐，他慌忙跑出去。

客人进来，沙子龙在外间屋等着呢。彼此拱手坐下，他叫三胜去泡茶。三胜希望两个老人立刻交了手，可是不能不沏茶去。孙老者没话讲，用深藏着的眼睛打量沙子龙。

沙子龙很客气：“要是三胜得罪了你，不用理他，年纪还轻。”

孙老者有些失望，可也看出沙子龙的精明。他不知怎样好了，不能拿一个人的精明断定他的武艺。“我来领教领教枪法!”他不由地说出来。

沙子龙没接碴儿[15]。王三胜提着茶壶走进来——急于看二人动手，他没管水开了没有，就沏在壶中。

“三胜，”沙子龙拿起个茶碗来，“去找小顺们去，天汇见，陪孙老者吃饭。”

“什么!”王三胜的眼珠几乎掉出来。看了看沙老师的脸，他敢怒而不敢言地说了声：“是啦!”走出去，噘着大嘴。

“教徒弟不易!”孙老者说。

“我没收过徒弟。走吧，这个水不开！茶馆去喝，喝饿了就吃。”沙子龙从桌子上拿起缎子褡裢[16]，一头装着鼻烟壶，一头装着点钱，挂在腰带上。

“不，我还不饿!”孙老者很坚决，两个“不”字把小辫从肩上抡到后边去。

“说会子话儿。”

“我来为领教领教枪法。”

“功夫早搁下了，”沙子龙指着身上，“已经放了肉!”

“这么办也行，”孙老者深深地看了沙老师一眼：“不比武，教给我那趟五虎断魂枪。”

“五虎断魂枪?”沙子龙笑了：“早忘干净了！早忘干净了！告诉你，在我这儿住几天，咱们各处逛逛，临走，多少送点盘缠。”

“我不逛，也用不着钱，我来学艺!”孙老者立起来，“我练趟给你看看，看够得上学艺不够!”一屈腰已到了院中，把楼鸽都吓飞起去。拉开架子，他打了趟查拳：腿快，手飘洒，一个飞脚起去，小辫儿飘在空中，像从天上落下来一个风筝；快之中，每个架子都摆得稳、准，利落；来回六趟，把院子满都打到。走得圆，接得紧，身子在一处，而精神贯串到四面八方。抱拳收势，身儿缩紧，好似满院乱飞的燕子忽然归了巢。

“好！好!”沙子龙在台阶上点着头喊。

“教给我那趟枪!”孙老者抱了抱拳。

沙子龙下了台阶，也抱着拳："孙老者，说真的吧；那条枪和那套枪都跟我入棺材，一齐入棺材！"

"不传？"

"不传！"

孙老者的胡子嘴动了半天，没说出什么来。到屋里抄起蓝布大衫，拉拉着腿："打搅了，再会！"

"吃过饭走！"沙子龙说。

孙老者没言语。

沙子龙把客人送到小门，然后回到屋中，对着墙角立着的大枪点了点头。

他独自上了天汇[17]，怕是王三胜们在那里等着。他们都没有去。

王三胜和小顺们都不敢再到土地庙去卖艺，大家谁也不再为沙子龙吹腾；反之，他们说沙子龙栽了跟头，不敢和个老头儿动手；那个老头子一脚能踢死个牛。不要说王三胜输给他，沙子龙也不是"个儿"。不过呢，王三胜到底和老头子见了个高低，而沙子龙连句硬话也没敢说。"神枪沙子龙"慢慢似乎被人们忘了。

夜静人稀，沙子龙关好了小门，一气把六十四枪刺下来；而后，挂着枪，望着天上的群星，想起当年在野店荒林的威风。叹一口气，用手指慢慢摸着凉滑的枪身，又微微一笑："不传！不传！"

注释

[1] 选自《老舍全集》第7卷，开明书店1936年初版，原载1935年9月22日天津《大公报·文艺》第十三期。老舍（1899—1966），原名舒庆春，字舍予，北京满族正红旗人。中国现代著名作家，代表作有《骆驼祥子》《四世同堂》《茶馆》等。新中国成立后的老舍，是文艺界当之无愧的"劳动模范"，积极配合党和政府的各项政策和宣传，1966年，老舍自沉于北京太平湖。

[2] 镖局：专门为人保护财物或人身安全的机构，又称镖行。镖局始于清代乾隆间，据卫聚贤的《山西票号史》考证，开山鼻祖是山西人神拳张黑五。

[3] 串铃的口马：指张家口外的马匹。

[4] 这条枪与这套枪：这条枪是指大枪，这套枪是指招数枪法。

[5] 当事儿的：有营养的，吃了不至于很快又饿了。

[6] 辣饼子：剩下的隔夜干粮。

[7] 五虎棍：是一种民俗舞蹈。起源于宋代太祖赵匡胤登基前，路过董家桥，遇到当地恶霸董家"五虎"，拦桥要钱，因此双方发生了争斗。正好卖油郎郑子明路过此地，抽出扁担打抱不平，帮赵匡胤打败了董家"五虎"。五虎棍通常由六至九人表演，每人拿一根长棍，分两派厮打，有五打一、六打二等。

[8] 开路：指民间殡葬仪式中，出殡日请道士做斋，为死者开路。棺木一般需要八个人抬，路远的还要

有八个人替换。

[9] 太狮少狮：在年节和喜庆活动中常常有狮子舞，旧称"太平乐"。狮子在传统习俗中有镇宅辟邪的作用，舞狮代表吉祥幸福欢乐。民间的狮子舞分文狮和武狮两类。武狮子重技巧，如踩球、采青、过跷跷板，甚至走梅花桩这样的高难动作，需要舞者有点功夫。太狮少狮，表示"子嗣昌盛"之意。

[10] 上眼：请观众注意看。

[11] 身子整着：两臂不动，身体僵硬地走。

[12] 活展：灵活舒展开来。

[13] 查拳：中国传统拳术中长拳的一个流派，起源于山东。

[14] 河间：河北沧州下属的一个地方。

[15] 接碴儿：答话。

[16] 褡裢：一种中间开口而两端装东西的口袋，大的可以搭在肩上，小的可以挂在腰带上。

[17] 天汇：酒楼名称。

评析

老舍的《断魂枪》发表于1935年，是现代文学史上最优秀的短篇小说之一。小说史家杨义评价《断魂枪》"情调极佳"，认为它的人物、故事与笔致，既古典，又传奇，且写实，富于"典雅、质朴而苍凉的艺术神采"。

小说真切又简洁地勾画出一个剧变的时代，其中各色人等，围绕着对代表着民族昔日辉煌和荣光的国术精华的态度，通过传神的对白，精湛的构思，以及饱含张力的情节冲突，无声胜有声地传达出浓郁而复杂的感情，留下极其丰富的阐释空间。

小说所蕴含的社会历史文化意义，非常耐人寻味。老舍本人在1959年自评这篇小说时说"许多好技术，就因个人的保守而失传了"，似乎他自己是不认同沙子龙的做法。但是新加坡学者王润华认为老舍此说言不由衷。

小说本身的情节结构，包含着一个意味深长的悖论。

沙子龙这个名字，本身就明显有着西北王的寓意，而他的"五虎断魂枪"作为声震西北的武林绝技，曾笑傲江湖，使人闻风丧胆，断的是敌人的魂。可是世界进入"火车、快枪、通商与恐怖"的时代，沙子龙深知自己的绝技虽炉火纯青，却已经过时了。这时候的断魂枪已经沦为无用，如果说"断魂"，毋宁说断的是沙子龙的魂。他任凭别人如何刺激和请求，拿定了主意——"不传！不传！""那条枪和那套枪，都跟我进棺材"。有人说，沙子龙是不愿意看着自己一生心血的结晶，沦为江湖杂耍。也有人从中读出了民族寓言。

老舍先生说"东方的大梦没法子不醒了"，这句话里包含的复杂情感和深刻寓意，真是可意会而难以言传。小说里的王三胜与孙老者，仍醉心于学武，不论武功造诣深浅，都是还活在过去的东方大梦里。沙子龙却不一样，沙子龙的镖局改成客栈，他应该是最早醒来睁眼看世界的东方人，他的"不传！"是一种极其清醒的态度，丝毫不为任何人所动。但当夜静人稀时，沙子龙又会"关好了小门，一气把六十四枪刺下来"，而后遥想当年在野店荒林的威风，这时候的沙子龙，无疑是在重温旧梦。那么，东方的大梦，究竟是醒来了，还是始终未能醒来呢？

　　这篇小说是当之无愧的杰作，其深刻的寓言性甚至有可能超出了作者本身的意图。

📝 | 思考与运用

❶ 沙子龙的"断魂枪"为什么不传？

❷ 小说里说沙子龙的"五虎断魂枪"时说"这条枪和这套枪"，为什么？

❸ 你对中国传统的武术功夫怎么看？

🔗 拓展资源

　　（1）阅读关纪新《老舍评传》（北京出版社2019年版），分析作者的生平思想与小说中的沙子龙的思想是否有关。

　　（2）阅读《老舍作品》（长江文艺出版社2012年版），了解书中与"中国传统的传承"相关的话题。

学习笔记

31

阿拉比[1]

[爱尔兰]詹姆斯·乔伊斯

徐晓雯　译

里士满北街是条死胡同[2]，很寂静，只有基督教兄弟学校的男生们放学的时候除外[3]。一幢无人居住的两层楼房矗立在街道封死的那头，避开邻近的房子，独占一方。街上的其他房子意识到各自房中人们的体面生活，便彼此凝视着，个个是一副冷静沉着的棕色面孔。

我们家原先的房客是个司铎，他死在后屋的起居室里。封闭得太久，空气变得又闷又潮，滞留在所有的房间里，厨房后面废弃的房间满地狼藉，都是些无用的旧纸张。我在里面发现了几本平装书，书页已经卷了边，潮乎乎的：沃尔特·司各特的《修道院院长》[4]，《虔诚的教友》[5]，还有《维多契回忆录》[6]。我最喜欢最后一本，因为它的纸是黄色的。房子后面有荒园子，中间栽种了苹果树，还有些胡乱蔓生的灌木，在一丛灌木下，我找到了司铎留下的锈迹斑斑的自行车气筒。他是个很有善心的司铎；他在遗嘱里把钱全留给了教会组织，把他房里的家具全留给了他妹妹。

冬季白天变短了，我们还没有吃晚饭，黄昏就降临了。我们在街上碰面时，房子显得很肃穆。我们头上那块天空总是不断变换着紫罗兰色，街灯朝着那片天空举起微弱的灯火。凛冽的空气刺痛了我们，我们嬉闹着，后来全身就热乎乎的了。我们的叫喊声在寂然的街道上回荡。沿着游戏的路线，我们先要穿过房子后面黑暗泥泞的胡同，在那里会同破烂屋棚那边来的野孩子交手，然后到黑乎乎湿漉漉的园子后面，园子里的灰坑冒出刺鼻的异味，最后到达阴暗的臭烘烘的马厩，马夫抚弄梳理着马毛，或是摇动着紧扣的马具叮咚作响。我们回到街上的时候，厨房窗里透出的灯光已经撒满街区。倘若瞧见我叔父正从街角走来，我们就躲在阴影里，看他走进宅子才算平安无事。或者曼根的姐姐出来到门阶上[7]，叫她弟弟回屋吃晚茶，我们就从阴影处看着她沿街东瞅西瞅。我们会等一会儿，看她是否留在那里还是进屋去，如果她留在那儿，我们就离开藏身的黑影，垂头丧气地走上曼根家的门阶。她在等我们，门半开着，透出灯光，勾勒出她的身材。她动身子的时候裙子会摆来摆去，柔软的发梢甩到这边又甩到那边。

每天早晨我都躺在前厅的地板上看她的房门。百叶窗拉下来，离窗格只有不到一英寸的空隙，别

人看不见我。当她出来走到台阶上，我的心就欢跳起来。我跑到客厅，抓过自己的书本就跟到她身后。我总让自己眼中有她棕褐的背影，快走到我们得分开的地方时，我便加快步伐超过她。一个又一个的早晨，都是这样的。我除了几句日常客气话，再没有对她说过什么，可她的名字却像一声传唤，会调动我全身的血液喷发愚蠢的激情。

就算在最不适合想入非非的地方，她的形象也伴随着我。每逢星期六傍晚，我的婶婶去市场的时候，我得去帮着提包裹。我们在花哨热闹的街上穿来走去，被醉汉和讨价还价的女人们挤撞着，四周是工人们的咒骂声，店铺伙计守在成桶的猪颊肉旁尖着嗓子吆喝，街头卖唱的用鼻音哼唱着，唱的是关于奥多若万·罗萨的一首《大家都来吧》的曲子[8]，或者是一首关于我们的祖国如何多灾多难的歌谣。这些闹声汇集成我对生活的唯一感受：我想象中，自己正捧着圣杯在一大群仇敌中安然走过[9]。我做着古怪的祈祷和赞美，她的名字常常冲口而出，我自己也不明白这些祈祷和赞美。我的双眼常常热泪盈眶（我却不知道为何如此），有时候一阵狂潮从心底喷涌而出，像是要充溢我的胸膛。我很少想到将来。我不知道究竟会不会跟她讲话，也不知道当真讲话了，又能怎样告诉她我这茫然的迷恋。但我的躯体就像一架竖琴，她的一言一笑、一举手一投足就像在琴弦上划过的手指。

有天晚上我走进了后屋司铎去世的那间起居室。那天晚上夜色很黑，下着雨，房子里寂然无声。透过一扇窗户，我听见雨水砸在地面上，细密而连续不断的水像针尖一样在浸润透了的土床上戏耍。远处某盏灯或亮着灯火的窗户在我下面闪动。我很感激我几乎看不到什么。我所有的知觉好像都渴望把自己遮掩起来，我感到我所有的知觉都快要溜掉了，就紧紧合起双掌，两只手都颤抖了，我喃喃地说：哦，爱！哦，爱！说了好多次。

她终于对我说话了。她向我开口讲最初几个字时，我茫然得都不知怎么回答她才好。她问我可是要去阿拉比[10]。我忘了自己当时说的是去还是不去。她说，那可是个很棒的集市；她真想去啊。

——那你为什么不能去呢？

她说话的时候，一圈又一圈地转动着手腕上的一个银手链。她说，她去不了，她那个星期要在修道院静修。她的弟弟和另外两个男孩子正在抢帽子，我独自靠在门槛边。她握住一根栏杆的尖头，朝我低下头。我们房门对面的路灯映照出她脖颈白皙的曲线，照亮了垂落在脖子上的秀发，又落下来，照亮了她搁在栏杆上的手。灯光洒落在她裙子的一边，正照在衬裙的白色镶边上，她又开腿站在那里的时候刚好瞧得见。

——你倒是走运啊，她说。

——要是我去的话，我说，我给你带回点好东西。

那个傍晚之后，数不清的蠢念头便占据了我的思维，糟蹋了我多少的日思夜想！我巴望着能抹掉中间那些单调无聊的日子。我焦躁地应付着学校的功课。深夜在卧房中，白天在教室里，她的形象都会来到我和我拼命想要读下去的书页之间。我的灵魂在静默中感受到巨大的快感，"阿拉比"这个词的每个音节都通过静默在我周围回荡着，把一种东方的魔力施加在我全身上下。我请求在星期六晚上得空到集市上走一趟。婶婶吃了一惊，说希望那不是什么共济会的玩意[11]。我在课堂上几乎回答不了什么问题。我望着老师的脸色从温和转为严厉；他希望我不要荒废时光。我没办法把散乱的思绪集中起来。我几乎没有耐心来严肃地生活，既然这正儿八经的生活挡在我和我的愿望之间，那在我看来它就好像是儿戏，丑陋单调的儿戏。

到了星期六的早晨，我提醒叔父，我很盼望能在傍晚到集市去。他正翻弄着衣帽架找自己的帽子，就短促地回答我说：

——行啦，孩子，我知道啦。

他在大厅里，我就不能去前厅躺在窗下。我心情很糟地离开宅子，慢吞吞朝学校走去。空气凛冽湿冷，我心中已然不安起来。

我回家吃晚饭的时候，叔父还没有回来。时候还早。我坐在那里，呆呆地瞪着时钟，过了一会儿，滴答声开始令我烦躁，我就离开了那房间。我爬上楼梯，走到房子的上半截。那些房间又高又冷，空荡荡阴惨惨的，却放松了我的心情，我唱着歌一间屋一间屋地串着。我从前窗望去，看到伙伴们正在下面的街上玩。他们的叫喊声传到我这里时又微弱又不清楚，我把头抵在凉丝丝的玻璃上，遥望着她居住的那所昏暗的宅院。我在那里可能站了有一个小时，我什么都看不到，满眼全是我想象中刻画的那个身着褐衫的身影，灯光小心翼翼地触摸着那弯弯的脖颈，那搁在栏杆上的手，还有那裙服下的镶边。

再下楼时，我发现默瑟太太坐在炉火边。她是个唠唠叨叨的老太太，当铺老板的寡妇，为了很虔诚的目的收集些用过的邮票。我不得不忍受着茶桌上的东家长西家短。饭拖拖拉拉吃了一个多小时，叔父却还没回来。默瑟太太起身要走：她很遗憾不能再等了，已经过了八点钟，她不愿意在外面待得很晚，因为晚上的空气对她有害。她走了后，我开始在屋里走来走去，紧握着拳头。婶婶说：

——恐怕这个礼拜六晚上你去不了集市了。

九点钟时我听到叔父用弹簧钥匙开门厅。我听到他自言自语，听到他把外套搭在衣帽架上，衣帽架摇晃的声音。我很明白这些迹象。他晚饭吃到一半，我就求他给我钱好去集市。他全忘了。

——这时候了，人们在床上都睡醒了头一觉啦，他说。

我没有笑。婶婶很激动地对他说：

——你就不能给他钱让他去吗？事实上你耽搁得他已经够迟的啦。

叔父说他很抱歉自己全忘了。他说他很相信那句老话：只工作不玩耍，聪明孩子也变傻。他问我想去哪里，我又跟他说了一回，他便问我是否知道那首《阿拉伯人告别坐骑》[12]。我走出厨房的时候，他正要给婶婶背诵开篇的几句诗行。

我紧紧攥着一个佛罗林[13]，大步沿着白金汉大街朝车站走去[14]。看见条条大街上熙熙攘攘的购物者和耀眼闪亮的汽灯，我想起了这次旅行的目的。我登上一辆乘客稀少的列车，在三等车厢的座位上坐下。列车好一会儿都没有开动，真叫人受不了，然后列车缓缓驶出车站。它向前爬行，经过了破烂废弃的房屋，又跨过了波光粼粼的大河。在韦斯特兰·罗车站[15]，人群拥向车厢门口；可是乘务员却让他们退后，说这是去集市的专列。空寥的车厢里，我始终是独自一人。

几分钟后，列车在临时搭建的木质月台前缓缓停下。我走出车厢来到路上，看到亮着灯的大钟盘上已经是差十分钟十点了。我的前面是一幢巨大的建筑物，上面显示着那个具有魔力的名字。

我找不到票价是六便士的入口，又担心集市快要散了，就快步从一个旋转栅门进去了，把一先令递给一个满面倦色的人。我发觉自己进了一间大厅，厅内半高处有一圈楼廊。几乎所有的摊位都收摊了，厅里大部分地方都在昏暗中。我意识到一种静默，就像礼拜结束后教堂里充溢的那种静默。我怯怯地走到集市中间。有几个人聚在仍然在营业的那些摊位前。有个挂帘上用彩灯勾出了Cafe Chantant的字样[16]，两个男人正在帘前数着托盘上的钱。我听着硬币掉落的声音。

我勉强记起了自己为什么到这儿来，便朝一间摊位走过去，细细地瞧着陶瓷花瓶和雕花的茶具。摊位门口有位年轻女士在跟两位年轻绅士说笑。我留心到他们有英格兰口音，就含含混混地听他们谈话。

——哦，我从没说过那样的话！

——哦，可是你说过的啊！

——哦，可是我就是没有说过！

——她难道不是说过的吗？

——说过的。我听她说过。

——哦，这是……瞎说！

年轻女士看到我，便走过来问我可想要买点东西。她的语调并不很殷勤；好像就是为了尽义务才对我说话。我谦卑地看着在摊位昏暗的入口处像东方卫士一样挺立两边的大罐子，咕哝着说：

——不，谢谢。

年轻女士挪动了一个花瓶的位置，又回到两个年轻男人那里。他们又谈起了同一个话题。年轻女士回头斜眼瞧了我一两回。

尽管我明白自己滞留不去也无济于事，却在她的摊位前流连着，想让我对她那些瓶瓶罐罐的兴趣看上去更像回事。然后我慢慢转身离去，朝里走到集市的中间。我让两个便士在口袋里跟六便士的硬币撞击着。我听到楼廊一头有个声音在喊要灭灯了。大厅的上层现在全黑了。

我抬头凝视着黑暗，发觉自己是受虚荣驱动又受虚荣愚弄的可怜虫；我的双眼中燃烧着痛苦和愤怒。

📖 **注释**

[1] 选自詹姆斯·乔伊斯《都柏林人》，徐晓雯译，译林出版社2003年版。这篇小说是乔伊斯的短篇小说集《都柏林人》（1914）中的第3个故事，于1905年完成。詹姆斯·乔伊斯（1882—1941），爱尔兰小说家、诗人。生于都柏林一个公务员家庭，从小在耶稣会学校受天主教教育。1903年开始文学创作，1904年宣布"自愿流亡"，与天主教会统治的爱尔兰彻底决裂。1920年定居巴黎，从事职业写作。乔伊斯的重要作品有短篇小说集《都柏林人》，自传体中篇小说《青年艺术家的肖像》（1916），长篇小说《尤利西斯》（1922）和《芬尼根的守灵夜》（1939）。乔伊斯的后期作品变得越来越具有实验性，成为现代派小说的先驱。他在遣词造句方面刻意创新，以各种创新性的方式使用

语言，综合性地构成复杂的意义群。

[2] 里士满北街：都柏林的一条街道。从1894年到1896年，乔伊斯一家住在里士满北街17号。

[3] 基督教兄弟学校：一所由爱尔兰基督教兄弟会开办的天主教日间男校，1802年创立。该学校创设的目的是给读不起书的工人阶层的后代提供受教育机会。乔伊斯本人曾于1893年在里士满北街的基督教兄弟学校短暂就读。

[4] 沃尔特·司各特：苏格兰历史小说家、诗人、剧作家和历史学家。代表作有历史小说《艾凡赫》《罗伯·罗伊》等。《修道院院长》是沃尔特·司各特创作的关于苏格兰玛丽女王的传奇小说，出版于1820年。

[5] 《虔诚的教友》：英国方济会修士帕西菲克斯·贝克写的宗教手册，出版于1813年。

[6] 《维多契回忆录》：维多契是法国司法史上的一个传奇人物，他早年是个小偷，后来投身警界，成为名侦探。这部回忆录记录了维多契一生的传奇经历，是当时的流行作品。

[7] 曼根的姐姐：有学者认为曼根这个名字暗指19世纪爱尔兰浪漫主义诗人詹姆斯·克拉伦斯·曼根，曼根善于在情诗中抒发爱而不得的绝望心情。

[8] 奥多若万·罗萨：19世纪爱尔兰民族主义者，芬尼亚兄弟会成员，曾因革命活动被监禁和放逐。《大家都来吧》：当时的一首流行歌曲。

[9] 圣杯：这里指圣餐仪式时用的酒杯。

[10] 阿拉比：1894年5月14日到19日在都柏林举行的大集市。该集市的名字可能来自流行歌曲"我为你唱阿拉比之歌"。

[11] 共济会：一种带有互助性质的秘密社团，在维多利亚时期的都柏林商人和行会中有很大影响力。天主教会认为共济会具有新教性质，是反天主教的。

[12] 《阿拉伯人告别坐骑》：19世纪爱尔兰诗人卡罗林·诺顿的一首感伤情调的诗歌。

[13] 佛罗林：一种银币，价值两先令。

[14] 白金汉大街：位于都柏林市中心利菲河北岸的大街。

[15] 韦斯特兰·罗车站：位于利菲河南岸的一个火车站。

[16] Cafe Chantant：法语，字面意思为"歌唱咖啡馆"，一种提供音乐休闲娱乐的咖啡馆。

评析

《阿拉比》是一个成长故事，讲述了一个内向的男孩如何在情感的挫折中走向成熟。小说采取了探索的形式——一个为心爱的女孩寻找珍贵礼物的旅程。叙述者"我"是一个即将进入青春期的孩子，渴望着成长，这表现在他对身边平庸现实的厌弃上，比如说把学校的功课看作"儿戏"。与此相对应的，是他对爱情的浪漫化想象，小说中"曼根的姐姐"这一形象并不是以写实的方式加以刻画的，而是充满了朦胧、模糊的诗意，像一个若隐若现的光晕：她站在栏杆前被月光照亮的身影，她棕色有碎花的裙子，搁在栏杆上的手以及裙子的镶边。当看不到她的时候，就连念出她的名字都会成为他快乐的源泉。

这一浪漫化手法也体现在标题"阿拉比"的异国情调上。"阿拉比"不仅是集市，而且读音奇妙，又与"阿拉伯"谐音，带上了一层神秘的东方情调。不同于普通的购物，去"阿拉比"

是充满传奇色彩的探秘历程，是平庸生活中投下的一道光束。正如评论家玛格特·诺里斯指出的，乔伊斯用语言之美弥补了现实生活中的挫败感。

在小说结尾，"我"在阿拉比猛然被抛入了一个现实世界。当他终于到达目的地时，大厅里一片漆黑，摊位大部分是空的。这里没有什么异国情调，只有一些操着英国口音的人。这与他之前对集市的憧憬形成了鲜明的对比。在真实而非想象中的阿拉比，他体验到了成人生活的现实和平淡。在这里，读者看到了《都柏林人》大多数作品中出现的两个主题："瘫痪"和"顿悟"。"我"因为无能为力而陷入"瘫痪"式的无力感，从而"顿悟"到自己的浪漫情怀的虚妄。

虽然《阿拉比》看上去仅仅表现了男孩的情感世界，但20世纪初爱尔兰社会生活的广阔画面仍然会在不经意中进入叙事之中。比如说，竖琴这一意象是爱尔兰的文化象征；街头艺人唱着歌颂爱尔兰民族主义者奥多诺万·罗萨的民谣。我们还要注意到穿插在文本中的那些对天主教的指涉。这些历史文化要素的加入，使作品的主题超越了个人情感的层面，获得了更为丰富和深刻的社会意义。

📝 | 思考与运用

❶ 在一个少年的感情故事中，为什么小说的开篇要讲司铎去世的事？司铎去世之后，留下了几本书，思考一下小说将这几本书的书名并列在一起的用意是什么。

❷ 小说中的"我"想象自己"正捧着圣杯在一大群仇敌中安然走过"，你怎样理解这句话？它暗示了一种什么样的爱情观？

❸ 在感情这条线索之外，小说不断穿插进宗教、政治的隐喻，如奥多若万·罗萨、共济会等。这些隐喻对表达感情有作用吗？谈谈你的见解。

❹ 怎样理解小说的最后一个段落？具体分析一下为什么仅仅是集市的萧索景象就让"我"的感情受到重挫，从而"发觉自己是受虚荣驱动又受虚荣愚弄的可怜虫"？

▌ | 知识延伸

传统文化是支持每一个生命成长壮大的土壤和根基。乔伊斯的《阿拉比》不仅是一部成长小说，更是表达了对于爱尔兰民族传统文化的深深热爱与眷恋。乔伊斯在艺术表达中穿插了很多爱尔兰民族传统文化，让我们深刻地体会作为根基的传统文化如同空气一般无处不在地存在于日常生活中。当代的青年人应更加热爱中国的传统文化，博大精深的中国传统文化是世界上丰富多元文化不断发展繁荣的不竭动力源泉。

🔗 拓展资源

阅读詹姆斯·乔伊斯《都柏林人》（徐晓雯译，译林出版社2003年版），体会作品中作者对于本民族传统文化的热爱，关注其中提到的东方元素。

第六部分

传记

文体概说

　　传记是一种常见的文体，主要记述人物的生平事迹，一般由他人记述；亦有自述生平者，称"自传"。传的本意是传车驿马，引申为记载人物事迹以传于世的文体，"传者，传也，记载事迹以传于后世也"（徐师曾《文体明辨序说》）。清代赵翼指出："古人著书，凡发明义理、记载故事，皆谓之传。左、公、榖作《春秋传》，所以传《春秋》之旨也，伏生弟子作《尚书大传》，孔安国作《尚书传》，所以传《尚书》之义也。《大学》分经、传，《韩非子》亦分经、传，皆所以传经之意也。……汉时所谓传，凡古书及说经皆名之，非专以叙一人之事也。其专以之叙事而人各一传，则自史迁始，而班史以后皆因之。"（《陔余丛考》）可知汉代之前的"传"往往与"经"联系在一起，主要是指阐释儒家经典的著作。至司马迁《史记》、班固《汉书》"叙事而人各一传"，才接近现代意义上的"传记"。

　　古代虽然也有"传记"一词，但多是泛指包括人物传记在内的书籍，"传"与"记"在目录学上是分开的，即四库馆臣所云"叙一人之始末者为传之属，叙一事之始末者为记之属"。对于"传记"一词的发展演变过程，章学诚在《文史通义》中分析甚详："古人文无定体，经史亦无分科，《春秋》三家之传，各记所闻，依经起义，虽谓之记可也。《经礼》二戴之记，各传其说，附经而行，虽谓之传可也。其后支分派别，至于近代，始以录人物者区为之传，叙事迹者区为之记。盖亦以集部繁兴，人自生其分别，不知其然而然，遂若天经地义之不可移易。此类甚多，学者生于后世，苟无伤于义理，从众可也。……后世专门学衰，集体日盛，叙人述事，各有散篇，亦取传记为名，附于古人传记专家之义尔。"

　　《诗经》中的《生民》《公刘》等篇，已有传记的影子。《离骚》自叙世系出身与生平事迹，也往往被后人视为屈原的自传。《左传》《国语》《战国策》等史书记事详细，被称之为传记文学的雏形。司马迁的《史记》标志着传记的正式诞生，其中的本纪、世家、列传刻画人物形象鲜明，成为后世史传之典范。其后《汉书》《三国志》等正史接踵，创造了辉煌而悠久的史传传统。魏晋时期开始出现杂传，《隋书·经籍志》专设"杂传类"，"因其志尚，率尔而作"的《列仙传》《高士传》《文士传》《高僧传》等杂传，少了正统史书的约束，写作更加灵活自由，与散传、别传共同构筑起独立于史传之外的传记体系。唐宋碑传兴起，墓志铭、行状、神道碑等成为散传的主体，唐宋八大家均有传世名篇，而自传也开始增多。明代市民传记颇有特色，传记具有明显的世俗化倾向，与小品文有一定程度的交叉。清代"忆语体"的自传令人耳目一新，代表作如《影梅庵忆语》《浮生六记》《香畹楼忆语》《秋灯琐忆》等。"五四"之后也出现了自传创作的高峰，胡适、郁达夫、沈从文、郭沫若等现代作家均有自传。受西方理论的影响，朱东润提出"传记文学"的概念，并创作了《张居正大传》等作品。

传记与其他文体不同，特别强调真实性。历代修史，官方总是会强调要秉持"真实"的原则，所谓"务加详核、博采旧文、义在不刊、书法无隐"（李渊《命萧瑀等修六代史诏》），只有传记真实才能令读者信服，才能打动读者，传记自身才会有生命力。传记作者在记述传主事迹过程中，可能会渗透自己的某些情感、想象或者推断，但与小说不同，传记一般不虚构，纪实性是传记的基本要求。真实既是作者撰写的原则，也是后人评价传记优劣的标准。虽然作者也会有自己的特定评判立场，材料选择上有所取舍，但总的原则仍是真实。

传记以写人为主，所以其叙事要以人为纲，把各种纷繁复杂的历史材料分散系入传主身上，所谓"以人系事"。当然也有几位传主在一起的"合传"，此时司马迁在《史记》中创造的"互现法"就发挥了优势，即将一个人物的事迹分散在不同的地方，而以其本传为主；或者将同一事件分散在不同的地方，而以一个地方的叙述为主。这样既能保证各篇自身的统一完整、倾向鲜明，又可以使每篇之间相得益彰。传记以叙事为主，但也不排除议论，寓论断于叙事之中，或通过夹叙夹议的方式发表自己的看法，或者在叙事时加上自己的评论与观点。虽然一直有学者批评传记中直接加入议论（如刘熙载云"叙事不合渗入断语"），但这是对传记的较高要求，现实中很难完全排除传记中的议论。且议论如果得当，也能起到画龙点睛的作用，提升传记的质量。

传记的语言要浅近通俗，明白易懂。古人以简介为尚，所以"叙事之省，其流有二焉，一曰省句，二曰省字"（刘知几《史通》）。这其实是对所有文体的要求，不是传记所独属，如何在错综复杂的历史事件中讲述清楚传主的事迹，需要考验作者的语言功底。传记一般以散句单行的散文语言为主，对偶的骈文传记较为少见，因为这样很难叙事。而刻画传主形象语言描写尤为重要，不同的传主语言风格差异较大，需要作者揣摩传主平时所说的话语风格，既要符合传主身份，又能将事件叙述得有条理。

在西方，传记指的是对个人，而非种族或人群的历史的记述。这一概念最早由6世纪初的希腊作家达马希乌斯提出，在拉丁语中也有biographia这一用法，但在英语世界中的使用不早于1683年的德莱顿，他用这个词来描述希腊作家普鲁塔克的文学作品，即"特定个人的生活史"。

古希腊罗马时期已经形成了一系列极其重要的传记。这些作品不仅对欧洲传记的发展，而且对整个欧洲文学的发展都产生了巨大的影响。色诺芬的《回忆苏格拉底》是第一部严格意义上的传记。在1世纪末，普鲁塔克的《希腊罗马名人传》成为古典时期传记最有代表性的作品，他追求的目标是刻画出杰出人物的道德与灵魂。在3世纪，第欧根尼·拉尔修编写了《名哲言行录》，记录了82位古希腊哲人的言行。在拉丁文学中，在奥古斯都时代结束后，出现了大量的回忆录。其中，塔西佗记录自己岳父、不列颠总督阿古利可拉的品行、政绩及军功的《阿古利可拉传》是一部优雅、庄严的作品。苏埃托尼乌斯编撰了好几部传记，其中最有名的是《罗马十二帝王传》，这本书完成于公元120年，开创了为帝王立传这一传统的先河。

古希腊和罗马传记有两种写法，第一种写法强调人的个性在具体的行动中展开。描绘人的生活和性格，应该描绘人的行动言语和其他的表现。这种传记以普鲁塔克为代表。第二种类型包含一些特定的项目，全部的传记材料分配在这些项目之中，如社会生活、家庭生活、战时表现、对朋友的态度，值得记录的名言，以及外貌风度等。主人公一生中不同性质和不同时间的实践经历，分门别类列入各个项目中。这种传记的主要代表为苏维托尼乌斯。

古希腊罗马时期和中世纪的传记大多具有明确的道德目的，通过展示传记主人公身上的美德或恶习，使之产生道德效果。要么是让人效法的楷模，要么是闻之足戒的警示。传记一般由主人公的出生和死亡这两个时间点规定其写作边界，而其他人物，无论其本身多么重要，都必须服从于衬托中心人物这一功能。在这个时期的传记中，叙事服从于对传主在道德上或褒或贬的总体论断。所谓"生平"其实就是传主在军事、社会和知识方面的成就，这些成就需要保持一致，如果某些事实不符合设定的总体论断的话，就必须被忽视或歪曲。总的来说，作者会放大传主的某些行为在道德上的意义，达到教育后人的作用。

在意大利文学中，传记直到15世纪才占据重要位置。埃利波·维拉尼的《佛罗伦萨名人传》中有一篇关于但丁的宝贵回忆录。本韦努托·切里尼的《切里尼自传》被认为是文艺复兴时期最重要的自传，在这本回忆录中，切里尼以一种极富活力和趣味的方式描述了他奇特的职业生涯，以及他的爱情、仇恨、激情和爱好。在西班牙文学中，15世纪的诗人和历史学家古斯曼在他的传记集《世代相传》中塑造了一系列极为生动的宫廷人物形象，他因此被称为西班牙的普鲁塔克。法国最早具有现代形式的传记性词典是皮埃尔·贝勒在1696年出版的名作《历史与批评词典》。

现代传记的前提是我们对生活的观察不被某种预设的道德结论左右，这是17世纪之后才出现的倾向。直到那时，传记的目的才变成了忠实地记录个体心灵在现实生活中的体验和成长。英国传记文学的先驱是沃尔顿，从1640年到1678年，他出版了五部短小而精美的传记，记述同时代的知识分子，这五部作品后来以《生平》为题结集。但总的来说，当时的英国传记仍然受制于道德效果，缺乏丰富的细节和生动的逸事。梅森的《格雷的生活和信件》标志着传记艺术的巨大进步，这部作品最早使用了友人之间的私人信件来说明传主的真实性格，并对叙事进行扩展。梅森的作品是几乎所有现代英国传记的先驱，鲍斯威尔的《约翰逊传》就效法并发展了它的写法。《约翰逊传》出版于1791年，无疑是世界传记文学的一座丰碑。这部作品以大量细节，描写了一个有血有肉、个性鲜明的约翰逊，且毫不讳言传主的弱点与偏见。同时，通过约翰逊及其与同代人的活动，构成了18世纪英国社会的缩影。这一时期的其他重要传记还包括了意大利的卡洛·戈齐和阿尔菲利的自传。

《约翰逊传》对后世影响深远，19世纪的传记或多或少地建立在这一典范之上。19世纪之后，传记变得极为普及，在某个重要的公众人物过完了大半生或者去世之后，发表他的生平并对之评价，成为一种惯例。值得注意的是，19世纪出现了一种新的传记形式，即国家人物传记词典。这类词典在记录各国人民的私人历史方面具有不可估量的作用。第一部成功完成该类词典的是瑞典（1835—1857），共出版了23卷。紧随其后的是荷兰、奥地利、比利时和德国。英国在1885年发行了同类词典，之后不断更新改版，2004年，改名为《牛津国家人物传记大词典》出版，包含了58000多位英国人的生平。

学习笔记

32

苏武传（节选）[1]

（东汉）班固

武字子卿，少以父任，兄弟并为郎[2]，稍迁至栘中厩监[3]。时汉连伐胡，数通使相窥观[4]，匈奴留汉使郭吉、路充国等[5]，前后十余辈[6]。匈奴使来，汉亦留之以相当。天汉元年，且鞮侯单于初立[7]，恐汉袭之，乃曰："汉天子我丈人行也。"尽归汉使路充国等。武帝嘉其义，乃遣武以中郎将使持节送匈奴使留在汉者[8]，因厚赂单于，答其善意。

武与副中郎将张胜及假吏常惠等，募士斥候百余人俱[9]。既至匈奴，置币遗单于。单于益骄，非汉所望也。方欲发使送武等，会缑王与长水虞常等谋反匈奴中[10]。缑王者，昆邪王姊子也[11]，与昆邪王俱降汉，后随浞野侯没胡中[12]。及卫律所将降者[13]，阴相与谋劫单于母阏氏归汉[14]。会武等至匈奴，虞常在汉时素与副张胜相知，私候胜曰："闻汉天子甚怨卫律，常能为汉伏弩射杀之。吾母与弟在汉，幸蒙其赏赐。"张胜许之，以货物与常。后月余，单于出猎，独阏氏子弟在。虞常等七十余人欲发，其一人夜亡，告之。单于子弟发兵与战。缑王等皆死，虞常生得。

单于使卫律治其事。张胜闻之，恐前语发，以状语武。武曰："事如此，此必及我，见犯乃死，重负国。"欲自杀，胜、惠共止之。虞常果引张胜。单于怒，召诸贵人议，欲杀汉使者。左伊秩訾曰："即谋单于，何以复加？宜皆降之。"[15]单于使卫律召武受辞[16]，武谓惠等："屈节辱命，虽生，何面目以归汉！"引佩刀自刺。卫律惊，自抱持武，驰召医。凿地为坎，置煴火，覆武其上[17]，蹈其背以出血[18]。武气绝，半日复息。惠等哭，舆归营。单于壮其节，朝夕遣人候问武，而收系张胜。

武益愈。单于使使晓武。会论虞常[19]，欲因此时降武。剑斩虞常已，律曰："汉使张胜谋杀单于近臣，当死，单于募降者赦罪。"举剑欲击之，胜请降。律谓武曰："副有罪，当相坐。"[20]武曰："本无谋，又非亲属，何谓相坐？"复举剑拟之，武不动。律曰："苏君，律前负汉归匈奴，幸蒙大恩，赐号称王，拥众数万，马畜弥山，富贵如此。苏君今日降，明日复然。空以身膏草野，谁复知之！"武不应。律曰："君因我降，与君为兄弟，今不听吾计，后虽复欲见我，尚可得乎？"武骂律曰："女为人臣子，不顾恩义，畔主背亲，为降虏于蛮夷，何以女为见？且单于信女，使决人死生，不平心持正，反欲斗两主，观祸败[21]。南越杀汉使者，屠为九郡[22]；宛王杀汉使者，头县北阙；朝鲜杀汉使者，即时诛灭[23]。独匈奴未耳。若知我不降明，欲令两国相攻，匈奴之祸从我始矣！"

　　律知武终不可胁,白单于。单于愈益欲降之,乃幽武置大窖中[24],绝不饮食。天雨雪。武卧啮雪与旃毛并咽之[25],数日不死,匈奴以为神,乃徙武北海上无人处,使牧羝[26],羝乳乃得归。别其官属常惠等,各置他所。

　　武既至海上,廪食不至,掘野鼠去屮实而食之[27]。杖汉节牧羊,卧起操持,节旄尽落。积五六年,单于弟於靬王弋射海上[28]。武能网纺缴,檠弓弩[29],於靬王爱之,给其衣食。三岁余,王病,赐武马畜服匿穹庐[30]。王死后,人众徙去。其冬,丁令盗武牛羊[31],武复穷厄。

　　初,武与李陵俱为侍中[32],武使匈奴明年,陵降,不敢求武。久之,单于使陵至海上,为武置酒设乐,因谓武曰:“单于闻陵与子卿素厚,故使陵来说足下,虚心欲相待。终不得归汉,空自苦亡人之地,信义安所见乎?前长君为奉车[33],从至雍棫阳宫[34],扶辇下除[35],触柱折辕,劾大不敬,伏剑自刎,赐钱二百万以葬。孺卿从祠河东后土[36],宦骑与黄门驸马争船[37],推堕驸马河中溺死,宦骑亡,诏使孺卿逐捕不得,惶恐饮药而死。来时,太夫人已不幸,陵送葬至阳陵[38]。子卿妇年少,闻已更嫁矣。独有女弟二人,两女一男,今复十余年,存亡不可知。人生如朝露,何久自苦如此!陵始降时,忽忽如狂,自痛负汉,加以老母系保宫[39],子卿不欲降,何以过陵?且陛下春秋高,法令亡常,大臣亡罪夷灭者数十家,安危不可知,子卿尚复谁为乎?愿听陵计,勿复有云。”

　　武曰:“武父子亡功德,皆为陛下所成就,位列将[40],爵通侯[41],兄弟亲近,常愿肝脑涂地。今得杀身自效,虽蒙斧钺汤镬,诚甘乐之。臣事君,犹子事父也,子为父死亡所恨。愿无复再言。”陵与武饮数日,复曰:“子卿壹听陵言。”武曰:“自分已死久矣!王必欲降武,请毕今日之欢,效死于前!”陵见其至诚,喟然叹曰:“嗟呼,义士!陵与卫律之罪上通于天。”因泣下沾衿,与武决去。

　　陵恶自赐武[42],使其妻赐武牛羊数十头。后陵复至北海上,语武:“区脱捕得云中生口[43],言太守以下吏民皆白服,曰上崩。”武闻之,南乡号哭,欧血[44],旦夕临。

　　数月,昭帝即位[45]。数年,匈奴与汉和亲。汉求武等,匈奴诡言武死。后汉使复至匈奴,常惠请其守者与俱,得夜见汉使,具自陈道。教使者谓单于,言天子射上林中[46],得雁,足有系帛书,言武等在某泽中。使者大喜,如惠语以让单于[47]。单于视左右而惊,谢汉使曰:“武等实在。”

　　于是李陵置酒贺武曰:“今足下还归,扬名于匈奴,功显于汉室,虽古竹帛所载,丹青所画,何以过子卿!陵虽驽怯,令汉且贳陵罪[48],全其老母,使得奋大辱之积志,庶几乎曹柯之盟[49]。此陵宿昔之所不忘也。收族陵家,为世大戮,陵尚复何顾乎?已矣!令子卿知吾心耳。异域之人,壹别长绝!”陵起舞,歌曰:“径万里兮度沙幕,为君将兮奋匈奴。路穷绝兮矢刃摧,士众灭兮名已隤。老母已死,虽欲报恩将安归!”

　　陵泣下数行,因与武决。单于召会武官属,前以降及物故,凡随武还者九人。武以始元六年春至京师。诏武奉一太牢谒武帝园庙[50],拜为典属国[51],秩中二千石,赐钱二百万,公田二顷，宅一区。常惠、徐圣、赵终根皆拜为中郎[52]，赐帛各二百匹。其余六人老，归家，赐钱人十万，复终身。常惠后至右将军，封列侯，自有传。武留匈奴凡十九岁，始以强壮出，及还，须发尽白。

注释

[1] 选自班固《汉书·李广苏建传》，中华书局1962年版。班固（32—92），字孟坚，扶风安陵（今陕西咸阳市东）人。东汉史学家，所撰《汉书》体例模仿《史记》，全书有纪十二篇，表八篇，志十篇，传七十篇，共一百篇，起自汉高祖，止于王莽，记西汉一代二百三十年间史实，是我国第一部断代史书。

[2] 郎：郎官，职位较低的皇帝侍从。汉制，年俸二千石以上，可保举其子弟为郎。苏武的父亲苏建有功封平陵侯，任代郡太守，故苏武及其兄苏嘉、弟苏贤被任命为郎。

[3] 稍迁：逐渐升迁。移（yí）：汉宫中有移园，园中为马棚。厩（jiù）监：管理马厩的官员，掌鞍马、鹰犬、射猎用具等。

[4] 数（shuò）通使：屡次派遣使者。

[5] 郭吉：元封元年（前110），汉武帝亲统大军十八万到北地，派郭吉到匈奴，晓谕单于归顺。路充国：元封四年（前107），匈奴派遣使者至汉，病故。汉派路充国送丧到匈奴，单于以为是被汉杀死，扣留了路充国。事见《史记·匈奴列传》《汉书·匈奴传》。

[6] 辈：批。

[7] 且（jū）鞮（dī）侯：伊稚斜单于稚子，乌维单于和呴犁湖单于之弟。于天汉元年（前100）接任呴犁湖单于担任匈奴单于。

[8] 中郎将：皇帝的侍卫长。节：使臣所持信物，以竹为竿，柄长八尺，栓上旄牛尾，共三层，故又称"旄节"。

[9] 假吏：临时委任的使臣属官。斥候：军中担任警卫的侦察人员。

[10] 缑（gōu）王：匈奴的一个亲王。长水：水名，在今陕西省蓝田县西北。虞常：长水人，后投降匈奴。

[11] 昆（hún）邪（yé）王：匈奴一个部落的王，其地在河西（今甘肃省西北部）。昆邪王于汉武帝元狩二年（前121）降汉。

[12] 浞（zhuō）野侯：汉将赵破奴的封号。汉武帝太初二年（前103）率二万骑击匈奴，兵败而降，全军沦没。

[13] 卫律：本为长水胡人，但长于汉，被协律都尉李延年荐为汉使出使匈奴。回汉后，正值延年因罪全家被捕，卫律怕受牵连，又逃奔匈奴，被封为丁零王。

[14] 阏（yān）氏（zhī）：匈奴王后封号。

[15] 左伊秩訾（zī）：匈奴的王号，有"左""右"之分。

[16] 受辞：受审讯。

[17] 煴（yūn）火：微火。

[18] 蹈，通"搯"，扣击。

[19] 会：共同。论：判决罪犯。

[20] 相坐：连带治罪。古代法律规定，凡犯谋反等大罪者，其亲属也要跟着治罪，叫作连坐，或相坐。

[21] 斗两主：使汉皇帝和匈奴单于相斗。斗，用为使动词。

[22] 南越：国名，今广东、广西南部一带。屠：平定。《史记·南越列传》载，武帝元鼎五年（前112），南越王相吕嘉杀其国王及汉使者，叛汉。武帝发兵讨伐，活捉吕嘉，因将其地改为珠崖、南海等九郡。

宛王：指大宛国王毋寡。北阙：宫殿的北门。《史记·大宛列传》载，汉武帝太初元年（前104），宛王毋寡派人杀前来求良马的汉使。武帝即命李广利讨伐大宛，大宛诸贵族乃杀毋寡而降汉。

[23] “朝鲜”二句：《史记·朝鲜列传》载，武帝元封二年（前109）派遣涉何出使朝鲜，涉何暗害了伴送他的朝鲜人，谎报为杀了朝鲜武将，因而被封为辽东东部都尉。朝鲜王右渠枭杀涉何。于是武帝发兵讨伐。朝鲜相杀王右渠降汉。

[24] 乃幽武，置大窖中：又作“乃幽武置大窖中”。

[25] 旃（zhān）：通“毡”，毛毡。

[26] 北海：当时在匈奴北境，即今贝加尔湖。羝（dī）：公羊。乳：用作动词，生育，指生小羊。公羊不可能生小羊，故此句是说苏武永远没有归汉的希望。

[27] 去：通“弆”（jǔ），收藏。

[28] 於（wū）靬（jiān）王：且鞮单于之弟，为匈奴的一个亲王。弋射：射猎。

[29] 武能网纺缴：此句“网”前应有“结”字。缴，系在箭上的丝绳。檠（qíng）：矫正弓箭的工具。此作动词，犹“矫正”。

[30] 服匿：盛酒酪的容器，类似今天的坛子。穹庐：圆顶大篷帐，犹今之蒙古包。

[31] 丁令：即丁灵，匈奴北边的一个部族。

[32] 李陵：字少卿，西汉陇西成纪（今甘肃秦安）人，李广之孙，武帝时曾为侍中。天汉二年（前99）出征匈奴，兵败投降，后病死匈奴。侍中：官名，皇帝的侍从。

[33] 长君：指苏武的长兄苏嘉。奉车：官名，即“奉车都尉”，皇帝出巡时，负责车马的侍从官。

[34] 雍：汉代县名，在今陕西凤翔县南。棫（yù）阳宫：秦时所建宫殿，在雍东北。

[35] 辇（niǎn）：皇帝的坐车。除：宫殿的台阶。

[36] 孺卿：苏武弟苏贤的字。河东：郡名，在今山西夏县北。后土：地神。

[37] 宦骑：骑马的宦官。黄门驸马：宫中掌管车辇马匹的官。

[38] 阳陵：汉时有阳陵县，在今陕西咸阳市东。

[39] 保宫：本名“居室”，太初元年更名“保宫”，囚禁犯罪大臣及其眷属之处。

[40] 位：指被封的爵位。列将：一般将军的总称。苏武父子曾被任为右将军、中郎将等。

[41] 通侯：汉爵位名，本名彻侯，因避武帝讳改。苏武父苏建曾封为平陵侯。

[42] 恶：羞愧。

[43] 区（ōu）脱：匈奴语，指汉时与匈奴连界的边塞所立的土堡哨所。云中：汉云中郡，在今内蒙古自治区。生口：俘虏。

[44] 南乡：向着南方。乡，通“向”。欧：通“呕”。

[45] 昭帝：武帝少子刘弗陵。昭帝即位次年改元始元。始元六年（前81），与匈奴达成和议。

[46] 上林：即上林苑。故址在今陕西省西安市附近。汉朝皇帝游玩射猎的园林。

[47] 让：责备。

[48] 贳（shì）：宽恕。

[49] 曹柯之盟：春秋时，齐鲁作战，鲁败，割地求和，与齐相会于柯，盟誓时，鲁将曹沫持匕首胁迫
齐桓公归还失地而立下大功的故事。见《史记》卷八八《刺客传·曹沫传》。

[50] 园庙：园，陵寝，帝后的葬所。庙，古代祀祖先处所。

[51] 典属国：掌管与少数民族往来的事务，秩二千石。元狩三年（前120）设五属国以处内附匈奴，又
置属国都尉、丞、侯、千人，皆隶典属国。

[52] 常惠、徐圣、赵终根：皆随苏武出使的官吏。中郎：官名，担任宫中护卫、侍从。属郎中令。

评析

　　"苏武牧羊"是中国家喻户晓的故事，班固所撰写的《苏武传》也是中国文学史上的传记
名篇。苏武一生经历曲折丰富，在本篇传记中，作者比较集中地选取了他一生中最重要的活动
来刻画其性格品质——苏武出使匈奴，被扣留十九年，历尽艰辛，九死一生。苏武的事迹，最
早见于刘向《新序》中，内容较为简略，《苏武传》在其基础上增删改编而成，以简练的文笔，
清楚的脉络，成功塑造了苏武坚贞顽强、不辱使命、忠君爱国的光辉形象。

　　《苏武传》是《汉书》中最能表现班固写人艺术特色的名篇之一。《汉书》与《史记》并称
"史汉"，史称"迁文直而事核，固文赡而事详"（《后汉书·班彪传》）。《苏武传》"文赡而事详"
的特征非常明显，文章叙事详尽，选材集中，写英雄人物苏武，固然生动强烈地显示了他对自
己民族的深厚感情；写降敌人物李陵，也揭示了他的悲剧命运和复杂的心情，都不流于公式化
和脸谱化，其感人之深，可与《史记》的名篇媲美。

　　作者采用写人物传记经常运用的纵式结构来组织文章，以顺叙为主，适当运用插叙的方
法，详尽生动地描绘事件经过，从而使苏武始终不渝的爱国形象逐步呈现出来。首先，苏武出
使遇变而临危不乱，为了使命和国家的尊严决心以身殉国，突出了苏武把国家尊严置于自身生
命至上的爱国精神。其次写苏武伤愈，面对权力与财富的诱惑而不为所动；被幽置大窖断绝饮
食，卧而啮雪与毡毛并咽，后牧羊北海掘鼠食为食，仗节操持，节旄尽落，艰难困苦中其历久
而不变的节操更令人敬仰。接下来是李陵劝降，作为苏武的昔日友人，李陵试图以情动人劝降
苏武，陈述苏武家中变故，并自道真情，言语委婉，娓娓动听且充满感情。然而苏武却置家中
命运与个人恩怨于不顾，在连饮数日后，仍陈其"必欲降武""效死于前"之志，终使李陵赞
叹与自责并作，与之泣别，最终得以白发归国。

　　在《苏武传》中，作者善于以对照、映衬的艺术表现手法来塑造传主的形象，在言与行的
比照烘托中，见出人物性格特征之迥异差别。在出使匈奴之初，作为副使的张胜背着苏武行
事，置两国关系于不顾，欲贪功而陷于虞常谋反之事，累及苏武，在匈奴的威逼之下贪生请
降。而苏武在得知事实后首先想到的是"见犯乃死，重负国"，"虽生，何面目以归汉"，立下
竭忠尽节之志，自杀未果更不为敌方剑刃相加所动。与张胜相对照，更显苏武以死全节、镇静

无畏的使臣风范。在威逼利诱之时，苏武指斥卫律"不顾恩义，畔主背亲"的叛变之举，继而痛责其"反欲斗两主，观祸败"，"欲令两国相攻"的阴谋诡计，毫不妥协，语言铿锵。卫律的骄横无耻、色厉内荏更突显苏武的坚定镇静、深明大义。

《苏武传》又以生动具体地展现环境与行动，详尽记述人物言论见长。比如苏武引刀自刺情节，文中详记"卫律惊"、召医抢救的过程，以"惠等哭""单于壮其节"等烘托苏武。尤其是"会论虞常"一幕，剑斩虞常、逼降张胜，终于引出欲令苏武屈节的高潮，文中详细描绘了卫律以言相逼、以剑威胁、以利相诱的过程，苏武铮铮铁骨予以痛斥，其孤忠自誓、坚贞不屈、大义凛然的思想与形象凸显。在叙述李陵相劝情节时，李陵起先"不敢求武"，后奉单于命，"为武置酒设乐"，道明"说足下"之意和单于"虚心欲相待"的诚心。先晓之以"空自苦无人之地，信义安所见"之理，接着陈述苏武出使以来所未知的家庭变故：兄弟屈死、母亲亡故，妻子改嫁，子女走失，继而将心比心陈述自己初降时的心情，最后又指出汉武帝年事已高、喜怒无常、大臣安危难卜的朝中实况。苏武表明心迹以"愿勿复再言"却之。一次未成，又"饮数日"，再劝，终至引出李陵"喟然叹""泣下沾衿"的自责。在昭帝即位、匈奴和亲之后，对汉廷求取苏武的经过亦记述颇详，尤其是李陵与苏武诀别时的剖白，读来令人酸楚。

正由于《苏武传》描写精炼，选材得当，状物写人栩栩如生，从而使苏武这位威武不屈、贫贱不移、富贵不淫的外交使臣的崇高形象，一直受到历代人们的称赞。后世有众多托名苏武与李陵的诗歌、戏曲、小说等，成为文学史上特殊的一笔。

📝 | 思考与运用

❶ 如何看待苏武被囚之前两度自杀，而后又想方设法活下来？

❷ 请分析《苏武传》中的李陵人物形象。

❸ 苏武精神是如何融入儒家伦理系统的？苏武精神在当代有何价值？

▨ | 知识延伸

　　爱国主义是人们对自己国家以及民族和文化的归属感、认同感、尊严感与荣誉感的统一。自古而来，无数爱国英雄"捐躯赴国难"，他们的鲜血凝成并孕育了中华民族的爱国精神。作为新时代的青年，更应大力弘扬以爱国主义为核心的民族精神，为国奉献、无愧于时代、无愧于青春。

🔗 拓展资源

（1）欣赏京剧《苏武牧羊》、豫剧《苏武牧羊》、蒲剧折子戏《苏武牧羊》，体会苏武牧羊在中国文化中的重要影响力。

（2）阅读汪春泓《关于〈汉书·苏武传〉成篇问题之研究》(《文学遗产》2009年第1期)、《历史苏武——史书有关苏武文献研究》(人民出版社2019年版)，了解苏武传形成的文献问题。

33

韩文公庙碑[1]

（北宋）苏轼

匹夫而为百世师，一言而为天下法。是皆有以参天地之化，关盛衰之运，其生也有自来，其逝也有所为。故申、吕自岳降[2]，傅说为列星[3]，古今所传，不可诬也。孟子曰："我善养吾浩然之气。"是气也，寓于寻常之中，而塞乎天地之间。卒然遇之，则王公失其贵，晋楚失其富，良平失其智[4]，贲育失其勇[5]，仪秦失其辩[6]。是孰使之然哉？其必有不依形而立，不恃力而行，不待生而存，不随死而亡者矣。故在天为星辰，在地为河岳，幽则为鬼神，而明则复为人。此理之常，无足怪者。

自东汉以来，道丧文弊，异端并起，历唐贞观、开元之盛，辅以房、杜、姚、宋而不能救[7]。独韩文公起布衣，谈笑而麾之，天下靡然从公，复归于正，盖三百年于此矣。文起八代之衰[8]，而道济天下之溺[9]；忠犯人主之怒[10]，而勇夺三军之帅[11]。此岂非参天地、关盛衰，浩然而独存者乎？

盖尝论天人之辨，以谓人无所不至，惟天不容伪。智可以欺王公，不可以欺豚鱼[12]；力可以得天下，不可以得匹夫匹妇之心。故公之精诚，能开衡山之云[13]，而不得回宪宗之惑；能驯鳄鱼之暴[14]，而不能弭皇甫镈、李逢吉之谤；能信于南海之民，庙食百世，而不能使其身一日安于朝廷之上。盖公之所能者天也，其所不能者人也。

始潮人未知学，公命进士赵德为之师。自是潮之士，皆笃于文行，延及齐民，至于今，号称易治。信乎孔子之言，"君子学道则爱人，小人学道则易使"也。潮人之事公也，饮食必祭，水旱疾疫，凡有求必祷焉。而庙在刺史公堂之后，民以出入为艰。前太守欲请诸朝作新庙，不果。元祐五年，朝散郎王君涤来守是邦[15]。凡所以养士治民者，一以公为师。民既悦服，则出令曰："愿新公庙者，听！"民欢趋之，卜地于州城之南七里，期年而庙成。

或曰："公去国万里，而谪于潮，不能一岁而归。没而有知，其不眷恋于潮也，审矣。"轼曰："不然。公之神在天下者，如水之在地中，无所往而不在也。而潮人独信之深，思之至，焄蒿凄怆[16]，若或见之。譬如凿井得泉，而曰水专在是，岂理也哉？"元丰七年，诏拜公昌黎伯，故榜曰："昌黎伯韩文公之庙。"潮人请书其事于石，因作诗以遗之，使歌以祀公。其辞曰：

公昔骑龙白云乡，手抉云汉分天章[17]，天孙为织云锦裳[18]。飘然乘风来帝旁，下与浊世扫秕糠。西游咸池略扶桑[19]，草木衣被昭回光。追逐李杜参翱翔，汗流籍湜走且僵[20]，灭没倒影不能望。作书抵佛讥君王，要观南海窥衡湘，历舜九嶷吊英皇[21]。祝融先驱海若藏[22]，约束蛟鳄如驱羊。钧天无人帝悲伤[23]，讴吟下招遣巫阳[24]。爆牲鸡卜羞我觞[25]，於粲荔丹与蕉黄。公不少留我涕滂，翩然被发下大荒。

注释

[1]　选自苏轼《经进东坡文集事略》卷五十五，文学古籍刊行社1957年版。此文为元祐七年（1092）苏轼应潮州士人之请而作。

[2]　申、吕：申侯，吕伯，周朝大臣。岳降：指他们是四岳所降生。

[3]　傅说（yuè）：商朝大臣。传说死后化为星宿。

[4]　良、平：张良、陈平，西汉谋臣。

[5]　贲（bēn）、育：孟贲、夏育，古代武士。

[6]　仪、秦：张仪、苏秦：战国辩士。

[7]　房、杜：房玄龄、杜如晦，贞观年间贤相。姚、宋：姚崇、宋璟，开元年间贤相。

[8]　八代：东汉、魏、晋、宋、齐、梁、陈、隋。此时骈文盛行，文风衰败。

[9]　道济天下之溺：谓提倡儒家之道，使天下人不受佛教、道教之害。济：拯救。

[10]　忠犯人主之怒：唐宪宗迎佛骨入宫，韩愈直谏，几被处死，经大臣营救，贬潮州刺史。

[11]　勇夺三军之帅：唐穆宗时，镇州兵变，韩愈奉命前去宣抚，说服叛军首领归顺朝廷。

[12]　豚鱼：《易·中孚》说"信及豚鱼"，意即只有诚心祭祀，连供品猪鱼都感动，才得吉卦。

[13]　开衡山之云：韩愈赴潮州中途，谒衡岳庙，因诚心祝祷，天气由阴晦转晴。

[14]　驯鳄鱼之暴：传说韩愈被贬为潮州刺史时，听说潮州境内的恶溪中有鳄鱼为害，就写下了《祭鳄鱼文》来劝诫鳄鱼搬迁。不久，恶溪之水西迁六十里，潮州境内永远消除了鳄鱼之患。皇甫镈（bó）、李逢吉：均当时宰相。

[15]　朝散郎：五品文官。王君涤：王涤，字长源，元祐五年（1090）任潮州刺史。

[16]　蒿（hāo）：蒸发。凄怆：祭祀时引起的感情。

[17]　云汉：天河。天章：文采。

[18]　天孙：织女星。

[19]　咸池：神话中太阳沐浴的地方。扶桑：神木名。

[20]　籍湜（shí）：张籍、皇甫湜，均韩愈学生，其古文的成就远不及师，因此说"不能望"。

[21]　英皇：女英、娥皇，尧帝的两个女儿，同嫁舜帝为妃。

[22]　海若：海神。

[23]　钧天：天之中央。

[24]　巫阳：神巫名。这两句意思是韩愈死后必为神。

[25]　爆（bào）牲：牦牛。鸡卜：用鸡骨卜卦。

评析

本文一题《潮州韩文公庙碑》。潮州，今广东省潮安县。韩文公即韩愈（768—824），字退之，河内河阳（今河南孟州）人。韩愈力倡儒学，反对当时盛极朝野的佞佛之风，因力谏唐宪宗迎佛骨而于元和十四年（819）被贬到潮州。潮州远隔帝乡，天荒地老，贫穷落后，自然环境十分恶劣。韩愈上任后因俗施教，移风化俗，结果潮州大治，潮州之民竞相称颂其功德，历代不衰。宋哲宗元祐年间，潮州吏民重修韩公庙。本文即苏轼于元祐七年（1092）接受潮州知州王涤请求，替潮州重建的韩愈庙所撰写的碑文。

传统的碑文以叙事为主，本文却以议论为主，叙事通过议论引出。碑文构思精妙，全篇结构共分四段。起笔即突兀高亢，开篇"匹夫而为百世师"一句就凭空挑起，一路气势奔涌、恣肆汪洋；反复出现的排比句式，更给人一种摄魂夺魄、难能自已的震撼力。虽未直笔书人，引历史著名人物（周代申、吕二贤和殷相傅说）作为韩愈出场的陪衬、先行，韩愈恢复道统之功德已隐然浮现。第二段先用"折笔"，极力形容"救弊""起衰"之难，由东汉以来的历史演变下笔，再以贞观、开元盛世和房玄龄、杜如晦、姚崇、宋璟等贤相，反衬出韩愈"其布衣，谈笑而麾之，天下靡然从公，复归于正"的难能可贵，"文起""道济""忠犯""勇夺"四句，以骈句铺陈，对仗精切，用语典重，高度概括韩愈一生的历史功勋。第三段又转笔天人之辩，由上文述其业绩进而论其遭遇，赞颂他正直精诚的品德和无所畏惧的精神。"不能使其身一日安于朝廷之上"，既是感叹韩愈，又是作者的自我写照。第四段叙韩愈在潮州兴办文化教育事业、教化齐民百姓，因而使潮州长治久安的政绩；由于政绩之大，遗泽之远，引起潮州百姓敬爱之深，故民众乐于重修韩公庙。州府命令一出，"民欢趋之"，顺次写来，环环相扣。文末交代韩愈被昭封的时间，点明作《庙碑》所作缘由，并缀以一首祀歌作结，既吟叹韩愈生前的事功，又以新奇的浪漫想象其身后的灵异，色彩斑斓，文笔瑰奇。

苏轼宦海浮沉，大起大落，始终未能安立朝堂，就在写这篇碑文前后，曾连遭弹劾诬陷，不得不多次乞请外放，内心的郁愤便借此宣出。碑文将议论、描述、引证、对话、诗歌等熔铸于一炉，思潮如江涛翻滚，文势澎湃跌宕，感慨弥深，字里行间渗透着作者的身世之感。作者在追念这位与自己有相似经历的先贤时，也寄寓了自己同病相怜的悲愤与感慨，使本文具有了很强的感情色彩，加之笔锋雄健，气势充沛，议论纵横跌宕，具有感染力，因而本文一经问世便广为称赞，成为历代碑文中的名篇佳作。正如洪迈《容斋随笔》云："刘梦得、李习之、皇甫持正、李汉，皆称诵韩公之文，各及其势。……及东坡之碑一出，而后众说尽废。"王世贞说："此碑自始至末，无一懈怠，佳言格论，层见迭出，如太牢之悦口，夜明之夺目，苏文古今所推，此尤其最得意者。"（《御选唐宋文醇》卷三十一）

📝 | 思考与运用

❶ 这篇文章不仅内容上展示韩愈事迹，写作方法上也在模仿韩愈文风，试指一二。

❷ 苏轼身上是否有韩愈的影子？试比较二人异同。

拓展资源

（1）观看《百家讲坛》栏目中"唐宋八大家之韩愈"主题内容，了解韩愈的生平经历及其主要思想。

（2）阅读《论佛骨表》，分析韩愈被贬潮州的原因。

学习笔记

34

寒花葬志[1]

（明）归有光

婢，魏孺人媵也[2]。嘉靖丁酉五月四日死[3]，葬虚丘[4]。事我而不卒[5]，命也夫！

婢初媵时，年十岁，垂双鬟，曳深绿布裳[6]。一日天寒，爇火煮荸荠熟[7]，婢削之盈瓯[8]。余入自外，取食之，婢持去不与，魏孺人笑之。孺人每令婢倚几旁饭[9]，即饭，目眶冉冉动[10]。孺人指余以为笑。

回思是时，奄忽便已十年[11]。吁，可悲也已！

📖 注释

[1] 选自归有光著，彭国忠、查正贤、杨焄、赵厚均校点《震川先生集》，上海人民出版社2020年版。归有光（1507—1571），字熙甫，一作开甫，别号震川、项脊生，世称"震川先生"，明代苏州府昆山县（今江苏昆山）宣化里人。嘉靖四十四年（1565）进士，历官长兴知县、顺德通判、南京太仆寺丞等职。归有光崇尚唐宋古文，其散文风格朴实，感情真挚，是明代"唐宋派"代表作家，与唐顺之、王慎中并称为"嘉靖三大家"，文章又被誉为"明文第一"。著有《震川先生集》《三吴水利录》等。寒花是归有光亡妻魏氏的婢女，10岁来到归家，年仅19岁去世。寒花逝后，归有光为她写下了这篇葬志，回忆其少年时生活中的细节。葬志即墓志，主要记述死者姓名、卒年和生平事迹，刻于石碑，埋于墓穴。

[2] 魏孺人：指作者妻子魏氏，光禄寺典簿魏庠之女，昆山人。明清时七品以下官员的母亲或妻子封孺人。媵：陪嫁的婢女。

[3] 嘉靖：明世宗朱厚熜年号。丁酉：即嘉靖十六年，公元1537年。

[4] 虚丘：在今江苏省昆山东南。

[5] 卒：到头。

[6] 曳：拖着。裳（cháng）：古人下身的衣裙。

[7] 爇（ruò）火：烧火。荸（bí）荠（qí）：即荸荠，古称凫茈，又名乌芋。

[8] 盈瓯：装满一盆。

[9] 饭：此作动词用，吃饭。

[10] 冉冉：徐徐。

[11] 奄忽：很快地。

评析

　　归有光散文有"明文第一"之美誉，其中写女性的散文充满了日常生活情趣，《项脊轩志》《先妣事略》中的真挚感情打动了无数读者，成为文学史上不可磨灭的名篇。清初著名文学家黄宗羲曾言："予读震川文之为女妇者，一往情深，每以一二细事见之，使人欲涕。"(《张节母叶孺人墓志铭》) 这篇《寒花葬志》亦是如此。

　　文章对寒花并无直接的相貌描写，"垂双鬟，曳深绿布裳"都是说其年幼，稚气未脱。记载的也仅仅是两件日常生活中再平常不过的事情。第一件是天冷煮荸荠，主人回来了却"持去不与"，为什么呢？是因为自己辛苦剥好，刚刚装满了一盆，还没享受完成功的快乐吗？还是没有转变过来身份，觉得食物只有小姐(魏孺人)才能吃？无视主仆的尊卑等级，这是天真淘气的寒花。第二件事是每当要吃饭的时候，眼珠骨碌骨碌转动，这是活泼可爱的寒花。是馋还是饿呢？归有光并没有说明，两件琐事都是以魏孺人笑结束。淡淡几笔，寒花可爱伶俐的形象就跃然纸上，家庭的温馨，夫妻间的默契都在不言中。但是这么和谐幸福的家庭却未能持久，寒花去世后，作者追忆与其10年前相见时的场景琐事，让人浮想联翩，嗟叹不已。

　　传统的墓志，是以建功立业的英雄豪杰、嘉言懿行的智者贤士为表现对象，宋代以来，普通人的墓志开始逐渐增多，但也是主要叙述墓主的生平大事，主人为婢女作墓志的较为少见。归有光不仅为婢女作葬志，而且还打破常规写法，篇幅短小，仅用寥寥数语，写看似不经意地信手拈来的生活琐事。叙述上既无曲折情节，又无奇特内容，语言也平淡如家常话，但却真情动人。王锡爵《归公墓志铭》评曰："无意于感人，而欢愉惨恻之思，溢于言语之外。"归有光曾提出"匹夫匹妇以为当然，是天下之至情"(《泰伯至德》) 的"至情论"，将笔墨转向对"匹夫匹妇"之间的感情，尤其是家庭亲情的书写，摆脱了"文以载道"的束缚，不事雕琢，平易近人。

　　寒花的真实身份，并不仅仅是婢女，而是归有光的妾。在《归震川先生未刻稿》中"魏孺人媵也"后多出"生女如兰，如兰死，又生一女，亦死。予尝寓京师，作《如兰母》诗"一句，可以确定寒花是归有光的妾，为归有光生了两个女儿，可惜都早夭。归有光在文中其实也多有暗示，如开篇提及寒花是"魏孺人媵"，"媵"即有陪嫁之意，与单纯的婢女还是有所区别。尤其是提到"事我而不卒"，"事我"虽然也有主仆关系的解释，但是联系到"媵"，即已暗含了寒花妾的身份。而从归有光女儿如兰的圹志可知，如兰生于嘉靖十三年(1534)，而魏氏前一年已卒，归有光继取王氏则又在嘉靖十四年，所以如兰的母亲不可能是王氏，圹志中说如兰"母微"，可以明确如兰的母亲就是寒花。所以这篇《寒花葬志》并不仅仅是悼念婢女，更是悼念亡妾。但是为什么归有光有意删除了生女一句，让寒花的身份变得扑朔迷离？又为什么仅仅追忆其十岁时的儿童憨态，不提二人生活养育女儿之事，而多次提到魏孺人？这些都是值得读者思考的问题。

思考与运用

❶ 本文和传统的墓志有何区别？

❷ 有人认为这篇葬志其实是作者在悼念妻子魏孺人，"明写寒花，实写魏孺人"，你怎么看？

❸ 请对比本文与《项脊轩志》的异同。

拓展资源

阅读邬国平《归有光散文的抒情性与批判性》，结合分析《寒花葬志》的文学特色。

学习笔记

35

卡尔·马克思（节选）[1]

[英]以赛亚·伯林

李寅 译

多年来，马克思自己的经济状况是令人绝望的：他没有稳定的收入来源，家庭成员越来越多，他的声名也排除了被任何体面机构雇用的可能。在接下来二十年的时间里，他和家人所过的悲惨的潦倒生活，以及由此带来的无以言表的羞辱，经常被人讲起：刚开始一家人不断地从一个便宜住所搬到另一个，从切尔西搬到莱斯特广场[2]，后来又搬到梭霍区疾病高发的贫民窟[3]。家里经常拿不出分文付给小商小贩，全家只能饿着肚子，直到借到一点钱或者恩格斯寄出的一个英镑汇到了，才能暂时缓解一下困境。有时候家里所有的衣物都拿去典当了，一家人只得成天坐着，没有灯火，没有食物，只有讨债的人不时上门要债。燕妮·马克思记下了他们年仅六岁的儿子埃德加在回答面包房工人前来要债时说的话[4]："不，他没在楼上！"

在遗留下来的一名普鲁士间谍的报告中（这名间谍设法摸进了他位于迪恩大街的家里），生动描述了他流放的头七年间的生活条件：

> 他居住在伦敦一个最差，因此也最便宜的社区。他有两间房［……］里面都没有一件干净或者像样的家具，所有东西都破破烂烂，上面都落满了灰尘［……］在［一张餐桌上］放着手稿、书报、孩子们的玩具、来自妻子针线篮里的碎布片儿、缺了口儿的杯子、脏兮兮的勺子、刀叉、灯、墨水瓶、平底杯、一些荷兰陶制烟斗、烟灰——这些都统统堆在一张桌子上。
>
> 进到马克思的房间，一股烟味儿呛得你眼泪直流，刚开始的时候你好像在一个岩洞中摸索前行，直到你慢慢适应后，才能在一片模糊中辨认出一些东西［……］要坐下来可是相当危险的一件事。有一把椅子，可只有三条腿，另外一把恰好是完整的，却是孩子们用来过家家做饭用的。有客人时会让出这把椅子，可孩子们过家家做饭的痕迹还在，你要是坐下去，可要当心自己的裤子。但是所有这些根本就为难不倒马克思或他的妻子。客人来了，会受到最友好的接待，他们会热情地递上烟斗、烟丝以及一切恰好屋里有的东西。最终主客之间会进行一场机智而有意思的谈话，弥补了家里的一切不足，这也使得种种不舒服变得可以忍受了。

一个天才男人，被迫住在阁楼里，债主上门时要躲起来，或者被迫躺在被子里，因为衣服都拿去当了，这是那些欢快而多情的喜剧中惯常的主人公形象。马克思不是放荡不羁的文人，他的穷困潦倒十分悲惨地影响了他。他很骄傲，过于敏感，对这个世界有着很高的要求：他的生活条件使之蒙受琐屑的羞耻和凌辱，他渴望到达自认为有资格的居高临下的位置却求之不得，他巨大的天生活力被压抑下来，所有这些使他时有突发的憎恨和愤怒，与外界隔绝开来。他的这些痛苦感受经常在写作中、在长篇猛烈的个人报复文章中找到宣泄途径。他在任何地方都能看出阴谋、迫害和诡计；他的对手们越是强调自己的清白，他就越是坚信他们的奸诈和罪行。

在他的日常生活中，每天都要去大英博物馆的阅览室，通常他会在那里从早上九点待到下午七点关门为止。随后又是长时间的熬夜工作，其间不停地抽着烟斗，这已经从一个奢侈习惯变成了一个不可或缺的慰藉。这个习惯永久性地伤害了他的身体健康，他经常性地受到一种肝病的困扰，有时伴有疡肿和眼睛炎症，这会影响他的工作，让他精疲力竭、烦躁不已，打断他从不确定的生计。"我像约伯一样遭受折磨，虽然我并不那么害怕上帝，"他在1858年这样写道，"这些先生们［医生们］所说的一切都可归结为一个事实，那就是一个人应该当一名富足的收租者，而不是像我这样的穷困恶魔，穷得跟教堂里的老鼠一样。"在其他一些时候，他也会发誓，终有一天要让资产阶级为他身上每一处痛疮付出昂贵代价。

那些年头，恩格斯每年的收入似乎也不超过一百英镑，他还要靠这笔钱代表自己的父亲维持曼彻斯特一家较为体面的公司的运转，因此刚开始的时候，即便加上全部的慷慨，他也无法提供更多系统性的帮助。马克思在科隆的一些朋友，或者慷慨的德意志社会主义者李卜克内西或弗莱利格拉特[5]，时不时会为他筹集一小笔款项，再加上偶尔报刊寄来的稿酬，以及偶尔从他在荷兰的富人菲利普斯姨父处拿到的"借款"和从亲戚们那里得到的小笔遗赠，使他在生死边缘得以继续存活。因此也不难理解，他对贫困、对万恶的奴隶制度及其所带来的堕落的痛恨，至少和对奴颜婢膝的痛恨一样强烈。

关于工业贫民区、矿区村庄或者农场的生活情况，以及文明观点对于这些的态度，在他的作品中都有所描述，字里行间都带着一种强烈的愤慨和冷漠的、完全没有歇斯底里的辛酸，这种笔调，尤其当他的描述进行得十分细致、语调变得反常地宁静和平淡的时候，总是带有一种令人害怕的特质，使读者产生一种愤怒和羞辱的感觉，哪怕这些读者是连卡莱尔热烈的修辞[6]、密尔高贵人道的恳切辩护[7]，或者威廉·莫里斯和基督社会主义者们极具征服力的能言善辩都不能打动的[8]。

在这些年中，他的三个孩子，包括两个儿子吉多和埃德加以及女儿弗兰西斯卡，先后夭折了，主要是他们所生活的贫困环境所致。弗兰西斯卡死的时候，他甚至没钱买棺材，最后还是靠一个法国难民的施舍才得以解救。马克思夫人在给一名流放者同伴的信中，无比凄惨地描述了这一事件经过。她本人经常生病，孩子们都交给家庭女仆海伦·德穆特（即"琳蘅"）照看，她和这家人生活了一辈子。

"我以前不能，现在也不能去看医生，"他有一次给恩格斯写信时提到，"因为我没钱买药。过去的八天或者十天当中，我全靠面包和土豆喂饱一家人，可今天，即便连这些东西我都不知道还能不能拿得到。"

　　他生来就不擅交流，比任何一个人都不喜欢自哀自怜。事实上，在写给恩格斯的书信中，他有时会嘲讽自己的不幸，带着一丝无情的讽刺，这也许会对不经意的读者掩盖他经常身处的绝望境地。但当1855年他非常喜欢的儿子埃德加年仅八岁就夭折时，他的铜墙铁壁再也无法阻挡自己的感情：

　　　　我经历过种种不幸［他对自己的朋友这样写道］，但我才知道，真正的不幸是什么［……］

　　　　这些天来我经历一切的磨难时，我想到了你、你的友谊，还有我们在这个世上也许能做一些合理的事情的希望，才让自己没有倒下［……］

　　在给拉萨尔的信中[9]，他这样写道：

　　　　培根说真正重要的人会与自然和世界建立诸多联系[10]，会对诸多事物产生兴趣，会很轻易地克服一切痛苦。我不是这种重要人物。我孩子的死对我打击很大，依然让我像第一天那样感到痛苦不堪。我的妻子也完全崩溃了。

　　一家人能允许拥有的唯一的快乐形式，就是在夏季的时候偶尔去汉普斯特德公园野餐[11]。他们经常在星期天早上从迪恩大街的住处出发[12]，带上琳蘅和一两位朋友，拎上一篮子食物和路上买的报纸，往汉普斯特德走去。在那里他们会坐在树下，孩子们玩耍着、摘着花儿，大人们交谈着，或者看报纸，或者睡觉。随着午后时间慢慢过去，大家情绪越来越高涨，尤其是当快乐的恩格斯也在场的时候。他们说着笑话、唱着歌、相互追逐着。马克思背诵诗歌，这是他很喜欢做的事，让孩子们跨到自己脖子上骑着，逗每个人开心，到了最后，往往会在一家人面前严肃地爬到一只毛驴背上，来来回回地骑着走：这个节目一般都会逗得大家哈哈大笑。夜幕降临的时候，一家人往回走，在回到梭霍区的家里的路上，经常唱着德语或英语的爱国歌曲。然而，这种美妙的场景往往极少出现，而且也根本无法点亮恩格斯所谓的难眠的流放之夜。

注释

[1]　全名为《卡尔·马克思：生平与环境》，1939年作为"现代家庭知识大学丛书"中的一本出版。这也是以赛亚·伯林的处女作。本文选自该书第八章。以赛亚·伯林（1909—1997），英国社会和政治理论家、哲学家和思想史家。伯林出生于当时属于俄罗斯的拉脱维亚城市里加，1921年随家迁移英国。1928年入牛津大学圣体学院学习，获文学和哲学学士学位。他早年担任外交职务，后重回大学从事研究工作。1957年成为牛津大学政治社会理论教授，1974至1978年任不列颠学会主席。主要著作有《启蒙时代》（1956）、《四论自由》（1969）、《人性的弯曲之木》（1990）等。伯林明确提出了价值多元论，认为人们无法用一个合理的标准对相互冲突的价值加以仲裁和解决。他把自由区分为肯定性自由和否定性自由，强调只有否定性自由才最符合人类的目的或价值的多样性。

[2]　切尔西：英国伦敦西南部的一个区域，位于泰晤士河北岸。莱斯特广场：位于伦敦西区的广场。

[3]　梭霍区：位于伦敦西区，是威斯敏斯特自治市的一个部分。

[4] 燕妮·马克思（1814—1881）：马克思的妻子，出生于普鲁士贵族家庭。她为马克思抄写和影印手稿，还负责整理他和同事朋友以及出版社之间的通信。

[5] 李卜克内西：即威廉·李卜克内西（1826—1900）。德国社会主义者，德国社会民主党创始人之一。与流亡英国的马克思联系密切，致力于国际社会主义运动。弗莱利格拉特：即斐迪南·弗莱利格拉特（1810—1876）。德国诗人、翻译家。1845年在布鲁塞尔与马克思相识。1848年后成为共产主义者同盟成员。后期脱离革命。

[6] 卡莱尔：即托马斯·卡莱尔（1795—1881）。英国散文家、历史学家、哲学家。其代表作有《法国革命史》（1837）、《论英雄、英雄崇拜和历史上的英雄业绩》（1841）等。卡莱尔的基本哲学思想是世界上一切现象都是神圣的理念的体现。历史上那些能意识到神圣的理念的伟人推动了历史的前进。

[7] 密尔：即约翰·斯图尔特·密尔（1806—1873）。19世纪英国哲学家、政治经济学家，逻辑学家，实证主义和功利主义的代表。密尔继承发展了边沁的功利主义伦理思想，建立了以最大幸福主义为内容的完整系统的功利主义理论体系。

[8] 威廉·莫里斯（1834—1896）：英国诗人、工艺美术家和社会主义活动家。他是复兴英国传统纺织艺术和生产方法的主要贡献者。19世纪70年代后积极参与英国工人运动，1885年参与创立社会主义同盟。他把艺术看成改造现实的必要手段。基督社会主义：19世纪中期在英国兴起的社会改革运动。在哲学上受卡莱尔、柯尔律治、傅立叶和圣西门的影响。主张跨阶级的社区合作，而不是无限制的自由竞争。

[9] 拉萨尔：即斐迪南·拉萨尔（1825—1864）。德国早期工人运动活动家，全德工人联合会创始人。拉萨尔主张通过普遍和直接的选举实现工人阶级的解放，认为解放工人阶级的唯一道路是依靠国家发展工人合作社，使工人获得全部劳动所得。

[10] 培根：即弗朗西斯·培根（1561—1626）。英国近代唯物主义哲学家。其代表有《论说文集》（1597）、《学术的进展》（1605）等。培根开创了经验性的认识方法，认为实验比感性直观更优越。他也是近代归纳逻辑的主要创立者。马克思称培根为"英国唯物主义和整个现代实验科学的真正始祖"。

[11] 汉普斯特德公园：伦敦北部一个由树林、池塘和草地组成的郊野公园。

[12] 迪恩大街：伦敦梭霍区的一条街道。

评析

以赛亚·伯林笔下的马克思，不仅是伟大的思想家和革命者，也是有血有肉的个体。艾伦·赖安对此评价说，在伯林的这本马克思传记中，"尽管思想也有自己的生命，但它们依然刻有作为其主人的男人和女人的个性印记"。伯林反对将历史人物抽象化和锁定在一些预设的概念和公式中，而是要还原他们生活的具体状态和经历，然后再说明他们的生活和思想之间的联系。

在这段选文中，伯林向我们描述了马克思及其家人在伦敦的艰辛生活：如同贫民窟一样的家庭陈设，躲避债主的窘境，以牺牲自己健康为代价的工作……这样的描写的目的并不仅仅是为了凸现革命先驱牺牲的伟大。更重要的是，我们从中看到，马克思那惊人地宏大和充满洞见的思想决不能仅仅被理解为某种冷冰冰的逻辑推理和思辨技巧的产物，恰恰相反，那些伟大著作背后有着独特的个性和生命体验的烙印。马克思在信中谈到自己儿子夭亡时那悲痛的情感，让人泫然欲泣；而当他们全家去野餐时，那种发自内心的快乐与前面的惨淡生活相互映照，更让读者感慨万千。伯林在这里展现了：思想不仅是一个推理的过程，也是一种情感的状态。马克思不再是一个遥不可及的抽象符号，而是一个正常、鲜活，让我们倍感亲切的形象。从这点出发，马克思的那些著作，也可以被解读为他在现实生活中与生存和道德的困境作斗争的记录。因此，当伯林描述马克思的作品"字里行间都带着一种强烈的愤慨和冷漠的、完全没有歇斯底里的辛酸"时，他完美地兼顾了感情状态的呈现与理性的分析。

这也说明了为什么伯林要如此细致地描绘马克思的"生平和环境"，正是因为马克思对生活本身有着敏锐的感受，他才能毫不简化地直面纷繁的现实，去把握现实的质感，把握人和社会那些难以言传的纽带关系。换言之，我们看到的不仅是作为"理论家"的马克思，更是作为"作家"的马克思，就像那些伟大的文学家一样，他以一种充满感情和想象力的方式表达了人类经验的复杂性及其意义。

思考与运用

① 作者是怎样将马克思的生活境况和他的作品风格联系起来的？你认为这种联系是有说服力的吗？试举其他作家的例子加以说明。

② 最后一个段落描写了马克思全家去公园游玩。这一段在文章中起到的作用是什么？请加以分析。

③ 一般认为，传记应该力求客观，但伯林却不断透过客观材料探寻马克思的主观精神状态和感情世界。这是否有悖于传记的客观性原则？说说你的理由。

④ 这篇传记是否更新了你对马克思的认识？请具体谈一下。

知识延伸

现实生活中的各种困境，在激发出人们不屈不挠的反抗精神的同时，也放大了人性中的爱与善。在真实的苦难当中，这些人性当中的闪光点显得愈发动人，也更加弥足珍贵。马克思立足于个体的生命体验，下笔书写时代的议题，这是一种广博的胸怀。无论何时，我们都应该保持对个体生命和生活境况的关切，看到连接人与人、人与社会的情感纽带，体悟日常生活背后隐藏的人性光辉。

拓展资源

（1）阅读［英］以赛亚·伯林《卡尔·马克思：生平与环境》（李寅译，译林出版社2018年版），了解马克思生平事迹。

（2）观看电影《青年马克思》，思考我们可以从青年马克思身上学习什么。

第七部分

书信

文体概说

书信漫谈

古人通常把书信称作"尺牍",比如北宋范仲淹的《范文正公尺牍》、明代汤显祖的《玉茗堂尺牍》、清代袁枚的《小仓山房尺牍》等等。尺表示长度,牍表示载体,由于早期的书信通常写在一尺长短的竹简或木板之上,故名尺牍。目前,所能见到的最早的尺牍实物,是1975年在湖北云梦睡虎地出土的两封写在木牍上的书信(编号M4:11和M4:6)。牍厚0.3厘米,长23.1厘米,内容为黑夫与惊两人所写的家书,写信时间是战国晚期至秦朝初期。至于"尺牍"两字在传世文献中的记载,可能最早出现于西汉司马迁《史记·扁鹊仓公列传》。太史公在传赞中说:"缇萦通尺牍,父得以后宁。"这里的尺牍,指的是缇萦为救父亲而向汉武帝所上之书。除尺牍外,书信的别称还有书、札、简、帖、函、启等各种名目,在诗文作品中则经常出现尺素、锦书、尺锦、尺书、刀笔等各种雅称,反映了古代尺牍文学的创作繁荣。

尺牍的写作不仅有一定的格式和规范,而且还有专门的用语和修辞,是一种比较特殊的文学体裁。从结构上而言,一封完整的尺牍应该包括起首、正文、结尾、落款和附言五个部分。(一)起首。起首就是尺牍的开端,又称起首语或发端语,就是信的开头部分。古代书信的开头,一般有5个部分:(1)称谓敬辞,即对收信人的尊称,比如"父亲大人""某某先生"等;(2)爱慕敬辞,紧

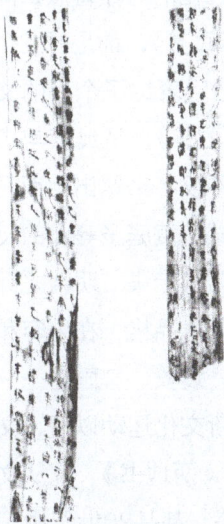

木牍(11号、6号)正面

跟在称谓敬辞之后，表达对收信人的崇敬爱慕之情，比如"（父亲大人）膝下""（某某先生）足下"等；（3）邀览敬辞，请求对方过目之意，可以代替爱慕敬辞使用，比如"（某某先生）尊鉴""（某某仁兄）惠鉴"等；（4）呈悉敬辞，用以答复对方，表示收到了对方的来函，比如"某月某日……函计呈""某月某日电敬悉"等；（5）启示敬辞，一般紧跟在爱慕敬辞或邀览敬辞之后，用"某某者"的结构引出书信正文，比如"父亲大人膝下，敬禀者""某某仁兄左右，谨肃者"等。起首写毕，便可进入书信正文。（二）正文。正文的开头一般是应酬语，表达对对方的思慕、疏候、瞻仰、颂扬、恭维之情，比如"久违""久仰大名""久疏音问"等。应酬语之后，就可以书写正文内容，一般会使用正文起首语引出，比如表示时间的词组"兹有""昨闻""顷接""比维"等，表示空间的词组"此地""敝舍""本校""遥念"等。至于书信正文的写作，与一般的散体文没有太大区别，但要注意言简意赅，次序井然，避免啰唆冗繁。正文写完之后，还要加上一句结束语，表达对对方的感谢、请求、祝福等心情，比如"敬祈赐示，不胜感激""倘蒙通融，永铭肺腑""有劳之处，敬乞谅宥"等。（三）结尾。书信的结尾部分，通常会有一句全文煞尾敬辞，比如请安类的敬辞"谨此奉侯，敬请福安"、专颂类的敬辞"专此，即颂文祉"、祝贺类的敬辞"特此驰贺，并祝鹏程万里"等。（四）落款。书信落款的位置，一般都在正文最后一行下面的偏中后区域。落款要表明写信人的身份，晚辈写给长辈要使用谦辞，比如"儿某某谨禀""侄某某谨启"等；长辈写给晚辈可直书辈分，如"祖父手谕""父母泐"等。最后再另起一行，在落款下面写上签署时间，古人一般用干支纪年法，如"庚子年某月某日"，而现代人更习惯使用公元纪年法。（五）附言。顾名思义，附言就是书信正文之外临时又突然想起来要补充的话，可有可无，视具体情况而灵活处理。

中国古代的书信文学有着十分悠久的历史传统。先秦时期的尺牍强调论辩和说理，具有一定的政治功能，比如乐毅的《献书报燕王》就是他与燕惠王之间的一番辩难。汉魏六朝时期是尺牍文学发展的第一个高峰，这一时期的尺牍更加体现出文人个性化的写作特点，同时也充满了丰富的文学色彩。比如司马迁的《报仁安书》、李陵的《答苏武书》，都是抒发个人情感的经典作品；又比如曹丕的《与吴质书》、曹植的《与杨德祖书》，表达了个人的文学思想和文学观念；还有像吴均的《与朱元思书》、梁丘迟的《与陈伯之书》，是尺牍与山水相结合的艺术杰作。进入唐宋时期，尺牍文学迎来了它的黄金时代，不仅名家辈出，而且涌现了许多至今传诵的尺牍佳作。特别是像韩愈、柳宗元、欧阳修、苏轼、黄庭坚等人的尺牍作品，被后人视作典范学习，并出现了以他们个人或群体名义编辑的尺牍专集。明清之际，尺牍发展又经历了第二次辉煌。这一时期的尺牍更接近明清小品文的艺术品格，在内容和题材方面也有了更大的开拓和创新。归有光、汤显祖、袁宏道、郑板桥、袁枚、曾国藩……他们都留下了一批数量可观、艺术上乘的尺牍作品。近代以来，特别是新文化运动以后，文言尺牍逐渐式微，取而代之的是白话尺牍的写作，比如鲁迅与许广平的《两地书》、沈从文与张兆和的《湘行书简》、冰心的《寄小读者》、傅雷的《傅雷家书》等，都是20世纪中国文学史上耳熟能详的书信名作。

　　在西方，诗文书信（epistle）具有特别的含义，指的是以书信形式精心制作的文学作品。从欧洲文学史上看，信件和诗文书信之间存在着明显区别，信件本质上是一种自发的、非文学性的产品，是暂时的、亲密的和私人的，是口语交谈的替代品。而诗文书信具有公开性，它是在考虑到听众的情况下写成的，是一种旨在获得持久性的文学形式。诗文书信的产生往往是为了阐明某种政治、文艺或学术观点，有的是真实的信件，也有的是冒名。在罗马帝国早期，假名书信特别多，大部分会冒用柏拉图、德摩斯梯尼、亚里士多德和西塞罗的名字。

　　古希腊流传下来的有伊索克拉底和伊壁鸠鲁的散文体书信，他们在信中为自己的品德和行为进行辩护。在罗马帝国后期和中世纪，正式的散文体书信几乎是文学的一个独立分支。普鲁塔克、西塞罗、塞内加和小普林尼的书信备受推崇，在公元4世纪，帝国元老叙马库斯留下了900多封典范性的书信。在这些信中，他宣扬了一种罗马贵族的精英价值观。在文艺复兴时期，最常见的文学创作形式之一是模仿西塞罗的书信，从彼特拉克的书信到德国人文主义者的《蒙昧者书简》。《蒙昧者书简》开创了书信体讽刺作品的先河，在它之后，出现了帕斯卡尔的《致外省人信札》、斯威夫特的《德拉皮尔的信》等同类作品。

　　诗文书信的另一个分支是诗体书信，这类作品几乎都与道德或哲学主题有关，以罗马作家贺拉斯写给自己农庄管事的书信为典范。奥维德、克劳狄安、奥索尼乌斯和其他晚期拉丁诗人也有这方面的杰作传世。诗体书信优雅、庄重、精确和亲切的风格对后代的法国文学产生了重要影响。克莱门特·马罗在16世纪首先使诗体书信在法国流行起来，他的书信简短而富有活力。在18世纪，伏尔泰使这种形式到达了顶峰，《致乌拉尼诗简》是他最著名的诗体信。葛雷塞、塞丹和让蒂尔·伯纳德都有佳作，维埃纳可被视为法国最后的书信体诗人。

　　17世纪的英国，塞缪尔·丹尼尔将"按照贺拉斯的方式"写作的诗体书信引入了英国，他致布里斯托尔女伯爵露西的信以三行诗节押韵法写成，这封信是这种形式在英国文学中最好的范例。17世纪末，德莱顿非常擅长这一类型的写作，他写给康格里夫（1694）和奥蒙德公爵夫人（1700）的书信雄辩而又优雅。英语诗体书信的最重要的作家是18世纪的大诗人亚历山大·蒲柏，他的《艾洛伊斯致亚伯拉德》（1717）模仿了奥维德《女杰书简》的形式，而他的《道德论》则采用了贺拉斯式的诗体书信样式。这两部作品都取得了巨大的成功。蒲柏1735年的作品《与阿布斯诺博士书》满怀尊严地维护自己的声誉，充满了优雅和机智，使之成为诗体书信中难以逾越的名作。蒲柏之后，诗体书信在英国再次陷入冷落。18世纪末，塞缪尔·罗杰斯在他的《致朋友的信》（1798）中努力恢复这一被忽视的传统。尽管诗体书信追求形式化和优雅风度的古典主义特征使它不见容于19世纪的浪漫主义者，然而，雪莱的《致玛丽亚·吉斯伯恩的信》（1820）和济慈的《致查尔斯·克拉克的信》（1816），尽管富于浪漫色彩，却无疑是真正的贺拉斯式书信。在英国文学中，这类作品在传统上采用英雄诗体，但在19世纪后的现代诗体书信中也会灵活地使用短抑扬格或素体诗的形式。

拓展视频

郑板桥《家书》的真情与假意

36

与唐处士书[1]

（北宋）范仲淹

十二月日，高平范某[2]，谨再拜致书于处士唐君：

　　盖闻圣人之作琴也[3]，鼓天下之和而和天下[4]，其为道大矣乎！暴秦之后，礼乐失叙[5]，吁嗟乎，琴散已久。后之传者，妙指美声，巧以相尚[6]，丧其大[7]，矜其细[8]，人以艺观焉。皇宋文明之运，宜建大雅，东宫故谕德崔公其人也[9]。得琴之道，志于斯，乐于斯，垂五十年[10]，清净平和，性与琴会，著《琴笺》，而自然之义在矣。尝游于门下，一日请曰："琴何为是[11]？"公曰："清厉而静[12]，和润而远[13]。"某拜而退，思而释之曰：清厉而弗静，其失也躁[14]；和润而弗远，其失也佞[15]。不躁不佞，其中和之道欤！一日，又请曰："今之能琴，谁可与先生和者？"曰："唐处士可矣。"某拜而退，美而歌曰[16]："有人焉[17]，有人焉！"且将师其一二[18]。属远仕乎千里[19]，未获所存[20]。今复选于上京。崔公既没，琴不在于君子乎？君将怀其意，授之一二，使得操尧舜之音，游羲皇之域[21]，其赐也，岂不大哉？又先生之琴传，传而无穷；上圣之风存，存乎盛时，其旨也，岂不远哉？诚不敢助《南薰》之诗[22]，以为天下富寿，庶几宣三乐之情[23]，以美生平而可乎[24]？某狂愚之咎[25]，亦冀舍旃[26]。不宣[27]。某再拜。

注释

[1] 选自范仲淹《范文正公集》，清康熙四十六年刻本；参校孟舒《乐圃琴史校》，1959年线装本。范仲淹（989—1052），字希文，苏州吴县（今江苏苏州）人。宋真宗大中祥符八年（1015）进士，官至参知政事，与富弼等人主持"庆历新政"。卒谥"文正"。著有《范文正公集》。
　　唐处士：唐异，字子正，工书善琴，为宋初隐士。

[2] 高平：为范氏郡望，在今山西省高平市。

[3] 圣人之作琴：圣人发明琴。传说舜作五弦之琴，以歌南风。

[4] 鼓：敲，使……发出声音。

[5] 失叙：失去常规，次序混乱。

[6] 巧以相尚：以技巧相互推崇。

[7] 大：指琴中包含的大道理。

[8]　矜：自夸。细：指微末的弹琴技巧。

[9]　谕德：官名，职责是教育皇太子的道德修养。崔公：指崔遵度（954—1020），字坚白，宋太宗太平兴国八年（983）进士。善弹琴，官至吏部郎中兼左谕德。

[10]　垂：将近。

[11]　是：法则。

[12]　清厉：形容声音激切高昂。

[13]　和润：形容声音和谐圆润。

[14]　躁：浮躁。

[15]　佞：柔弱，柔媚。

[16]　美：心情愉快。

[17]　有人焉：有人继承了崔公的琴艺。

[18]　师其一二：向他学习一点琴艺。

[19]　属（zhǔ）：恰好，适逢。

[20]　获：获得，满足。存：存想，愿望。

[21]　羲皇：伏羲与皇帝的并称。

[22]　《南薰》之诗：相传舜作《南风歌》，中有"南风之薰兮，可以解吾民之愠兮"。

[23]　三乐之情：《孟子·尽心上》："君子有三乐，而王天下不与存焉。父母俱存，兄弟无故，一乐也；仰不愧于天，俯不怍于人，二乐也；得天下英才教育之，三乐也。君子有三乐，而王天下不与存焉。"

[24]　美生平：使人生更加美好。

[25]　狂愚之咎：狂妄愚昧的过错。

[26]　舍：放弃，不计较。旃（zhān）：文言助词，相当于"之焉"。

[27]　不宣：书信末尾的常用语，表示不一一细说之意。

评析

这封书信约写于宋仁宗天圣七年（1029）前后，当时范仲淹入朝为秘阁校理，想要拜琴师唐异学琴，于是就给唐琴师写了这封拜师学艺的自荐信。

这封信可分为上下两段。在上半段中，范仲淹重点表达了自己对琴艺的理解以及他的音乐美学思想。信的开头，他就提出了以"中和"为核心的音乐审美观念，认为音乐不仅来自于天下之"和"，而且其作用也是为了"和"天下。这与传统儒家所提倡的"和为贵""致中和""中和之美"的哲学思想是一脉相承的。接着，范仲淹又一针见血地指出当时"巧以相尚"的学琴误区，批评时人只看重琴之技艺，而忽视了琴之大道。于是，他就向"得琴之道"的崔公崔遵度请教琴道的审美标准，崔公回答他八个字："清厉而静，和润而远。"范仲淹解释道："清厉而静"是为不躁，"和润而远"是为不佞，不躁不佞，即"中和之道"。这样不仅照应了开头，而且具体阐释了"中和之道"的美学内涵。这就是书信的上半篇，借学琴之事来阐述琴之大道。

书信的下半篇，主要表达自己欲拜唐异学琴的缘由和想法。首先，为什么要向唐异学琴？因为当今世上能与崔遵度一样深谙琴道者，只有唐处士一人。其次，为什么要现在写信学琴？

一是因为崔公已经不在人世，二是因为范仲淹此时恰好回京任职。最后，解释了学琴的目的，虽不敢说能像舜作《南风歌》那样造福黎民百姓，但至少可以实现孟子所说的"三乐之情"，使自己的人生更加美好而充实。这样的一种学琴目的，其与上半段中所强调的"中和"之道也是互为表里的关系。结尾则是作者的一番谦逊之辞，表达了拜师学艺的恳切之情。

范仲淹的这封书信，不仅提出了"和""静""远"等重要的音乐美学范畴，而且辨证分析了"道"和"艺"的主次关系，对于当下的艺术审美和音乐教育也有十分深刻的启示意义。

思考与运用

❶《中庸》对"中"与"和"的解释是："喜怒哀乐之未发，谓之中；发而皆中节，谓之和。中也者，天下之大本也；和也者，天下之达道也。致中和，天地位焉，万物育焉。"请说说范仲淹在这封书信中所说的"中和之道"，与《中庸》的阐述有什么联系和区别？

❷ 你觉得范仲淹对崔遵度所说"清厉而静，和润而远"的理解是否准确？请说明理由。

❸ 请举例分析当今社会所存在的"巧以相尚""人以艺观"的不良风气。

知识延伸

党的十八大以来，我们国家高度重视中华优秀传统文化的传承发展，始终从中华民族精神追求的深度看待中华优秀传统文化，从国家战略资源的高度继承中华优秀传统文化，从推动中华民族现代化进程的角度创新发展中华优秀传统文化，使之成为实现"两个一百年"奋斗目标和中华民族伟大复兴中国梦的根本性力量。民族音乐作为中华优秀传统文化的重要组成，不仅对于学生的德育和美育具有重要的意义和价值，而且对社会主义核心价值观的践行也有积极的指导作用。

拓展资源

（1）阅读严晓星《范仲淹〈与唐处士书〉的异文》（载《文汇学人》2020年6月19日），讨论书信中出现的这些异文对于文本的理解有何影响？

（2）欣赏古琴名曲《阳关三叠》《醉渔唱晚》，感受古琴的艺术魅力。

学习笔记

37

王十朋书札[1]

（南宋）王十朋

十朋顿首再拜上启：

适幸瞻际[2]，获款教语，甚尉甚慰。贤者去国[3]，殊无惘惘之色[4]，益见所养过人，良用钦叹易刻[5]。伏惟台候万福[6]。《永嘉集》[7]，首以谢康乐诗[8]，中有杨公济《百咏》[9]，亦可以略见弊乡风物，聊资涂中观览[10]。札子纸、梅花笺[11]，共百番[12]；水墨扇纸五柄，皆乡物也，敢致微意[13]，轻浼[14]，惶恐。余留面别。不宣。十朋顿首再拜上启[15]。

官使 舍人台坐[16]

📄 注释

[1] 选自《凤墅残帖释文》，清归安姚氏刊本。《凤墅法帖》：南宋书法丛帖，由曾宏父摹刻于庐陵郡凤山别墅，故名。原书共计四十四卷，今已残缺。王十朋（1112—1171），字龟龄，号梅溪，温州乐清（今浙江乐清）人。南宋绍兴二十七年（1157）进士，官至起居舍人、侍御史。才华横溢，力主抗金，宋孝宗称其为"南宋无双士，东都第一臣"。著有《梅溪先生文集》。

[2] 幸瞻：有幸看到。

[3] 贤者去国：贤明的人离开自己的京城。

[4] 殊无：一点也没有。惘惘：失意的样子。

[5] 易刻：良久，表示时间长。

[6] 伏惟：表示伏在地上想，是下对上的谦敬之词。台候：敬辞，用于问候对方。

[7] 《永嘉集》：可能是题咏永嘉地区风土人情的一部诗总集，今已佚。

[8] 谢康乐：谢灵运（385—433），晋宋时山水诗人，曾任永嘉太守，著有《谢康乐集》。

[9] 杨公济：杨蟠，字公济（生卒年不详），北宋仁宗庆历六年（1046）进士，曾任温州知州，写有《永嘉百咏》。

[10] 涂：通"途"。

[11] 梅花笺：印有梅花的笺纸，常用来写诗或写信。

[12] 番：古代纸张的计量单位。

[13] 微意：谦辞，指微薄的心意。

[14] 轻浼（měi）：谦辞，薄礼的意思。

[15] 上启：禀告。

[16] 台坐：即"台座"，书信用语中对政界的提称语。

评析

所谓法帖，是将著名书法家的墨迹镌刻在碑版之上，然后再拓印装裱成册的一种书法传刻形式。这种方式不仅便于名家书法真迹的流传，而且也可作为书法学习者临摹的范本，故称为法帖。王十朋本人擅长行草，风格潇洒飘逸，有草书《宠示帖》传世。这是他收录于《凤墅法帖》中的一封书信，在现存的宋拓残卷中已佚，今据清人所刊《凤墅残帖释文》选录。

这封书信的受主虽然不详，但是根据信中的内容，可知他是作者至亲的友朋，而且即将远行，因此这是一封送别友人的书信。书信文字非常简短，只有一百二十多字，但却体现了以下三个特点：一、条理清晰。全信主要提及送别、馈书和赠物三件事情，次序井然，主次分明。其中，送别是写信的重点，因此作者首先叙之，且所用笔墨最多。所赠诗集《永嘉集》，因与永嘉地方风物有关，可解对方思乡之情和羁旅闲愁，故次之。而水墨纸笺等物，则是文人的日常用品，与送别主题稍远，故于最后提及。二、叙事简洁。信中所谈及的三件事情，皆简明扼要，言简意赅。比如送别一事，用"贤者去国"四字点明主题，用"殊无惘惘之色"六字描述对方的临别心情，用"所养过人"四字表现对方的品格修养，用"钦叹易刻"四字赞美对方，用"台候万福"四字祝福对方。寥寥二十二字，就将整件事情的来龙去脉交代得一清二楚，不显拖沓。三、感情真挚。全信虽然十分简单，但是作者在信中表达的情感却是非常真挚。比如所赠的水墨纸笺原是寻常之物，但是作者却十分用心，他特意挑选了家乡所产的纸张和笔墨，为的就是给远在他乡的朋友带去情感的慰藉。另外，这封书信的格式也比较规范，包括了起首、正文、结尾、落款等书信的主要内容，不仅是一件杰出的书法作品，而且对于尺牍的入门和写作也大有裨益。

思考与运用

❶ 请概括此信的主要内容，并说说这封书信体现了哪些艺术特点。

❷ 请找出文中相关的尺牍用语，并分析这些词语的含义和用法。

❸ 结合本单元的【文体概说】，为本文划分段落层次，并据此总结归纳尺牍的基本结构。

拓展资源

（1）欣赏宋拓《凤墅法帖》残卷，感受宋人的书法艺术。

（2）阅读刘叶秋《略谈古代书信的格式》（载《文史知识》1985年第1期），概括总结古代书信的基本格式和要求。

学习笔记

38

与香亭[1]

（清）袁枚

阿通年十七矣[2]，饱食暖衣，读书懒惰。欲其知考试之难，故命考上元以劳苦之[3]，非望其入学也。如果入学，便入江宁籍贯，祖宗丘墓之乡一旦捐弃[4]，揆之齐太公五世葬周之义[5]，于我心有戚戚焉[6]！两儿俱不与金陵人联姻，正为此也。

不料此地诸生，竟以冒籍控官[7]，我不以为怨，而以为德。何也？以其"实获我心"故也[8]。不料弟与纾亭大为不平[9]，引成例千言，赴诉于县，我以为真客气也[10]。夫才不才者，本也；考不考者，末也。儿果才，则试金陵可[11]，试武林可[12]，即不试亦可；儿果不才，则试金陵不可，试武林不可，必不试废业而后可。为父兄者，不教以读书学文，而徒与他人争闲气，何不揣其本而齐其末哉[13]？知子莫若父，阿通文理粗浮，与"秀才"二字相离尚远。若以为此地文风不如杭州容易入学，此之谓不与齐、楚争强，而甘与江、黄竞伯[14]，何其薄待儿孙、贻谋之可鄙哉[15]！子路曰："君子之仕也，行其义也。"非贪爵禄荣耀也。李鹤峰中丞之女叶夫人《慰儿落第》诗云[16]："当年蓬矢桑弧意，岂为科名始读书？"[17]大哉言乎！闺阁中有此见解，今之士大夫都应羞死。要知此理不明，虽得科名、作高官，必至误国误民，并误其身而后已。无基而厚墉[18]，虽高必颠，非所以爱之，实所以害之也。

然而人所处之境，亦复不同，有不得不求科名者，如我与弟是也。家无立锥，不得科名，则此身衣食无着。陶渊明云："聊欲弦歌以为三径之资"[19]，非得已也。有可以不求科名者，如阿通、阿长是也。我弟兄遭逢盛世，清俸之余，薄有田产，儿辈可以度日，倘能安分守己，无险情赘行[20]，如马少游所云："骑款段马，作乡党之善人。"[21]是即吾家之佳子弟，老夫死亦瞑目矣，尚何敢妄有所希冀哉？

不特此也，我阅历人世七十年，尝见天下多冤枉事：有刚悍之才，不为丈夫而偏作妇人者；有柔懦之性，不为女子而偏作丈夫者。有其才不过工匠农夫，而枉作士大夫者；有其才可以为士大夫，而屈作工匠村农者。偶然遭际，遂戕贼杞柳以为栝桊[22]，殊可浩叹！《中庸》先言"率性之谓道"，再言"修道之谓教"，盖言性之所无，虽教亦无益也。孔、孟深明此理，故孔教伯鱼[23]，不过学《诗》学《礼》[24]，义方之训[25]，轻描淡写，流水行云，绝无督责。倘使当时不趋庭，不独立，或伯鱼谬对以《诗》《礼》之已学，或貌应父命，退而不学《诗》，不学《礼》，夫子竟听其言而信其行耶[26]？不视其所以、察其所安耶[27]？何严于他人而宽于儿子耶？至孟子则云"父子之间不责善"[28]，且以责善为不祥。似乎孟子之子尚不如伯鱼，故不屑教诲，致伤和气，被公孙丑一问，不得不权词相答[29]；而至今卒不知孟子之子为何人，岂非

圣贤不甚望子之明效大验哉？善乎北齐颜之推曰[30]："子孙者，不过天地间一苍生耳，与我何与？而世人过于宝惜爱护之。"此真达人之见，不可不知。

有门下士，因阿通不考，为我快快者，又有为我再三画策者，余笑而应之曰："许由能让天下，而其家人犹爱惜其皮冠[31]；鹪鹩愁凤凰无处栖宿，为谋一瓦缝以居之。诸公爱我，何以异兹？韩、柳、欧、苏，谁个靠儿孙俎豆者[32]？箕畴五福[33]，儿孙不与焉。"附及之，以解弟与纾亭之惑。

注释

[1] 选自夏勇《小仓山房尺牍详注》，浙江古籍出版社2020年版。袁枚（1716—1798），字子才，号简斋，又号随园老人，杭州钱塘（今浙江省杭州市）人。清乾隆四年（1739）进士，乾隆十八年（1753）辞归，隐于江宁小仓山随园，终不复仕。他是清代著名诗人，与赵翼、蒋士铨并称"乾隆三大家"。著有《小仓山房诗文集》《小仓山房尺牍》《随园诗话》等。香亭：袁树（1731—?），字豆村，号香亭，袁枚从弟。清乾隆二十八年（1763）进士，知广东肇庆。

[2] 阿通：袁通（1775—1829），字达夫，号兰村，袁树长子，后过继给袁枚为嗣子。

[3] 上元：清代江宁府的附郭县，今江苏省南京市。

[4] 丘墓：坟墓。祖宗丘墓之乡，是指袁枚的老家杭州。

[5] 揆（kuí）：揣度。齐太公：姜尚，字子牙，辅佐周文王建立霸业，受封齐侯，定都于营丘（今山东淄博）。姜太公去世后，没有葬在他的封地齐国，而是返葬于周天子陵墓旁。

[6] 于我心有戚戚焉：语出《孟子·梁惠王上》："夫子言之，于我心有戚戚焉。"戚戚：心情有所触动的样子。

[7] 冒籍：假冒籍贯。

[8] 实获我心：《诗经·邶风·绿衣》："我思古人，实获我心。"

[9] 纾亭：袁知，袁枚从弟，清乾隆时举人。

[10] 客气：一时的意气。

[11] 金陵：指南京。

[12] 武林：指杭州。

[13] 揣（chuǎi）：估量，忖度。这句话出自《孟子·告子下》："不揣其本，而齐其末。"意思是说不去考虑它基础是否稳固，而是去修整它的末梢。

[14] 江、黄：指弱小的国家，与齐、楚相对。

[15] 贻谋：长辈对子孙的教诲。

[16] 李鹤峰：李因培（1717—1767），字其材，号鹤峰，曾任湖北、湖南巡抚，故称"中丞"。叶夫人：李因培长女李含章（1744—?），字兰贞，适浙江归安叶佩逊，故称"叶夫人"。

[17] 蓬矢桑弧：古代男子出生，以桑木作弓，以蓬草为矢，使射四方，寓意胸怀大志。

[18] 墉：墙。这句话出自《国语·晋语六》："夫德，福之基也，无德而福隆，犹无基而厚墉也，其坏也无日矣。"

[19] 弦歌：指出来做官。三径：比喻隐士所居的地方。

[20] 险情：邪恶的心灵。赘（zhuì）行：原指形貌丑陋，这里指丑恶的行为。

[21]　马少游：东汉伏波将军马援从弟，淡泊功名，不慕荣华。款段马：瘦小的马。

[22]　戕（qiāng）贼杞柳以为桮（bēi）桊（quān）：伤害杞柳树的本性来制作杯子。这句话出自《孟子·告子上》："子能顺杞柳之性而以为桮桊乎？将戕贼杞柳而后以为桮桊也？"

[23]　伯鱼：孔鲤，字伯鱼，孔子之子。

[24]　这句话出自《论语·季氏》：陈亢问于伯鱼曰："子亦有异闻乎？"对曰："未也。尝独立，鲤趋而过庭，曰：'学《诗》乎？'对曰：'未也。''不学《诗》，无以言。'鲤退而学《诗》。他日，又独立，鲤趋而过庭，曰：'学《礼》乎？'对曰：'未也。''不学《礼》，无以立。'鲤退而学《礼》。"

[25]　义方：合乎正义的道理。

[26]　竟：竟然，倒，表示出乎意料的意思。

[27]　视其所以：考察一个人所结交的朋友。察其所安：观察一个人安心所做的事情。这句话出自《论语·为政》："子曰：'视其所以，观其所由，察其所安，人焉廋哉，人焉廋哉！'"

[28]　父子之间不责善：父子之间不要相互责备求好。这句话出自《孟子·离娄上》："古者易子而教之，父子之间不责善。责善则离，离则不祥莫大焉。"

[29]　权词：权宜之辞。

[30]　颜之推（531—约595）：字介，北齐琅邪临沂（今山东临沂）人。著有《颜氏家训》。

[31]　这句话出自《韩非子·说林下》："尧以天下让许由，许由逃之，舍于家人，家人藏其皮冠。夫弃天下而家人藏其皮冠，是不知许由者也。"

[32]　俎豆：指祭祀。

[33]　箕畴：传说周武王灭商后，问箕子以治国之道，箕子以九畴答之。事见《尚书·洪范》："箕子乃言曰：'我闻在昔，鲧堙洪水，汩陈其五行。帝乃震怒，不畀洪范九畴，彝伦攸斁。鲧则殛死，禹乃嗣兴，天乃锡禹洪范九畴，彝伦攸叙。初一曰五行，次二曰敬用五事，次三曰农用八政，次四曰协用五纪，次五曰建用皇极，次六曰乂用三德，次七曰明用稽疑，次八曰念用庶征，次九曰向用五福，威用六极。'"五福：《尚书·洪范》云："五福：一曰寿，二曰富，三曰康宁，四曰攸好德，五曰考终命。"

评析

　　袁枚不仅是清代的诗文大家，也是当时尺牍文学的杰出代表。袁枚的尺牍作品，一方面体现了他倡导"性灵"的文学主张，另一方面融入了古文和骈文的创作手法，在其各体散文中独树一帜，影响深远。

　　这封书信是写给他弟弟袁树的一封家信，围绕嗣子袁通的教育问题展开。书信内容大致可以分为三个层次。第一层，分析袁通参加科考的情况。袁通虽然是袁枚的嗣子，但是对于儿子的情况，他毫不讳言其"读书懒惰""文理粗服"，认为没有必要给他选择科举仕途的人生道路，更没有必要去冒籍参加科举考试。因为能不能考上，都是命中注定，非人力所能为。第二层，由袁通考试联系到士大夫的处世之道，指出一个人都有各自不同的境遇和选择，考取功名并不是唯一的人生道路。况且，子侄辈的生活条件要优于父辈们，只要他们安分守己，守着一亩三分地，就能平淡终其一生。第三层，由孔孟之教谈到父母对子女的教育方式。孔子和孟子并不十分强调子女的教育问题，因为子女是一个独立的个体，他们的人生与其父母没有任何关系，父母辈也不必为了子女的教育问题而整天发愁。

　　袁枚的这种家庭教育观念，用当时的眼光来看无疑是十分超前的，即使是在当下也是非常开明睿智的。全文以袁通的教育问题为中心，举一反三，旁征博引，左顾右盼，一气呵成，不仅体现了袁枚博学多闻的知识体系，而且反映了其迅捷缜密的创作才思。正如徐鹏展《小仓山房尺牍详注序》所评价："简斋袁太史枚公著书二十八种，其一生聪颖悉露于《尺牍》中。虽自谓不足言文，试取而读之，议论之雄，笔情之委，旁通曲畅，生机泪泪然来矣。"读袁枚的尺牍，不仅是一种艺术的享受，也可以得到精神的启迪。

📝｜思考与运用

① 这封书信的内容十分丰富，信中主要讲了哪几件事情？袁枚对这几件事情的看法是什么？

② 本文用典十分丰富，试分析这些典故的意义和作用。

③ 袁枚在信中所表达的教育理念对你是否有所触动？对于当今社会的教育现状又有何启示？

▢｜知识延伸

　　教育的效果取决于学校和家庭教育影响的一致性。如果没有这种一致性，那么学校的教学和教育过程就会像纸做的房子一样倒塌下来。袁枚的《与香亭》不仅谈及了古代家庭教育的多个方面，而且对于新时代的教育工作也有积极而深远的意义。

⚙ 拓展资源

　　观看《书简阅中国4》栏目与本文对应的内容，体会袁枚在书信中与家人的情感交流。

拓展视频

鲁亮侪形象
塑造的艺术

学习笔记

39

谈动[1]

朱光潜

朋友：

从屡次来信看，你的心境近来似乎很不宁静。烦恼究竟是一种暮气，是一种病态，你还是一个十八九岁的青年，就这样颓唐沮丧，我实在替你担忧。

一般人喜欢谈玄，你说烦恼，他便从"哲学辞典"里拖出"厌世主义""悲观哲学"等等堂哉皇哉的字样来叙你的病由。我不知道你感觉如何？我自己从前仿佛也尝过烦恼的况味，我只觉得忧来无方，不但人莫之知，连我自己也莫名其妙，哪里有所谓哲学与人生观！我也些微领过哲学家的教训：在心气和平时，我景仰希腊廊下派哲学者[2]，相信人生当皈依自然，不当存有嗔喜贪念；我景仰托尔斯泰[3]，相信人生之美在宥与爱[4]；我景仰白朗宁[5]，相信世间有丑才能有美，不完全乃真完全；然而外感偶来，心波立涌，拿天大的哲学，也抵挡不住。这固然是由于缺乏修养，但是青年们有几个修养到"不动心"的地步呢？从前长辈们往往拿"应该不应该"的大道理向我说法。他们说，像我这样一个青年应该活泼泼的，不应该暮气沉沉的，应该努力做学问，不应该把自己的忧乐放在心头。谢谢罢，请留着这副"应该"的方剂，将来患烦恼的人还多呢！

朋友，我们都不过是自然的奴隶，要征服自然，只得服从自然。违反自然，烦恼才乘虚而入，要排解烦闷，也须得使你的自然冲动有机会发泄。人生来好动，好发展，好创造。能动，能发展，能创造，便是顺从自然，便能享受快乐；不动，不发展，不创造，便是摧残生机，便不免感觉烦恼。这种事实在流行语中就可以见出，我们感觉快乐时说"舒畅"，感觉不快乐时说"抑郁"。这两个字样可以用作形容词，也可以用作动词。用作形容词时，它们描写快或不快的状态；用作动词时，我们可以说它们说明快或不快的原因。你感觉烦恼，因为你的生机被抑郁；你要想快乐，须得使你的生机能舒畅，能宣泄。流行语中又有"闲愁"的字样，闲人大半易于发愁，就因为闲时生机静止而不舒畅。青年人比老年人易于发愁些，因为青年人的生机比较强旺。小孩子

们的生机也很强旺，然而不知道愁苦，因为他们时时刻刻的游戏，所以他们的生机不至于被抑郁。小孩子们偶尔不很乐意，便放声大哭，哭过了气就消去。成人们感觉烦恼时也还要拘礼节，哪能由你放声大哭呢？吃黄连苦在心头，所以愈觉其苦。歌德少时因失恋而想自杀[6]，幸而他的文机动了，埋头两礼拜著成一部《少年维特之烦恼》，书成了，他的气也泄了，自杀的念头也打消了。你发愁时并不一定要著书，你就读几篇哀歌，听一幕悲剧，借酒浇愁，也可以大畅胸怀。从前我很疑惑何以剧情愈悲而读之愈觉其快意，近来才悟得这个泄与郁的道理。

总之，愁生于郁，解愁的方法在泄；郁由于静止，求泄的方法在动。从前儒家讲心性的话，从近代心理学眼光看，都很粗疏，只有孟子的"尽性"一个主张[7]，含义非常深广。一切道德学说都不免肤浅，如果不从"尽性"的基点出发。如果把"尽性"两字懂得透澈，我以为生活的目的在此，生活方法也就在此。人性固然是复杂的，可是人是动物，基本性不外乎动。从动的中间我们可以寻出无限快慰。这个道理我可以拿两件小事来印证：从前我住在家里，自己的书房总喜欢自己打扫。每看到书籍凌乱，灰尘满地，你亲自去洒扫一过，雾时间混沌的世界变成明窗净几，此时悠然就坐，游目骋怀[8]，乃觉有不可言喻的快慰；再比方你自己是欢喜打网球的，当你起劲打球时，你还记得天地间有所谓烦恼么？

你大约记得晋人陶士行[9]的故事。他老来罢官闲居，找不得事做，便去搬砖。晨间把一百块砖由斋里搬到斋外，暮间把一百块砖由斋外搬到斋里。人问其故，他说："吾方致力中原，过尔优逸，恐不堪事。"他又尝对人说："大禹圣人，乃惜寸阴，至于众人，当惜分阴。"[10]其实惜阴何必定要搬砖，不过他老先生还很茁壮，借这个玩艺儿多活动活动，免得抑郁无聊罢了。

朋友，闲愁最苦！愁来愁去，人生还是那么样一个人生，世界还是那么样一个世界。假如把自己看得伟大，你对于烦恼，当有"不屑"的看待；假如把自己看得渺小，你对于烦恼当有"不值得"的看待；我劝你多打网球，多弹钢琴，多栽花，多搬砖弄瓦。假如你不喜欢这些玩艺儿，你就谈谈笑笑，跑跑跳跳，也是好的。就在此祝你

　　谈谈笑笑，

　　跑跑跳跳！

你的朋友，光潜。

注释

[1] 选自朱光潜《给青年的十二封信》，中华书局2018年版。朱光潜（1897—1986），字孟实，笔名盟石，安徽桐城人。现代著名美学家和文艺理论家。1925年公费出国留学，获博士学位。1935年回国任教，毕生从事美学教学和研究，被亲切地称为"美学老人"。著有《文艺心理学》《西方美学史》《谈美书简》等。

[2] 廊下派：古希腊的哲学学派，又称斯多亚学派。大约在公元前308年，古希腊哲学家们在一个画廊

下创立此学派，故名。创始人为芝诺（Zeno）。

[3]　托尔斯泰：列夫·尼古拉耶维奇·托尔斯泰（1828—1910），俄国作家，代表作有《战争与和平》《安娜·卡列尼娜》《复活》等。

[4]　宥（yòu）：宽恕。

[5]　白朗宁：伊丽莎白·芭蕾特·布朗宁（1806—1861），又称勃朗宁夫人或白朗宁夫人，英国维多利亚时期的诗人，代表作有《葡萄牙十四行诗集》《奥罗拉·利》等。

[6]　歌德：约翰·沃尔夫冈·冯·歌德（1749—1832），德国作家，代表作有《少年维特之烦恼》《浮士德》等。

[7]　尽性：穷尽人之本性。《孟子·尽心上》："尽其心者，知其性也，知其性则知天矣。"

[8]　游目：远眺。骋怀：放开胸怀。

[9]　陶士行：陶侃（259—334），字士行，东晋名将，陶渊明的曾祖父。"陶侃运甓"的典故，见《晋书·陶侃传》。

[10]　寸、分：古代长度单位，1寸等于10分。

评析

《给青年的十二封信》，是朱光潜先生旅欧期间写给国内广大青年朋友的书信，在夏丏尊主编的杂志《一般》上连载，后结集成书出版。不同于一般的私人信件，这十二封信是写给所有中国青年的公开信，所谈也都是青年人普遍关心的话题，涉及读书、修身、恋爱、社会等方方面面。本文是其中的第二封，旨在引导青年人如何解除烦恼，愉悦身心。

书信一开头就开门见山，指出青年人所遇到的人生烦恼，并表达了充分的理解和同情，一下子就拉近了作者与读者的距离。接着，结合自身的成长经历，作者叙述了自己遇到过的烦恼问题，并对长辈们冰冷的说教方式提出了严厉批评，表明了自己和青年人的相同立场。于是，水到渠成，切入正题，自然而然地引出他关于排解烦恼的建议。首先，他指出人的本性就是好动，动能带来快乐，不动就会产生烦恼。所以，排解烦恼的最佳方案就是要"动"。然后，他又从"尽性"的角度阐释动能解忧的学理依据，并举了自己打扫房间的例子，进一步说明劳动给人带来的快乐心情。最后，他又给大家讲了一个陶侃运砖的生动故事，希望广大青年能够多运动，多活动。无论是打球弹琴，还是搬砖弄瓦，哪怕是谈谈笑笑，蹦蹦跳跳，都是排除烦恼的一剂良方。

读完全信，想必每一个人内心的雾霾如拨云见日，一扫而去。正如夏丏尊为这部书信集所写的序言所说："这十二封信以有中学程度的青年为对象。并未曾指定某一受信人的姓名，只要是中学程度的青年，就谁都是受信人，谁都应该一读这十二封信。"为了国家富强和民族复兴，每一位时代青年都应该认真读一读一代美学大师写给大家的这十二封书信。

思考与运用

❶ 请说说作者为什么要采用书信的方式，与青年人畅谈有关人生和成长的问题。

❷ 请分析作者是如何论证"动"与"不动"的关系及其作用的。

❸ 你觉得朱光潜先生关于"动"与"烦恼"的分析，对于当代青年人所遇到的心理问题有何现实指导意义？

知识延伸

　　朱光潜的《给青年的十二封信》对于青年人成长过程中遇到的各种问题都有深刻的指导意义。正如梁启超所说，"少年强则国强"，青少年的身心健康不仅关乎社会主义事业的健康发展，而且影响到中华民族的伟大复兴。

拓展资源

　　（1）观看《见字如面》栏目第二季第十一期"读书和成长"主题，说说这些书信是如何影响一个人的成长的。

　　① 余光中写给莎士比亚的信；

　　② 袁劲梅写给被开除的中国留学生的信；

　　③ 贾平凹写给自家小妹的信；

　　④ 孙冕写给儿子的信；

　　⑤ 简媜写给孔子的信。

　　（2）阅读朱光潜《写给青年的十二封信》，结合自己的实际情况，说说这些书信谈及了你在思想和情感上的哪些困惑。

学习笔记

40

致索菲娅·李卜克内西[1]

[德]罗莎·卢森堡

钟冬樵　译

佛龙克[2] 1917年4月19日

索犹莎[3]，我亲爱的小鸟：

很高兴昨天收到了你寄过来的明信片，尽管它充满了悲伤。我非常想现在能和你在一起，让你再次露出快乐的笑容，在卡尔被捕的时候我就曾这样陪过你[4]。你还记得那时我们在福尔森豪夫咖啡馆开怀大笑，周围的人都惊讶地盯着我们看？尽管发生了那些事情，我们还是度过了一段快乐的时光。想想那时我们每天早上都开着汽车上了波茨坦大道[5]，然后穿过路旁长着高大的榆树的宁静的雷尔特大道[6]，一直驶到穿过繁花盛开的动物园的监狱。然后，我们调转车头，体面地在福尔森豪夫下车。从那以后，你经常到位于南头的我家玩，在那里一切都笼罩在五月的光辉中。接着就是在我家厨房里的快乐时间，在那里你和我的小咪咪一起坐着，耐心地等待我做出一顿好饭。（你还记得那些我用法国烹调方式做的红花菜豆吗？）

温暖而美好的天气给我留下的鲜活印象充满了我对那段时光的一切记忆，只有这种天气才给人一种真正愉快的春天的感觉。

当然，在晚上我必须到你那间亲爱的小屋回访你。我喜爱作为一个家庭主妇的你，这种角色非常非常适合你，当身材像姑娘一样的你站在桌旁上茶的时候。最后，临近午夜，我们常常透过那条光线灰暗，充满花香的街道去看对面那间房子。你还记得南头那美极了的月光之夜吗？你还记得当我送你回家的时候，我们见到的那些在夜空的可爱的深蓝中突兀地显现的黑色的山墙吗？它们就像封建城堡的箭楼一样。

索犹莎，我多么希望能总是和你在一起，把各种烦恼驱离你的思想，时而谈笑风生，时而默默相对，这样我就可以让你始终躲开不愉快的思虑。在你的明信片上你说："这些事情为什么要发生？"

亲爱的宝贝，生活就是这样的，而且从来就是这样的。悲伤、分离和不能得到满足的愿望正是生活的一部分。我们不得不接受降临在我们身上的一切事情，不得不在一切事情中寻找美丽。这是我通过努力做到了的。这不是来源于深邃的智慧，而仅仅是出自我的天性。我出自本

能地感到这是唯一正确的生活方式，这就是我在一切可能的环境中总是真真正正地拥有快乐的原因。我不能舍弃我生活中的任何东西，或者让它与它现在的样子和它一直以来的样子不同。我多么希望能让你和我一样看待各种事物。可我还没有为收到卡尔的照片而感谢你呢。收到这些照片让我非常高兴。你不可能想象有一个比这个生日更可爱的生日。他笔直地坐在桌旁，无论我走到哪里他的眼睛都跟随着我（你知道在一些照片里这双眼睛是如何跟随着一个人的，无论那个人在哪里）。这种形象是出色的。卡尔一定对来自俄国的消息欣喜若狂[7]！

　　但你也完全有理由高兴起来，因为现在没有什么能阻拦你的妈妈来看你了。你想过这个吗？因为你的缘故我很长时间都在阳光和温暖之中。这里花蕾还没有开放，而且昨天我们这里还有雨夹雪。还有多久春天才能到达我这位于柏林南头的"南部风景"？在去年这个时候，我们一起站在花园的大门旁边，你在欣赏那一片花海。

　　不要为了写回信而发愁。我会经常给你写信，但你时不时给我寄一张明信片我就很满足了。

　　你收到我的薄薄的《植物学家向导》了吗[8]？不要担心，亲爱的，你将看到一切都会进展顺利。

注释

[1] 选自罗莎·卢森堡的《狱中书简》，钟冬樵译，江苏凤凰文艺出版社2018年版。1916年7月，卢森堡再次被捕，被辗转关押于莱比锡、柏林、佛龙克和布雷斯劳。在1918年10月获释前，她给挚友索菲娅·李卜克内西写了20多封信，这是其中的一封。罗莎·卢森堡（1871—1919），波兰裔德国女无产阶级革命家，德国共产党创始人之一。1897年获法学博士学位，1898年取得德国国籍。1916年与卡尔·李卜克内西等人创建德国左派社会民主党人的革命组织——斯巴达克派。第一次世界大战期间两次被捕，1918年获释出狱，即投身德国十一月革命，创办《红旗报》。1919年1月15日被杀害。

[2] 佛龙克：城镇名，位于诺特克森林边缘。近代以来，其归属在普鲁士/德国和波兰之间反复易手。现属波兰。

[3] 索犹莎：索菲娅的昵称。

[4] 卡尔：即卡尔·李卜克内西（1871—1919），德国社会民主党和第二国际左翼领袖之一，德国共产党创始人之一。其父是德国社会民主党领导人威廉·李卜克内西。第一次世界大战期间提出以革命方式结束帝国主义战争。1919年1月15日与罗莎·卢森堡一同遇害。

[5] 波茨坦大道：即波兹坦广场，是德国柏林中部一个重要的广场和交通枢纽，位于勃兰登堡门和德国国会大厦以南约1公里。

[6] 雷尔特大道：位于柏林米特区的一条居住区道路。

[7] 俄国的消息：指1917年俄国二月革命胜利的消息。

[8] 《植物学家向导》：从少女时代起，卢森堡就热爱植物，曾有志做一个生物学家。在另一封写给索菲娅的信中说："可惜生命太短，政治迫使我承担其他责任，否则我想把自己献给这一事业（植物学）。"

评析

　　这是一封写自狱中的书信。作者此时正处于长期的单独监禁中，身心备受压抑折磨，与友人的书信往来成为她唯一的与外界沟通的方式，书信的内容需要经过敌人严密的检查，因而这样的写作本身就处于不自由的状态。在这样一种人身自由与思想表达处于双重被管控的情况下，罗莎·卢森堡却在平凡小事的书写中发掘出美，并以她乐观平和的天性感染着友人。

罗莎·卢森堡在信中完全没有对政治迫害的怨恨，没有对命运的悲叹，没有提及牢狱生活的煎熬。首先写的是几段美好的回忆，驾车出游、居家做饭、月下漫步，这些日常生活的细枝末节蕴含着她对生活本身的热爱，其中细腻温暖的情感不仅能疏解自己在牢狱中的痛苦与寂寞，更希望能慰藉狱外处于困苦中的友人，重新唤起她对生活的热忱。在身体和书写不自由的状态下，作者自由意志的体现一方面依赖于她在回忆中捕捉到温暖的情感，另一方面则来源于她敏锐地发现了自然中所孕育的生命的自由，无论是风霜雨露还是星空花蕾，都是自然之美的极致展现，并不受到外界人力的干预，作者在它们身上赋予了丰富的情感，以至于外化为她自由意志的一部分，彰显出灵动的生命姿态。我们从中可以看到，禁锢并不能阻止她追求美好的决心。因为不能看墙外，所以她在精神中发现了一个世界。

在回忆与自然中发现美，在一切事情中寻找美丽构成了作者的天性。在我们对革命者的刻板印象中，以为他们仅仅投身于改造人类社会的工作之中，而对周遭的风物人情不闻不问。但罗莎·卢森堡在这些信中表明，在你想改变世界之前，你需要真正看到这个世界。她对索菲娅说："你还记得当我送你回家的时候，我们见到的那些在夜空的可爱的深蓝中突兀地显现的黑色的山墙吗？"在这里，罗莎·卢森堡不仅是一位为理想将生死置之度外的革命家，更是一位诗意盎然、博爱柔美的艺术家。

📝 **| 思考与运用**

❶ 梳理文中的情感脉络，分析一下情感起伏变化的层次。

❷ 请谈谈罗莎·卢森堡的人生态度及这种态度中蕴含的现实意义。

❸ 作为一封书信，文中有大量的问答，这样写好处在哪里？

❹ 罗莎·卢森堡笔下的"春天"有何丰富内涵？

❺ 根据罗莎·卢森堡在信中体现出来的性格和审美品位，你觉得她适合做一个革命者吗？说说你的理由。

| 知识延伸

我们生活的世界中充斥着不确定性，不如意之事可能随时造访，正因如此，我们更需要坚定自己的理想信念，将此作为精神动力，不断向着目标迈进，以此来抵抗莫测的变化和人生的起伏。同时，无论遇到何种艰难困苦，我们都不能丢弃对生活的热爱和对美的发掘。日常生活的琐事之中到处都充满了等待我们去发掘的细微之美，它们和坚定不移的理想信念共同构成了我们充实的精神世界，支撑我们在这个世界上砥砺前行。因此，我们应该向美而行，不断探索并培育美的素养，更好地感受美、欣赏美、创造美，用美来滋养我们的心灵和生活。

拓展资源

（1）阅读罗莎·卢森堡《狱中书简》（江苏凤凰文艺出版社2018年版），体会作者身陷囹圄时的积极乐观态度。

（2）观看玛加蕾特·冯·特罗塔导演的传记电影《罗莎·卢森堡》，了解作者的身世经历和人生理想。

学习笔记

第八部分

散文

文体概说

作为文体样式的"散文"概念，学界尚未形成一个确切的定义，"散文"在古今中外的不同语境种往往有不同的含义。如中国魏晋南北朝时期，为区别韵文和骈文，把凡不押韵、不重对偶的散体文章，包括经传史书在内，都泛称"散文"。唐宋以后，"散文"往往与"骈文"并举，如南宋罗大经《鹤林玉露》引周益公"四六特拘对耳，其立意措辞贵浑融有味，与散文同"之语。由此可见，中国古代的"散文"多指韵文、骈文之外的文章，有无文学性反而不是一个评判标准。新文化运动后，现代散文与小说、诗歌、戏剧等并称为最重要的文体，而散文又有广义、狭义之分。广义的散文包括杂文、小品文、随笔、报告文学等；狭义的散文专指表现作者情思的叙事、抒情散文。另外，人们习惯称的外国散文，又往往专指"随笔"一种，这类文章形式多样、短小活泼，或借事抒情，或夹叙夹议，语言洗练、意味隽永，与中国古代的"笔记"颇有相似之处。

散文按照不同的标准可以划分为若干类型。中国古代散文在不同著述中分类不一。如曹丕《典论·论文》分为"奏议""书论""铭诔"等类；陆机《文赋》分为"碑""诔""铭""箴""颂""论""奏""说"等类。此后南朝刘勰《文心雕龙》、萧统《文选》、宋真德秀《文章正宗》、明吴讷《文章辨体》、清姚鼐《古文辞类纂》等著作对散文文体又有不同的划分。总之古人对散文的划分标准不一、详略有差。而现在人们常常按照主要内容及艺术手法的不同将散文划分为叙事散文、抒情散文、哲理散文。叙事散文以叙事为主，叙事情节不求完整，但很集中，叙事中的情渗透在字里行间。侧重于从叙述人物和事件的发展变化过程中反映事物的本质，具有时间、地点、人物、事件等因素，从一个角度选取题材，表现作者的思想感情。根据该类散文内容的侧重点不同，又可将它分为记事和写人两类。抒情散文，指以描绘景物、抒发作者情思为主的散文。这类散文通常没有贯穿全篇的情节，其突出的特点是强烈的抒情性。它或直抒胸臆，或触景生情，洋溢着浓烈的诗情画意，即使描写的是自然风物，也赋予了深刻的社会内容和思想感情。优秀的抒情散文感情真挚，语言生动，还常常运用象征和比拟的手法，把思想寓于形象之中，具有强烈的艺术感染力。哲理散文以书写哲思为主，在"仰观宇宙""俯察品类"中参悟真理，触动深邃的心灵思考，常常带来一种透过现象深入本质、揭示事理本原、探寻文化底蕴、震撼灵魂的审美效果。

散文的文体特征常以"形散神不散"加以概括，即指散文形式的自由灵活与立意的明确集中相统一。形式的自由灵活不仅指题材的广泛和语言上不受韵的限制，而且指文章结构上自由，不拘一格，纵横开阖，挥洒自如；写作手法上可以叙事、抒情、议论或兼而有之。立意的明确集中指中心思想明确一贯，文中的人、事、景、情都应指向同一轴心。

在散文的发展史上，无论中外都诞生了极多优秀的篇章。

中国先秦就产生了许多优秀的散文作品，有以《左传》《国语》《战国策》等为代表的史传散文，注重叙事；也有以《论语》《孟子》《庄子》《韩非子》等为代表的诸子散文，注重说理。清章学诚《文史通义》认为"盖至战国而文章之变尽，至战国而著述之事专，至战国而后世之文体备"，可见先秦文章既为后世散文的滥觞，也为文章之典范。秦汉六朝时期，多注重散文的功用，各种实用性散文大力发展，奏议、书论、铭诔、史传、序跋等闪耀文坛。李斯《谏逐客书》、嵇康《与山巨源绝交书》、诸葛亮《出师表》、贾谊《过秦论》、晁错《论贵粟疏》、曹丕《典论·论文》、司马迁《报任安书》《项羽本纪》《廉颇蔺相如列传》、班固《苏武传》《朱买臣传》、陶渊明《桃花源记》《五柳先生传》、庾信《哀江南赋序》等都是杰出的代表。到了唐初，文风承袭六朝，骈文仍极为盛行，但写作手法上渐渐援散入骈，使文章呈现富赡典雅的特点，王勃《滕王阁序》、卢照邻《乐府杂诗序》颇能体现这一时期的文风。在骈文大行其道之时，一批有识之士也注意到骈文积习的弊病，提倡取法秦汉、改革文风。到了中唐，韩愈、柳宗元更是明确标举"文以载道"的古文运动口号，主张以单行散句作文，不刻意追求对偶声律，并以实际创作践行其复古主张，韩愈《师说》《进学解》《祭十二郎文》、柳宗元《永州八记》《捕蛇者说》《答韦中立论师道书》等都是名篇。宋初柳开、穆修等推崇韩、柳古文，古文运动影响到北宋的散文创作。欧阳修引领了北宋中叶的诗文革新，在他的倡导下，北宋涌现了苏洵、王安石、曾巩、苏轼、苏辙等散文大家，他们与韩、柳齐名，后世尊称为"唐宋八大家"，而其中的韩、柳、欧、苏又被称为"千古文章四大家"。南宋以后散文作者日趋繁盛，明清唐宋派、晚明小品文、清代桐城派散文均为一时之盛。文天祥《指南录后序》、吴澄《送何太虚北游序》、宋濂《送东阳马生序》、归有光《项脊轩志》、魏学洢《核舟记》、张岱《西湖七月半》《湖心亭看雪》、张溥《五人墓碑记》、方苞《左忠毅公逸事》、袁枚《黄生借书说》、姚鼐《登泰山记》、龚自珍《病梅馆记》、梁启超《少年中国说》等都是极为知名的篇章。

中国现当代文学史上，散文创作的收获同样是相当重大的。现代文学的第一个十年，散文已经获得丰收，"到五四运动的时候，才又来了一个展开，散文小品的成功，几乎在小说戏曲和诗歌之上"（鲁迅《小品文的危机》）。随着白话文运动的推进，现代散文成为主要的文学样式之一。鲁迅《朝花夕拾》、郁达夫《屐痕处处》、朱自清《背影》《荷塘月色》、梁实秋《雅舍小品》、沈从文《湘行散记》、老舍《济南的冬天》、钱锺书《谈艺录序》、钱谷融《〈雷雨〉人物谈》、史铁生《我与地坛》等都是广为流传的作品。

外国散文的发展同样有着悠久的历程，古希腊、古罗马时期已创作文章承载哲思、历史、演说等。雅典的许多政治家、哲学家都是著名的演说家，如苏格拉底（前469—前399）、狄摩西尼（前384—前322），他们的演说也是优美的文学散文，讲究和谐，注重节奏，强调修辞和文学技巧，对后世的雄辩术和散文影响很大。在文学的不断发展中，散文在世界各地也取得了长足发展。如常见的散文种类随笔就得名于法国散文家蒙田（1533—1592）的作品集《随笔集》。随笔可以表达的内容极为广泛，或抒发个人情思，或讲述历史文化，或发表学术观点，或品评世态人情，或抒写冥想哲理，行文自由活泼，结构又不失严谨，在篇幅上也可长可短。因这些文体优点，世界各国作家都积极从事随笔创作，今天我们读到的外国散文名作也多为随笔。

拓展视频	拓展视频
《齐桓晋文之事》与孟子的王道构想	《召公谏厉王弭谤》的论说艺术

学习笔记

41

答韦中立论师道书[1]

（唐）柳宗元

二十一日，宗元白[2]：

辱书云，欲相师[3]。仆道不笃[4]，业甚浅近[5]，环顾其中，未见可师者。虽常好言论，为文章，甚不自是也[6]。不意吾子自京师来蛮夷间[7]，乃幸见取[8]。仆自卜固无取[9]，假令有取，亦不敢为人师。为众人师且不敢，况敢为吾子师乎？

孟子称"人之患在好为人师"[10]，由魏、晋氏以下，人益不事师。今之世，不闻有师，有辄哗笑之，以为狂人。独韩愈奋不顾流俗，犯笑侮，收召后学，作《师说》[11]，因抗颜而为师[12]。世果群怪聚骂，指目牵引[13]，而增与为言辞[14]。愈以是得狂名，居长安，炊不暇熟[15]，又挈挈而东[16]，如是者数矣。

屈子赋曰："邑犬群吠，吠所怪也。"[17]仆往闻庸蜀之南[18]，恒雨少日，日出则犬吠，余以为过言[19]。前六七年，仆来南，二年冬[20]，幸大雪逾岭[21]，被南越中数州[22]。数州之犬，皆仓黄吠噬[23]，狂走者累日，至无雪乃已，然后始信前所闻者。今韩愈既自以为蜀之日，而吾子又欲使吾为越之雪，不以病乎[24]？非独见病，亦以病吾子。然雪与日岂有过哉？顾吠者犬耳[25]！度今天下不吠者几人，而谁敢炫怪于群目[26]，以召闹取怒乎？

仆自谪过以来，益少志虑[27]。居南中九年[28]，增脚气病，渐不喜闹。岂可使呶呶者[29]，早暮咈吾耳[30]，骚吾心[31]？则固僵仆烦愦[32]，愈不可过矣。平居，望外遭齿舌不少[33]，独欠为人师耳。

抑又闻之，古者重冠礼，将以责成人之道，是圣人所尤用心者也。数百年来，人不复行。近有孙昌胤者，独发愤行之。既成礼，明日造朝[34]，至外庭[35]，荐笏[36]，言于卿士曰："某子冠毕。"应之者咸怃然[37]。京兆尹郑叔则怫然[38]，曳笏却立[39]，曰："何预我耶[40]？"廷中皆大笑。天下不以非郑尹而快孙子[41]，何哉？独为所不为也。今之命师者大类此。

吾子行厚而辞深[42]，凡所作皆恢恢然有古人形貌[43]，虽仆敢为师，亦何所增加也。假而以仆年先吾子[44]，闻道著书之日不后，诚欲往来言所闻，则仆固愿悉陈中所得者[45]。吾子苟自择之，取某事，去某事，则可矣；若定是非以教吾子，仆材不足，而又畏前所陈者，其为不敢也决矣。吾子前所欲见吾文，既悉以陈之，非以耀明于子[46]，聊欲以观子气色诚好恶如何也。今书来言者皆大过[47]。吾子诚非佞誉诬谀之徒[48]，直见爱甚故然耳[49]！

始吾幼且少，为文章，以辞为工[50]。及长，乃知文者以明道，是固不苟为炳炳烺烺[51]，务采色[52]，夸声音[53]，而以为能也。凡吾所陈，皆自谓近道[54]，而不知道之果近乎？远乎？吾子好道而可吾文[55]，或者其于道不远矣。故吾每为文章，未尝敢以轻心掉之[56]，惧其剽而不留也[57]；未尝敢以怠心易之[58]，惧其弛而不严也[59]；未尝敢以昏气出之[60]，惧其昧没而杂也[61]；未尝敢以矜气作之[62]，惧其偃蹇而骄也[63]。抑之欲其奥[64]，扬之欲其明，疏之欲其通，廉之欲其节[65]；激而发之欲其清[66]，固而存之欲其重[67]，此吾所以羽翼夫道也[68]。本之《书》以求其质[69]，本之《诗》以求其恒[70]，本之《礼》以求其宜[71]，本之《春秋》以求其断[72]，本之《易》以求其动[73]：此吾所以取道之原也[74]。参之《穀梁氏》以厉其气[75]，参之《孟》《荀》以畅其支[76]，参之《庄》《老》以肆其端[77]，参之《国语》以博其趣[78]，参之《离骚》以致其幽[79]，参之《太史公》以著其洁[80]：此吾所以旁推交通[81]，而以为之文也。凡若此者，果是耶，非耶？有取乎，抑其无取乎？吾子幸观焉，择焉，有余以告焉[82]。苟亟来以广是道[83]，子不有得焉，则我得矣，又何以师云尔哉？取其实而去其名，无招越、蜀吠，而为外廷所笑[84]，则幸矣。宗元复白。

注释

[1] 本文选自《柳河东集》，上海古籍出版社2008年版。柳宗元（773—819），字子厚，唐代著名文学家、思想家。祖籍河东（今山西省芮城、运城一带），世称柳河东。唐德宗贞元九年（793）进士，曾任集贤殿正字、蓝田尉、监察御史里行等职。顺宗时，官礼部员外郎。他与刘禹锡一同参与了王叔文主导的永贞革新，反对宦官专权和藩镇割据。失败后，被贬为永州司马；十年后调任柳州刺史，病逝于任所，因又称柳柳州。柳宗元与韩愈一起倡导古文运动，并称"韩柳"，为"唐宋八大家"之一；诗歌与刘禹锡齐名，并称"刘柳"。著有《柳河东集》。韦中立：潭州刺史韦彪之孙，元和十四年（819）进士。未中进士时，曾写信要求拜柳宗元为师，并特地从京城到永州去求教。此文即为柳宗元的答书。书信中有"居南中九年"之语，故知此文作于元和八年（813）。

[2] 白：答复，陈述。

[3] 辱：谦辞。意为给我来信使你受辱。

[4] 道：道德。笃：笃厚、深厚。

[5] 业：学业、学识。

[6] 自是：自以为是。

[7] 蛮夷：古代中原对周边少数民族的蔑称。其时柳宗元谪居湖南永州，故称。

[8] 见取：被取法，被认可。

[9] 仆：谦称。自卜：自量、自己估计。

[10] 此句所引见《孟子·离娄上》。

[11] 《师说》：韩愈的名篇，约作于唐德宗贞元十八年（802）任国子监四门博士时。

[12] 抗颜：正色，意谓态度严正。

[13] 指目牵引：用手指，用眼看，相互拉扯，意谓对韩愈指手画脚。

[14] 增与为言辞：意谓添油加醋地用言语（对韩愈进行批评）。

[15] 炊不暇熟：做饭都来不及煮熟。不暇，来不及。

[16] 挈挈而东：指急忙东出（去洛阳）。挈挈，急切的样子。据吕大防《韩愈年谱》，韩愈曾于贞元

十八年告假回洛阳，或与因《师说》受谤有关。

[17] 此句见屈原《九章·怀沙》。

[18] 庸蜀：泛指四川。庸、蜀皆古国名，庸在川东夔州一带，蜀在成都平原。

[19] 过言：过分夸大的说法。

[20] 二年：指唐宪宗元和二年（807）。

[21] 逾岭：越过南岭。岭，指南岭，位于湖南、江西与广东、广西之间的群山，既是长江水系和珠江水系的分水岭，又是南越文化与中原文化、湖湘文化的分界线。

[22] 被：覆盖。南越：指广东、广西一带。秦亡之际，南海郡尉赵佗乘机建立南越国，历经五任国王，享国九十三年。后常用作"两广"之地的别称。

[23] 仓黄：即仓皇，惊慌失措的样子。

[24] 病：批评、指责。

[25] 顾：只是、只不过。

[26] 炫怪：显得与众不同。炫，炫耀、显出；怪，奇异，与众不同。

[27] 志虑：政治抱负。

[28] 南中：即南方。

[29] 呶呶（náo）：喧哗、喋喋不休。

[30] 咈（fú）：违戾、烦扰。

[31] 骚：扰乱。

[32] 僵仆：僵硬地倒下，意谓身体僵硬、活动不便。烦愦：心烦意乱。

[33] 望外：意料之外。齿舌：即口舌，意谓别人的议论。

[34] 造朝：上朝。

[35] 外庭：亦作外廷，相对内廷、禁中而言，是皇宫中群臣等待上朝和办公议事的地方。

[36] 荐笏（hù）：把笏板插入衣带。荐，搢，插。笏，古代大臣上朝时所持的狭长板子，用玉象牙或竹片之作而成，作指画和记事之用。又称"手板"。

[37] 怃（wǔ）然：莫名其妙的样子。

[38] 怫然：不高兴的样子。

[39] 曳笏：垂手托着手板。却立：退后站立。

[40] 预：相关。

[41] 郑尹：指京兆尹郑叔则。孙子：指孙昌胤。快：赞许。

[42] 行厚：品行敦厚。辞深：文辞深广。

[43] 恢恢然：宽广宏大的样子。

[44] 假而：假如。仆年先吾子：我年龄比你大。吾子，对人的尊称。

[45] 悉：全部。陈中：陈述胸中。

[46] 耀明：夸耀。

[47] 大过：太过分，意谓赞誉太过。

[48] 佞誉：用花言巧语赞美。诬谀：欺骗谀媚。

[49] 直：只不过。见：加、被。

[50] 辞：辞藻。工：精美。

[51]　炳炳烺烺（lǎng）：文辞优美，光彩照人。炳炳，光明。烺烺，火明貌。

[52]　务采色：致力于文章的辞藻。

[53]　夸声音：夸耀文章的声韵。

[54]　道：圣人之道。

[55]　可：认可、赞许。

[56]　以轻心掉之：即掉以轻心，意谓对事情采取漫不经心的态度。掉，逗，卖弄。

[57]　剽而不留：浮滑而不厚重。剽，敏捷，引申为浮滑。留，含蓄深厚。

[58]　怠心：懈怠的态度。

[59]　弛而不严：松散而不严整。弛，松弛，松散。

[60]　昏气：头脑昏乱。

[61]　昧没：昏暗不明，意谓文章表达不清楚。杂：芜杂。

[62]　矜气：自高自大。

[63]　偃蹇：高耸，引申为自高自大。

[64]　奥：深奥、深刻。

[65]　廉：节制。节：精练。

[66]　激：激荡。

[67]　固：凝聚。

[68]　羽翼：辅佐。

[69]　本：依据。《书》：指《尚书》。其文叙述朴素，不尚华辞。质：朴素。

[70]　《诗》：即《诗经》。其中的许多作品具有永恒的感染力。

[71]　《礼》：指儒家经典中的"三礼"，包括《周礼》《仪礼》《礼记》，记载了周代的礼仪制度、职官、仪式以及有关理论。宜：适宜。

[72]　《春秋》：记载春秋时期周王朝及诸侯国历史的书，据传经过孔子的修订。对历史事件的叙述，暗含褒贬，具有微言大义。断：对是非的判断。

[73]　《易》：指《周易》。其中蕴含着古人对自然和社会认知的丰富理论。动：变化。

[74]　取道：选取经由的道路。此指获取思想资源。

[75]　《穀梁氏》：即《春秋穀梁传》。战国时穀梁赤撰，与《左传》《公羊传》同为阐释《春秋》的书。厉其气：磨砺文章的气势。

[76]　《孟》《荀》：即《孟子》《荀子》。畅其支：使文章条理畅达。

[77]　《庄》《老》：即《庄子》《老子》。肆其端：恣肆文章的端绪。

[78]　博：扩大。

[79]　幽：幽深。

[80]　《太史公》：即司马迁所著的《史记》。司马迁曾为太史令，故称。洁：简洁。

[81]　旁推交通：广泛推求，融会贯通。

[82]　有余：有余暇。

[83]　苟：如果。亟：屡次。

[84]　外廷所笑：指上文所说孙昌胤给儿子行冠礼，在外廷受到朝臣耻笑的事。

评析

本文为柳宗元回复韦中立要求拜师的书信而作，韦的来信今已不存。文章前半部分主要围绕韦中立欲拜师这个问题展开。柳宗元首先表明自己的态度，"不敢为人师"。接着举了两个当前的例子来进一步说明：一是韩愈作《师说》，批评"师道之不传也久矣"，认为"道之所存，师之所存"，从而大力提倡师道，"不顾流俗，收召后学"，结果却遭到众人聚骂，目为狂人，不得不仓促离京，避居洛阳；二是孙昌胤为儿子行冠礼，却受到同僚的嘲笑。韩、孙皆因不顾流俗，独为人所不为之事，而"召闹取怒"，柳宗元作为贬谪之人，日常已多遭人口舌非议，自不敢为人师。当然，他并没有完全拒绝韦中立的请求，而是给出一个好的建议："假而以仆年先吾子，闻道著书之日不后，诚欲往来言所闻，则仆固愿悉陈中所得者。……若定是非以教吾子，仆才不足，而又畏前所陈者，其为不敢也决矣。"更直接地说就是文末所说的"取其实而去其名。"

文章更值得重视的是后半部分，这是柳宗元对文学创作的甘苦之言，也可以说是对韦中立进行具体的指导，去师之名而有师之实。主要包括四个方面，其一，强调文学的社会功用在于"文以明道"，"不苟为炳炳烺烺务采色、夸声音，而以为能"，对流行的骈文单纯追求形式美予以否定。其二，重视文章写作，主张写作态度要严肃认真。他自谓"每为文章，未尝敢以轻心掉之"，主张戒除"轻心""怠心""昏气""矜气"，否则，文章就会存在"剽而不留""弛而不严""昧没而杂""偃蹇而骄"等弊端，也就无法完成"羽翼夫道"的任务。其三，注重文章艺术，提出了奥而且明、通而且节、清而且重的要求，防止为文趋于一端。其四，要"旁推交通"，广泛学习前人的创作经验。除了五经是其取道之原外，还要"参之《穀梁氏》以厉其气，参之《孟》《荀》以畅其支，参之《庄》《老》以肆其端，参之《国语》以博其趣，参之《离骚》以致其幽，参之《太史公》以著其洁"，这既可视为一段极为精到的创作论，又是深得各书要领的精练的文学批评。

整篇文章分为前后两半，侧重点虽有所不同，却又气脉贯通，峰断云连。前半借论师道而对当世轻薄恶态尽情描绘，嬉笑怒骂，又包蕴个人遭际的愤懑不平之气，文势酣畅淋漓；中间以"吾子行厚而辞深"一段为过脉，泯然无迹，转入论创作，娓娓道来，有条不紊，正是老师对弟子的谆谆教诲，文势穆如清风。文章展现了高超的艺术技巧，不愧为柳宗元的名篇。

思考与运用

❶ 结合韩愈《师说》和柳宗元的遭际，谈谈柳宗元为何"不敢为人师"。

❷ 柳宗元一方面强调"文者以明道"，另一方面又认为文章"羽翼夫道"，这与韩愈"文以载道"的主张有何异同？

❸ 文中云"吾每为文章，未尝敢以轻心掉之"，谈谈柳宗元是如何做的。

拓展资源

　　阅读林云铭《古文析义》对柳宗元《答韦中立论师道书》的评论，分析是否合理。

　　林云铭《古文析义》："是书论文章处，曲尽平日揣摩苦心，虽不为师而为师过半矣。其前段雪、日、冠礼诸喻，把末世轻薄恶态，尽底描写，嬉笑怒骂，兼而有之。想其落笔时，因平日横遭齿舌，有许多愤懑不平之气，故不禁淋漓酣恣乃尔。"

学习笔记

42

谈艺录·序[1]

钱锺书

　　《谈艺录》一卷，虽赏析之作，而实忧患之书也。始属稿湘西[2]，甫就其半。养疴返沪，行箧以随。人事丛脞，未遑附益。既而海水群飞[3]，淞滨鱼烂[4]。予侍亲率眷，兵罅偷生[5]。如危幕之燕巢[6]，同枯槐之蚁聚[7]。忧天将压，避地无之，虽欲出门西向笑而不敢也[8]。销愁舒愤，述往思来。托无能之词，遣有涯之日[9]。以匡鼎之说诗解颐[10]。为赵岐之乱思系志[11]。掎摭利病，积累遂多。濡墨已干，杀青鲜计[12]。苟六义之未亡[13]，或六丁所勿取[14]；麓藏阁置[15]，以待贞元[16]。时日曷丧[17]，清河可俟[18]。古人固传心不死[19]，老我而扪舌犹存[20]。方将继是，复有谈焉。凡所考论，颇采"二西"之书[21]，以供三隅之反[22]。盖取资异国，岂徒色乐器用；流布四方，可征气泽芳臭。故李斯上书，有逐客之谏[23]；郑君序谱，曰"旁行以观"[24]。东海西海，心理攸同[25]；南学北学，道术未裂[26]。虽宣尼书不过拔提河[27]，每同《七音略序》所慨[28]；而西来意即名"东土法"[29]，堪譬《借根方说》之言[30]。非作调人[31]，稍通骑驿[32]。附说若干事，则《史通·补注》篇固云[33]："除烦则意有所吝，毕载则言有所妨；遂乃定彼榛楛[34]，列为子注。"萧志离乱[35]，羊记伽蓝[36]，遗意足师，祖构有据[37]。余既自叹顽愚[38]，深惭家学，重之丧乱[39]，图籍无存。未耄善忘[40]，不醉多谬[41]；蓄疑莫解，考异罕由。乃得李丈拔可[42]、徐丈森玉[43]、李先生玄伯[44]、徐君调孚[45]、陈君麟瑞[46]、李君健吾[47]、徐君承谟[48]、顾君起潜[49]、郑君朝宗[50]、周君节之[51]，或录文相邮，或发箧而授。皆指馈贫之囷[52]，不索借书之瓻[53]。并书以志仁人嘉惠云尔。壬午中元日锺书自记[54]。

📖 注释

[1]　选自钱锺书《谈艺录》，三联书店2001年版。钱锺书（1910—1998），字默存，号槐聚，江苏无锡人。毕业于清华大学，考取英国庚款留学生，赴英国牛津大学留学。1938年被清华大学破例聘为教授，次年转赴国立蓝田师范学院任英文系主任，并开始了《谈艺录》的写作。1945年抗日战争结束后，其中篇小说集《人兽鬼》、长篇小说《围城》、诗文评《谈艺录》相继出版，在学术界引起巨大反响。1949至1953年任清华大学外文系教授，1953年院系调整后，钱锺书在中国社会

科学院文学研究所工作。1979年,《管锥编》1~4册由中华书局相继出版。晚年的钱锺书在学术界享有巨大的声誉。

[2] 属稿:草文稿。

[3] 群飞:指昆虫成群移动的现象。

[4] 鱼烂:指因为内部腐烂而亡。典出《公羊传·僖公十九年》:"梁亡,此未有伐者。其言梁亡何?自亡也。其自亡奈何?鱼烂而亡也。"

[5] 罅:缝隙。

[6] 危幕之燕巢:比喻处境非常危险,典出《左传·襄公二十九年》:"夫子之在此也,犹燕之巢于幕上。"

[7] 枯槐之聚蚁:比喻弱国微民。跟"南柯一梦"同出自唐代李公佐的《南柯太守传》:淳于棼居广陵东十里,宅南有一大槐树。一日醉卧,被二紫衣人引至槐安国,招为驸马,生五男二女,位至南柯太守共二十余年,备极荣显。后与敌战,败北,公主也死去,国王对他产生了疑忌,遣其归乡。醒来方知是一梦。饮客尚未去,斜阳在壁。继而见槐下有一大穴,用土壤堆成城郭殿台,可容蚁数斛。大穴之外,尚多子穴,所谓南柯郡,即大槐南枝下的蚁穴。钱锺书自己的旧体诗集也名之曰《槐聚诗存》)。

[8] 出门西向笑:这是典故,语出汉代桓谭的《新论》:"关东鄙语曰:'人闻长安乐,则出门西向而笑;知肉味美,则对屠门而大嚼。'"指仰慕帝都而不可即。"屠门大嚼",指馋得厉害,又不能真正得到,只有凭想象而得到虚拟的吃肉之乐。

[9] 有涯之日:语出《庄子·养生主》:"吾生也有涯,而知也无涯。"

[10] 匡鼎之说诗:典故,出自刘歆《西京杂记》:"衡能说《诗》,时人为之语曰:'无说《诗》,匡鼎来;匡说《诗》,解人颐。'鼎,衡小名也。时人畏服如是。闻者皆解颐欢笑。"匡鼎就是西汉以"凿壁偷光"苦学不辍闻名的匡衡。解颐:即脸上露出笑容,意为轻松一下。

[11] 赵岐:《后汉书》中记载的一个贤良正直,通经学、有才艺的官员,屡经忧患而不废学、不降志辱身,精研《孟子》,所撰《孟子章句》为《孟子》最早注本,后被收入《十三经注疏》。系志:在乱世中不降志,保持气节和底线。

[12] 杀青:古人在竹简上书写,为了便于书写和防止虫蛀,先把青竹简用火烤干水分,叫"杀青"。后泛指写定著作。

[13] 六义:经学术语,语出《毛诗大序》:"故诗有六义焉:一曰风,二曰赋,三曰比,四曰兴,五曰雅,六曰颂。"六义未亡,意为诗学尚存。

[14] 六丁:是从干支纪年中得来,后演变为道家掌管时间之神,六丁为阴性,六甲为阳性。民间有"男怕六丁,女怕六甲"的说法,就是怕稍有不慎,自己的时间被拿走了。"六丁勿取",意思是,如果时间允许的话。

[15] 麓藏:岳麓书院有联云"纳于大麓,藏之名山",放在能够保存文化的地方。阁置:就是置之高阁,也叫"束之高阁",就是放着不用的意思。《晋书·庾翼传》有"此辈宜束之高阁,俟天下太平,然后议其任耳"。

[16] 贞元:一意为纯正,语出《周易·乾卦》:"元亨利贞。"高亨注:"乾,卦名,天也。元,善也。亨,美也。利,利物也。贞,正也。天有善、美、利物、贞正之德……《文言》谓君子亦有此德。"另有一意为周而复始的天道人事,即"贞下起元"。

[17] 时日曷丧:语出《尚书·汤誓》:"有众率怠,弗协,曰:'时日曷丧,予及汝偕亡。'"

[18] 清河：即河清海晏，寓意天下太平。

[19] 传心：禅宗讲究真正的传承不依赖于语言文字，而靠以心传心，语出《六祖坛经》："法则以心传心，皆令自悟自解。"

[20] 扪舌：按住舌头，表示不说话或不出声。语出《诗经·大雅·抑》："莫扪朕舌。"

[21] 二西：一指印度，另一指欧美。隋唐时期印度佛教传入中土，谓其来自西方，玄奘取经，亦称"西游"。明清以降的西学东渐，是指传教士带来的欧美近现代科学文化。

[22] 三隅之反：即成语举一反三的意思，语出《论语·述而》："子曰：'不愤不启，不悱不发。举一隅不以三隅反，则不复也。'"

[23] 李斯上书，有逐客之谏：李斯有《谏逐客书》。

[24] 郑君序谱，曰"旁行以观"：郑玄（康成）《诗谱序》有："欲知源流清浊之处，则循其上下而省之；欲知风化芳臭气泽之所及，则旁行而观之。此诗之大纲也，举一纲而万目张，解一卷而众篇明。"

[25] 东海西海，心理攸同：用的是陆九渊《陆象山集》中的典："东海有圣人出焉，此心同也，此理同也；西海有圣人出焉，此心同也，此理同也。"

[26] 南学北学，道术未裂：借用《北史·儒林传》说南学北学，好尚不同，而又反用《庄子·天下》篇中说的"道术将为天下裂"。

[27] 宣尼：指孔子，因汉平帝元始元年追谥孔子为褒成宣尼公。宣尼书，谓儒家学说。跋提河：即金沙池。郑樵《通志·七音序》云："今宣尼之书自中国而东则朝鲜，西则凉夏，南则交阯，北则朔易，皆吾故封也。故封之外，其书不通，何瞿昙之书能入诸夏，而宣尼之书不能至跋提河，声音之道有障阂耳，此后学之罪也。"

[28] 《七音略序》：即上注所引郑樵《通志·七音序》，郑樵还说："臣初得《七音韵鉴》，一唱而三叹！胡僧有此妙义，而儒者未之闻。……七音之韵起自西域，流入中夏。"钱锺书意自己与郑樵同感。

[29] 西来意即名东土法：语出《景德传灯录》，借以证其"东海西海，心理攸同"之说。

[30] 《借根方说》：出自《清史稿·畴人传》，明清算学中所谓"立天元一"就是西方数学中之"借根方"，"殆名异而实同，非徒似之而已"。以此证其"南学北学，道术未裂"之说。

[31] 调人：调解纠纷之人。

[32] 骑驿：驿站的车马。借指乘马传递公文或信件的人。

[33] 《史通·补注》篇：刘知几《史通·补注》中说："亦有躬为史臣，手自刊补，虽志存该博，而才阙伦叙，除烦则意有所吝，毕载则言有所妨，遂乃定彼榛楛，列为子注。若萧大圜《淮海乱离志》，杨衒之《洛阳伽蓝记》，宋孝王《关东风俗传》，王劭《齐志》之类是也。"

[34] 榛楛：榛木与楛木。泛指丛生的杂木。比喻平庸之物。

[35] 萧志离乱：即上面所引刘知几《史通》里所提到的萧大圜（世怡）所撰《淮海乱离志》四卷，叙梁末侯景之乱。

[36] 羊记伽蓝：即北魏杨衒之撰《洛阳伽蓝记》。

[37] 遗意足师，祖构有据：是说自己的做法是有先人可法的，自己也愿意学他们的做法。

[38] 颛愚：愚昧笨拙的见解。谦辞。

[39] 重：加上。

[40] 未耄善忘：年纪不大就很健忘了，是谦辞。

[41] 不醉多谬：反用陶渊明《饮酒》中的句子："但恨多谬误，君当恕醉人。"

[42]　李丈拔可：即李宣龚（1876—1953），近代诗人，福建闽县人。民国后供职上海商务印书馆多年，曾任商务印书馆经理，兼发行所所长。

[43]　徐丈森玉：即徐鸿宝（1881—1971），字森玉，浙江金华人。版本学家、著名藏书家。历任北京大学图书馆馆长、中央博物馆理事和故宫博物院古物馆馆长，上海博物馆馆长、文史馆副馆长等。

[44]　李先生玄伯：即李宗侗（1895—1974），字玄伯，河北高阳人。史学家，出身晚清世族，为李鸿藻之孙，张之万外孙。早年随叔父李石曾留学法国，毕业于巴黎大学。曾任故宫博物院秘书长。

[45]　徐君调孚：即徐名骥（1901—1981），字调孚，浙江平湖人。曾在上海商务印书馆的英文函授学校部工作，也曾任《文学周报》《小说月报》《文学周刊》《东方》杂志编辑，主持过开明书店工作，翻译过《木偶奇遇记》等。

[46]　陈君麟瑞：清华大学毕业，美国卫司康辛大学文学士，美国哈佛大学文学士硕士，曾任英国剑桥大学、法国第强大学、德国柏林大学研究，曾任上海国立暨南大学外国语文系教授兼主任，复旦大学、光华大学教授，震旦女子文理学院教授，上海市教育局秘书，联合国国际劳工局中国分局主任秘书，中国建设杂志副总编。

[47]　李君健吾：即李健吾（1906—1982），著名作家、戏剧家、翻译家。1930年毕业于清华大学，赴法留学，回国后历任暨南大学文学院、上海孔德研究所、上海市戏剧专科学校、北京大学文学研究所、中国科学院外文所等学校或机构的教授、研究员。译过莫里哀、托尔斯泰、高尔基、屠格涅夫、福楼拜、司汤达、巴尔扎克等名家的作品，并有研究专著问世。

[48]　徐君承谟：即徐承谟（1906—1986），字燕谋，江苏昆山人，钱锺书好友。毕业于上海光华大学商学院，先后在无锡中学、上海光大附中、上海光华大学、湖南师范学院、华东师范大学及复旦大学等院校从事英语教学工作。

[49]　顾君起潜：顾起潜，即顾廷龙（1904—1998），号起潜，苏州人。曾任燕京大学图书馆中文采访主任。1939年与人共同创办上海合众图书馆，后兼任暨南大学、光华大学教授。中华人民共和国成立后历任上海历史文献图书馆馆长、上海图书馆馆长、华东师范大学兼职教授。

[50]　郑君朝宗：即郑朝宗（1912—1998），福建福州人。1936年毕业于清华大学外文系，留学剑桥，专研中西文学，曾任厦门大学中文系教授，与钱锺书交好。

[51]　周君节之：即周节之（1920—2008），原名礼予，浙江宁波人。幼承家学，并受业于沙孟海，擅书法、篆刻。

[52]　馈贫之囷（qūn）：典出《三国志·鲁肃传》，周瑜向鲁肃求助，鲁肃家有两囷米，各三千斛。"肃乃指一囷与周瑜"，比喻慷慨资助。

[53]　借书之瓻（chī）：瓻是一种陶制酒器，盛酒四升。据《集韵》所注，古人借书时"借书馈酒一瓻，还书亦馈酒一瓻"。

[54]　壬午：1942年。中元日：阴历七月十五，是中元节。

💬 评析

　　钱锺书的《谈艺录》写于抗日战争时期，是一部谈论中西诗文的笔记体论著，以文言写成，全书45万字。这本书在形式上承接清人以笔记论学的传统，内容上亦可谓集传统诗话之大成，同时也广泛采撷西方古今文论，旁引互证，见微知著，多有创获。行文也是随意赋形，长短不拘，中西杂糅，别具一格，是钱锺书早期论文的代表作。这篇书序则是一篇写于20世纪40年代的骈文，从文章角度说也有很高的艺术价值。

骈文起源于汉末，盛行于六朝，全篇以双句（俪句、偶句）为主，讲究对仗的工整和声律的铿锵。六朝时有文笔之辩，"今之常言，有文有笔，以为无韵者笔也，有韵者文也"（刘勰《文心雕龙·总术》），认为只有骈文才算是"文"。唐代科举以诗赋取士，其律赋即源自骈文。唐代公文亦为骈文（四六体）。"骈文"这一名称，源自柳宗元《乞巧文》中的"骈四俪六，锦心绣口"。骈文写作追求句式整饬、用典雅切、声调和谐、辞采映发，代表汉字在形式审美上的最高境界。刘勰的《文心雕龙》是古人以骈文形式论文的代表之作，钱锺书《谈艺录》序出之以骈文，也有接续前贤之意。

这篇序文说明《谈艺录》一书的由来，"虽赏析之作，而实忧患之书"。文中用典为一大特色，可谓言必有据，无一字无来历，而又意深言工，情辞兼胜。其中"东海西海，心理攸同。南学北学，道术未裂"之语，可谓是钱锺书在20世纪中西文化碰撞、交流的大背景下，关于中西文学研究的大判断，也是此书"颇采二西之书，以供三隅之反"的理论基础和逻辑前提。其"稍通骑驿"之意，在于其能自由出入于中西各种语言文字之间，破除藩篱，不以新旧优劣的思路去评判，而是寻求人类共通的文心。这篇序文本身，是现代学者之文的典范。

但此文（也包括《谈艺录》这部著作）在阅读上的难度也是显而易见的，在白话文已成通行文体的20世纪40年代，是否有必要给此书设一个如此之高的门槛？钱锺书自己的说法是，用文言写作，一来因为身丁乱世，采用高深的文言，读者不广，正可全身避祸。但更重要的，是为了试试文言文的弹性。通过这篇序文我们就不难体会到，优美典雅的文言，用字简省却意蕴丰厚。

钱锺书先生晚年的皇皇巨著《管锥编》也是以文言写就的，虽不通俗，信可传世。这也为我们反思文白之争，提供了一个新角度。

思考与运用

❶ 钱锺书为什么要写《谈艺录》？
❷ "东海西海，心理攸同；南学北学，道术未裂。"这句话的意思是什么？
❸ 阅读《谈艺录》第一篇"诗分唐宋"，并做读书笔记。

拓展资源

阅读钱锺书《谈艺录》（三联书店2001年版），体会其中西融通的论述艺术。

43

"你忘了你自己是怎样一个人啦！"
——谈周朴园[1]

钱谷融

周朴园出身于封建家庭而又到德国去留过学，是一个当时所谓"有教养"的人。但他从青年时代起，就干了不少伤天害理的事。他为了迎娶一位有钱有门第的小姐，就逼着和他刚生了孩子才三天的女人冒着大风雪去跳河；为了自己发财，就故意让承包的江堤出险，淹死了两千二百名小工；为了镇压工人运动，他就叫警察开枪打死了几十名工人……而他个人的"事业""地位"，就在这伤天害理的过程中蒸蒸日上。他如今是一家煤矿公司的董事长，受到社会上一般人的尊敬，是一个非常"有体面"的人物。他虽受着资产阶级的教养，却同封建地主阶级的思想感情有着深厚的血缘关系。他不但冷酷、自私，具有专横的统治心理，而且还十分虚伪，深谙假道德。这样一个人，和他周围的人之间自然要发生着尖锐的矛盾。而他，也终于在这些重重的矛盾中，陷入了难以自拔的境地。

周朴园第一次出场，恰好蘩漪、周萍、周冲三个人正在一起，在自己妻儿面前，他的威严、专横就更能给人一个深刻的印象。剧作者安排他在这时与读者、观众见面，是很具匠心的。在介绍他入场时，作者对他作了这样的描绘：

> ……他约莫有五六十上下，鬓发已经斑白，带着椭圆形的金边眼镜。一对沉鸷的眼在底下闪烁着。像一切起家立业的人物，他的威严在儿孙面前格外显得峻厉。……他有些胖，背微微地佝偻，腮肉松弛地垂下来。眼眶下陷，眸子却闪闪地放着光彩。他的脸带着多年的世故和劳碌，一种冷峭的目光和偶然在嘴角上逼出的冷笑，看出他平日的专横，自是和倔强。……[2]

这寥寥的几笔，就把周朴园的形象非常鲜明地勾勒出来了。专横、自是和倔强，确是周朴园性格中的一个非常突出的方面。

蘩漪和周萍本来正在客厅里进行着一番微妙的口角，周冲虽然不懂得他们话中的含意，但也感觉到了他们之间的不协调，表示很不愿意听他们这样说话。所以，在这三个人之间，空气是很不平静的。特别是蘩漪和周萍之间，更在进行着一场激烈的心对心的战斗。然而，就在这个时候，书房门打开了，周朴园出现在门口。客厅里的这三个人就立刻变得肃静。周朴园缓缓地踱进来，弟兄两个异口同声地喊着"爸"，周冲并且问了一句："客走了？"做父亲的对这些热情而恭敬的招呼，只稍微点了一下头，却转过来用如下的问话招呼了他回来后才第一次见面的妻子——蘩漪："你怎么今天下楼来了，完全好了吗？"这虽然显示出他对蘩漪的关切，但口吻远不是很热情的。接着，在他用同样缺乏热情的"还好"二字回答了蘩漪对他的问候以后，就要蘩漪回到楼上去。他是这样说的："你应当再到楼上去休息。"我们听得出他这句话的意思，他并不是怕蘩漪在楼下待久了累，才劝她上去休息一会儿，而是认为她根本应当在楼上休息，不应该下来。他的逼人的威严，他的专横、冷酷，在他初出场的这一刹那间，就充分表现出来了。而紧接着来的他对周冲的斥责，对蘩漪的威逼（逼她喝药），更把他这种性格刻画得形完神足，淋漓尽致。他就用这种冷酷、专横，维持着他的威严，建立起他引以自豪的家庭的"平静"而"圆满"的秩序。

当然，周朴园也并不是一味的冷酷、专横，他对待妻儿是恩威并施的。他甚至还给他的妻儿以这样一种印象：仿佛他的冷酷、专横，只是对他们的"关心"和"爱护"的一种富有个性色彩的独特的表现形式。因此，他们对他是不能有过多的不满的，而他的冷酷和专横，在他们看来也只应该是威严，而不应该把它当作残暴。这里就显示出了周朴园性格中的另一个突出的方面——伪善。

他对待侍萍的态度，最深刻地暴露了他的伪善的一面。

据他自己向侍萍表白，他三十年来一直没有忘记过她。每年四月十八日，都不忘记为她做生日，一切都照着她是正式嫁过周家的人看待。我们也的确看到他屋子里的家具都还是从前侍萍所喜欢的旧物，他到东到西总都带着，而且陈设布置仍按照三十年前侍萍动用时的样子。甚至因为侍萍在生周萍时受了病，总要关窗户，因此他到现在，即使在夏天，这个房间的窗户还是不许人打开。他穿衣服，不管是雨衣还是衬衫，都爱穿旧的而不爱穿新的。他一听到侍萍的无锡口音，便很有深情地急着打听起所谓"梅小姐"的事来，并说想把她的坟墓修一修。……这些，似乎的确都证明他三十年来一直没有忘记侍萍，而且还是深情缱绻，朝夕怀念着她的。然而，很奇怪，当他知道他所怀念的这个人并没有死，而且现在就站立在他面前，就在跟他面对面地晤谈着时，他却忽然严厉地喝问对方："你来干什么？"这样极端矛盾的态度，这样前后判若两人的声气，实在令人吃惊。不过，只待稍稍惊定，我们也就恍然大悟了。这"你来干什么？"的一声，含义是无比丰富的，它说明了许多问题。它虽然并没有把周朴园三十多年来对侍萍的种种怀念一笔勾销，却也赋予了这些怀念以一种新的含义。或者，更确切些说，是揭示了这些怀念的一种不易为人察觉的、甚至连周朴园自己也不一定意识到的隐秘的意义（他之所以不一定意识到这一点，乃是因为他不愿意承认这一点；因为不愿意承认它，久而久之，他自己就真以为它并不存在了）。这层意义一揭露，我们对周朴园的灵魂、周朴园的本质，也就看得更清楚，有了更深的理解了。

　　周朴园三十年来对侍萍的种种怀念，是不是全是假的、虚伪的呢？从他居然能严厉地喝问侍萍"你来干什么？"里，从他前后一贯的为人处世的态度里，以及从他作为一个资产阶级的阶级本性里，我们都可以毫无疑问地作出肯定的回答，说他是假的，虚伪的。但是，我们却不能因此就认为周朴园对侍萍真的一点感情也没有。认为他对侍萍的种种怀念的表示都是故意装出来的，都是有意识地做给别人看的。这样想就把一个人的复杂的心理面貌简单化了，就将阻碍我们对周朴园的资产阶级本质作更深入一步的了解。阶级本质是渗透在具体的个性中，而且只有通过具体的个性才能表现出来的东西。而个性，则总是比较复杂的，总是充满着各种各样的矛盾，而且还常常是带有各种各样的涂饰物。吝啬汉可以慷慨于一时，杀人不眨眼的人有时也会大发善心。因为吝啬汉的一时的慷慨，就不承认他是吝啬汉；因为残暴的人的偶发的善心，就说他并不残暴：当然是不对的。但如果以为吝啬汉有的只是吝啬，残暴的人任何时候都是残暴的，也是一种简单化的看法。在一个人的身上，可能有某一种品质是比较突出的，但这一种品质并不能够完全决定这个人的性格。处在复杂的阶级斗争环境中的人，特别是处在社会关系高度复杂化了的现实社会中的人，他们的个性总是比较复杂的。个性的复杂性并不否定或削弱个性的阶级性，而恰恰是更生动、更丰富地体现了他的阶级性，更充分、更深刻地揭示了他的阶级性。如果我们不估计到个性的这种复杂性，不去具体地观察研究这种复杂性，那么，我们对他的阶级本质即使也可能有正确的了解，但这种了解必然是抽象的而不是具体的，是肤浅的而不是深刻的。因为这种了解，只是搬用了一个无可争辩的现成结论的结果，而并非自己实地观察的结果。我们说周朴园是虚伪的，乃是因为整个地来看他时，归根到底地来说时，他只能是虚伪的。但这并不等于完全否认周朴园具有任何真正的感情，也决不排斥周朴园对侍萍可以有某种程度的真正的怀念。周朴园对侍萍的某种程度的怀念，不但丝毫不能动摇我们认为周朴园是极端虚伪的看法，而恰恰是——从他的怀念的性质及其具体表现中——只有更其加深了我们的这一看法。我们说周朴园对侍萍是可以有某种程度的真正的怀念的，这也很容易理解：侍萍年轻时是很美的。他确曾喜欢过她，何况她又是周萍的母亲，怎能不常常想起她呢？一个人对于已经失去的东西，总是特别觉得可贵，特别感到恋念的。尤其是他做了那样一件伤天害理的事（我们记得，他是为了赶娶一位有钱有门第的小姐，逼着刚生下孩子才三天的侍萍，在年三十夜冒着大风雪去跳河的），总不能毫无内疚。现在，侍萍既已死去（他一直以为她已经死了），对他就不再有什么威胁、不利，他就更容易想到她的种种可爱处而不胜怀念起来。这种怀念，又因他的灵魂的内疚，又因他的补过赎罪之心而愈益增加了它的重量，以至他自己都为这种"真诚的"怀念所感动了。他觉得自己虽然"荒唐"于前，却能"补过"于后，就仿佛也是个"道德高尚"的人了。这样，他对侍萍的怀念就做得愈益认真起来，并且还以此自豪，以此来教育周萍，来树立家庭的榜样。这样做，在他主观上可能的确是很"真诚"的，并无故意骗人的存心。但是，作为剥削阶级中的一员，他是不可能有什么真正高尚的感情的。他首先考虑的，总是自己的名誉、地位，自己的实际利益。在并不损害他的利益时，他是可以有一点感情的，但当他一发觉这种感情与他的利益相抵触，将要危及他的名誉、地位时，他就会立刻翻脸不认人，把这种感情一脚踢开。"你来干什么？"这一声就充分说明了这一点。在紧接着这一声以后的一长串的对话中，剧作者更进一步地揭露了周朴园的这种丑恶的阶级本质。我们不妨在这里稍停片刻，听一听他们的对话：

　　　　周朴园　（忽然严厉地）你来干什么？
　　　　鲁侍萍　不是我要来的。
　　　　周朴园　谁指使你来的？
　　　　鲁侍萍　（悲愤）命，不公平的命指使我来的！
　　　　周朴园　（冷冷地）三十年的工夫你还是找到这儿来了。

　　我们听得出，周朴园在说前两句话时，一定是声色俱厉的，而后一句话又是多么的冷酷无情。

　　"你来干什么？"他的内心的语言（潜台词）其实是说："你想来敲诈我吗？"侍萍说"不是我要来的"。他一定想：不是你自己要来敲诈我，那么准是有人指使你来敲诈我的了，所以他接着问："谁指使你来的？"这一问一答不过是三二秒钟的时间，但是，我们可以想象得到，周朴园的内心变化却是异常剧烈的，他的思想却是经历了很长的路程的。他一定会想到这个人多半是鲁贵，而鲁贵又是那样的狡猾难对付，他就更感到事态的严重。等到听侍萍说了是"不公平的命指使我来的"后，他才觉得还好，还只是她自个儿找来的，总算并没有别人夹在里头，因而他就不像原先那么紧张了。但他还是认定侍萍是有意找上门来的，要摆脱她，解除这个麻烦，他想是总得费些周折，花些钱财的了。但不知她此来的意图究竟如何，且先听听她的口风再说吧。因而他才冷冷地说了一句"三十年的工夫你还是找到这儿来了"。他的潜台词，他的内心的真正意思，其实是："那么你究竟想怎样呢？"但是，侍萍的思想、心情，却完全走着另一条路，并不是沿着他的内心线索前进的。她这一次到四凤的东家来，想不到竟遇到了三十年前那样毫无心肝地抛弃了自己的那个人。在与这个人的短短的接触中，她发现这个人似乎并不像他过去那样的无情，从他房间里的陈设布置，从他依旧保留着的夏天关窗的习惯，从他对旧衣物的偏爱，特别是从他对"梅小姐"事件所流露出的兴趣与关心里，她知道这个人还是一直在怀念着自己的。本来，她从这个人那里所受到的凌辱、迫害，是说不尽、诉不完，无论如何也忘不了的。但毕竟事情已过去了三十年了，何况这个人还是她的大海和她另一个儿子的爸爸，而他如今又显得这样的多情。像侍萍这样一个心地纯洁而善良的女子，又受着封建伦理观念的严重影响，自然不免又一时"犯糊涂"，心软起来。因而，她刹那间几乎已经忘记了这个人过去对自己的种种不情不义、种种灭绝人性的行径，开始想用另外一种眼光来看他了[3]。而忽然，这个人重又露出了他的本相，而且把自己看得那样卑鄙、下贱，以为是有意来敲诈他的。这才使她重又清醒过来，她三十年来的悲愤、郁积，三十年来的血泪痛苦，一下子就像开了闸门的洪水一样奔涌出来了。她的这种感情的爆发，使得周朴园有些害怕，怕张扬开去，有损自己的体面。因此，自此以下，他的语调就变了。起先是竭力地想稳住她，想使她的感情平静下来，所以他一则曰："你可以冷静点。现在你我都是有子女的人。如果你觉得心里有委屈，这么大年纪，我们先可以不必哭哭啼啼的。"再则曰："从前的旧恩怨，过了几十年，又何必再提呢？"三则曰："我看过去的事不必再提了吧。"但是，侍萍并没有平静下来，她还是要提，她闷了三十年了，非提不可。于是周朴园又采取了另一种办法，想用感情来软化她。这样，我们就听到了他的如下的话：

> 你静一静。把脑子放清醒点。你不要以为我的心是死了，你以为一个人做了一件于心不忍的事就会忘了么？你看这些家具都是你从前顶喜欢的东西，多少年我总是留着，为着纪念你。

果然，他这番话立刻生了效。侍萍听到这里，低下了头，开始有些平静了。于是他就以更加恳挚而悔罪的声调接下去说：

> 你的生日——四月十八日——每年我总记得。一切都照着你是正式嫁过周家的人看，甚至于你因为生萍儿，受了病，总要关窗户，这些习惯我都保留着，为的是不忘你，弥补我的罪过。

这一下他的目的完全达到了，现在是侍萍反过来请他不必再提这些了。把侍萍的感情稳住以后，他想这就可以谈到正题了。因而他说："那更好了。那么我们可以明明白白地谈一谈。"意思是说：既然你也认为过去的事可以无需再提，那么你就把你此来的目的、意图、要求直截了当地提出来吧。但是，侍萍完全不理解他话中的意思，因为她从来就不曾有过这一类的心思、打算。因而她说："不过我觉得没有什么可谈的。"从她的这句话里，周朴园才想起了过去侍萍的高傲倔强的性格。再联系到刚才一连串的对话，他就发现侍萍的性情原来并没有什么大改变。这发现叫他安心。但他又想到，她现在是鲁贵的妻子，而鲁贵却是个很不老实的人，假使他夹在中间，事情就麻烦了。所以他就说出了"话很多。我看你的性情好像没有大改，——鲁贵像是个很不老实的人"这样几句看来似乎不大连贯的话来。这一次，侍萍懂了他的意思了，叫他不用怕，满怀轻蔑地告诉他，她决不会让鲁贵知道这件事的。这下，他就完全放心了。在打听过被侍萍带走的他的另一个儿子的消息以后，他要问的都问了，要知道的都知道了，他已解除了一切的恐惧与顾虑。于是他就剥去了一切的伪装，赤裸裸地露出了他的本相。所以他又忽然说："好！痛痛快快的！你现在要多少钱吧！"在这句话里，充满着令人恶心的铜臭气息，而这个资产阶级的卑鄙丑恶的灵魂，通过这句话也就被揭露无遗了。

不能不令人感到惊异的是，作者曹禺这时才不过二十三岁，他竟能把周朴园这样一个老奸巨猾、深藏不露的伪善者的灵魂，如此清晰、如此细致入微地勾勒出来。这样深刻的观察力，这样高超的艺术才能，真叫人叹赏不止。不过，最后一场中对周朴园的描写、处理，却不能说是同样成功的。在这一场里（其实，前面也或多或少地存在着这种情况），作者思想上的不成熟以及他世界观中的严重弱点，和他的作为一个天才艺术家所特有的感受与表现的能力，同样清晰地呈现在我们眼前。

在周萍与四凤已经取得侍萍的同意，即将一同出走的当儿，周朴园被繁漪叫了下来。他一下来，忽然又看到了已经说过再也不上周家的门的侍萍、四凤，而且她们还与繁漪、周萍、周冲在一起，他当时的惊骇是可想而知的。作者这样写：

周朴园　（见鲁侍萍、鲁四凤在一起，惊）啊，你，你们这是做什么？

头上那个"你"字，可能是对着侍萍说的。他可能是一看到侍萍，在万分吃惊的当儿，就几乎脱口而出地说出"你怎么又来了？"这句话来。但他究竟是个老练而深沉的人，所以他终于竭力压住了惊慌，并且强作镇定地、不失他的威严本色地改问了一句："你们这是做什么？"这时，繁漪就拉着四凤告诉他："这是你的媳妇，你见见。"又叫四凤"叫他爸爸"。并且指着侍萍，叫周朴园"也认识认识这位老太太"。接着，她又转过来向周萍说："萍，过来！当着你的父亲，过来，给这个妈叩头。"周朴园看见侍萍重又回来，本来就已经是说不出的慌乱，如今繁漪又不怀好意地一会儿叫他认这个，一会儿叫他认那个，而他又完全不知道周萍与四凤之间的事，所以繁漪一上来说四凤是他的媳妇，他可能没有听清楚；即使听清楚了，在极度的慌乱中，在一心只想着他跟侍萍的关系时，也可能完全不理解"媳妇"两个字的意义。而繁漪叫周萍给侍萍叩头，——"给这个妈叩头"这句话，在他的耳中却特别响亮清晰。他既然并不知道周萍跟四凤的恋爱关系，当然也就不会想到繁漪嘴里的这个"妈"字，并不是他心里所想的那个"妈"字的意思。于是，他就一心以为他跟侍萍的关系已被大家知道了（后来繁漪的："什么，她是侍萍？"这样由衷的惊奇，不是也被他认为是故意的嘲弄吗？），他当然也就无法再隐瞒了。所以，他之承认侍萍，起先原是被迫的，并非出于自动。这些描写，都是十分真实而深刻的，是符合周朴园这样一个人的性格特色的。然而就在这里，作者却给了周朴园以过多的悔恨沉痛的感情，仿佛他真像所谓"天良发现"似的忽然真正忏悔起过去的罪恶来了。作者写他始而悔恨地对侍萍说："侍萍，我想你也会回来的。"在这句话里，我们听得出，有的不仅是对自己的行为的悔恨，而且还含有对侍萍终于还是回来了的一种欣慰的感情。继而又沉痛地唤着周萍："萍儿，你过来。你的生母并没有死，她还在世上。"这样的口吻，也不像是因为隐瞒不了而只得假意敷衍的人的口吻了。紧接在这句话的后面是：

周萍　（半狂地）不是她！爸，不是她！

周朴园　（严厉地）混账！不许胡说！她没有什么好身世，也是你的母亲。

周萍　　（痛苦万分）哦，爸！

周朴园　　（尊重地）不要以为你跟四凤同母，觉得脸上不好看，你就忘了人伦天性。

鲁四凤　　（痛苦地）哦。妈！

周朴园　　（沉重地）萍儿，你原谅我。我一生就做错了这一件事。我万没有想到她今天还在，今天找到这儿。我想这只能说是天命。（向鲁侍萍叹口气）我老了，刚才我叫你走，我很后悔，我预备寄给你两万块钱。现在你既然来了，我想萍儿是个孝顺孩子，他会好好地侍奉你。我对不起你的地方，他会补上的。[4]

　　这样的一番话，不但很能迷惑侍萍以及所有其他在场的人，而且也会冲淡读者和观众对周朴园的憎恨，而使整个作品的思想意义受到损害。当然，我们并不是说，周朴园决不会说这样的话，也并不是说，这样一番话就与周朴园的性格存在着怎样的抵牾。像周朴园这样一个人，在眼看真相已万难再行掩盖时，为了维持他的伪善面貌，维持他一向极力装扮的假道德，为了给他的儿子以"良好"榜样，为了维护他的家庭的"平静"而"圆满"的秩序，是完全有可能说出类似的话来的。问题是在于他说这些话时的态度与口吻。像上面这样的态度与口吻，恐怕是很难使人不受到迷惑的。作者应该使这些话成为对周朴园的伪善本质的更深一层的揭露，而这里却似乎是在肯定周朴园的忏悔心情了。这应该说是作者的一些弱笔。而这些弱笔的出现，并不是由于作者艺术表现能力方面的欠缺，而是与作者当时思想上的弱点直接联系着的。

　　在作者当时的世界观中，占主导地位的是民主主义与人道主义的思想。这种思想有它的进步性，也有它的局限性。在这种思想指导之下，他对当时那种人压迫人、人剥削人的现象，感到极大的愤怒和不平，所以他在作品里能够对充满这种现象的当时的社会，作出深刻的揭露与尖锐的抨击。但是，停留在这样的一个思想水平上，对造成这种现象的原因，是不可能有深刻而明确的认识的。因而，他虽然对社会的真实情况，有敏锐的感觉和强烈的爱憎，但究竟应该怎样正确地对待、批判这种现实，就有些茫然了。因为，正确地对待和批判的能力，是只有在正确的思想指导下才能具备的。他对周朴园这个人物，应该说是了解得相当深的，他洞察他的肺腑，在他的笔下，这一人物的精神面貌可以说是展示得非常清晰了。但究竟应该怎样来评价这个人物呢？这个人当然绝不是什么值得同情的好人，而是一个应该被批判、被否定的人物，这一点对曹禺来说，也是不成问题的。但批判应该掌握什么样的分寸？否定应该达到什么样的程度？这在曹禺，恐怕就不是很明确的了。而且，在他当时的世界观中，或多或少还存在有资产阶级的人性论思想，他就自然更加不能彻底否定周朴园这样一个人物了。在鞭打他的时候，他就免不了有一些手软，甚至给他以某种程度的"曲宥"，像他在《日出》的跋文（初版本）中提到潘月亭、李石清时所说过的那样。而周朴园这种"天良发现"式的悔罪的声调，正是作者的手软的表现，正是作者对他作了某种程度的"曲宥"的表现。

1959年9月写
1961年9月改

注释

[1]　选自《钱谷融文选》，上海文艺出版社2019年版。文章最初刊登于《文学评论》1962年第1期。钱谷融（1919—2017），原名钱国荣，江苏武进人。文艺理论家，长期从事文学理论和中国现代文学的研究与教学。曾任华东师范大学教授、文学研究所所长，《文艺理论研究》主编，中国现代文学研究会副会长。培养了大批现代文学研究人才。著有《论"文学是人学"》《文学的魅力》《散淡人生》《〈雷雨〉人物谈》等。1957年钱谷融写出《论"文学是人学"》一文，重申高尔基曾经建议的"把文学叫作人学"的观点。1959年国庆前夕写下关于周朴园和蘩漪的人物谈，周萍、周冲二篇写于1962年，侍萍、四凤、鲁大海、鲁贵则是在1979年所写，1980年上海文艺出版社出版《〈雷雨〉人物谈》单行本。

[2]　《雷雨》，中国戏剧出版社1957年版，第38页。本文所有的《雷雨》引文，如不注明出处，皆引自《曹禺选集》，人民文学出版社1961年版。

[3]　譬如，她在周朴园的面前，有意透露了一些她自己的消息，目的当然是在于试探，一种多少带有谴责意味的试探周朴园。但这种试探本身，就是一种软弱、动摇的表示，就是她对周朴园的仇恨已有所冲淡的表示。更明显的是，当周朴园对她说了"好，你先下去吧"以后，她竟有些不忍就走。她这时，不但不像先前的急于想避开周朴园，反而问周朴园："老爷，没有事了？"而且"望着周朴园，泪要涌出"。

[4]　《雷雨》，中国戏剧出版社1957年版，第165、166页。

评析

　　这是一篇关于《雷雨》中周朴园形象分析的学术论文。钱谷融于1959年在电视里看到新排的话剧《雷雨》，认为演的不是曹禺的本意。钱谷融认为《雷雨》首先是一出悲剧。曹禺自己曾说，他对剧中的每一个人物都充满着悲悯，注意是每一个人物，其中当然就包括周朴园，也包括蘩漪，他们可以说都是"牺牲者"。因此，钱谷融先生写下这篇分析周朴园形象的文章，既强调其冷酷、伪善，又强调其对于侍萍真诚的怀念与挚爱，展现出一个多面的、立体的周朴园形象。

　　《雷雨》以1925年前后的中国社会为背景，描写了一个带有浓厚封建色彩的资产阶级家庭的悲剧。剧中人物周朴园是一家之长，是悲剧的始作俑者。20世纪五十至七十年代的文论强调文学为政治服务，反映并表现阶级斗争，作为"资本家"代表的周朴园的形象往往被简单抨击。钱谷融先生是从文学审美理论，尤其是文学欣赏的角度来展开批评的，不为僵化的理论所束缚，注重解读文学作品，力求在对文学作品细读的基础上，揣摩和体会文学审美的特征和特点。钱谷融对《雷雨》的研究，最突出的是他对作品人物的关注，正如他在《论"文学是人学"》中所强调的，文学作品"必须以人为描写中心"。

　　在《"你忘了你自己是怎样一个人啦！"——谈周朴园》一文中，钱谷融一方面谈到了周朴园身上狡猾、虚伪的一面，他镇压工人运动，对侍萍始乱终弃；同时谈到了资本家周朴园身上那些残存的，从属于人性中的温情与美好的成分，即便它们在数十年的历练中发生了某种程度的变质，也仍是从往日的"温情""美好"而来的。这一立论是经由对周朴园与侍萍多年后不期然相逢时的几句台词的分析得出的，钱谷融指出，"周朴园对侍萍是可以有某种程度的真正的怀念的"，而并非决然地冷酷无情。"侍萍年轻时是很美的。他确曾喜欢过她，何况她又是周萍的母亲，怎能不常常想起她呢？一个人对于已经失去的东西，总是特别觉得可贵，特别感到恋念的。尤其是他做了那样一件伤天害理的事，对他就不再有什么威胁、不利，他就更容易想到她的种种可爱处而不胜怀念起来。这种怀念，又因他的灵魂的内疚，又因他的补过赎罪之心而愈益增加了它的重量。"虽然钱谷融也指出作为剥削阶级中的一员，周朴园不可能有什么真正高尚的感情的，"他首先考虑的，总是自己的名誉、地位，自己的实际利益。在并不损害他的利益时，他是可以有一点感情的，但当他一发觉这种感情与他的利益相抵触，将要危及他的名誉、地位时，他就会立刻翻脸不认人，把这种感情一脚踢开。"这样辩证的分析既把握住周朴园的阶级本质，又体会到作为"人"的周朴园内心情感的复杂结构。一个多面、立体的周朴园形象跃然纸上。

钱谷融认为处在复杂的阶级斗争环境中的人，特别是处在社会关系高度复杂化的现实社会中的人，他们的个性总是比较复杂的。个性的复杂性并不否定或削弱个性的阶级性，而恰恰是更生动、更丰富地体现了他的阶级性，更充分、更深刻地揭示了他的阶级性。如果我们不去具体地观察研究这种复杂性，那么，我们即便对他的阶级本质有可能了解，但这种了解必然是抽象的而不是具体的，是肤浅的而不是深刻的。周朴园作为资本家的阶级属性并非周朴园作为"人"的全部特征，越加充分地理解周朴园性格的复杂多面，越有利于加深我们对于人类乃至整个世界的理解。

作为一篇文学批评，本文"修辞立其诚"，不仅体现出作者敏锐的文学感悟力和审美判断力，而且不堆砌晦涩难懂的名词，文气连贯，文辞优美，显示出好的学术文章的境界和文风。

📝│思考与运用

① 结合自身对《雷雨》的阅读感受，谈一谈你对钱谷融观点的理解。

② 周朴园对于侍萍究竟有无真感情？周朴园在《雷雨》的悲剧中应当承担怎样的责任？

③ 读了钱谷融对于《雷雨》人物形象的分析后，请你试着找一部自己感兴趣的小说或戏剧，也写一篇"人物论"。

│知识延伸

知人论世是中国文学批评中一个悠久的传统。强调体会作品时，要重视作家的经历和思想，结合时代的背景和特征来理解作家，鉴别人物。其实，不仅研究文学是这样，我们评判很多人物和事件，都要注意在语境中来全面地理解，有时候还要充分地发挥"同情之了解"，而不能简单化、片面化。

拓展资源

　　阅读钱谷融《我的自白》(选自《钱谷融论文学》),了解他的文艺思想。

学习笔记

44

武藏野（节选）[1]

[日]国木田独步

吴元坎 译

　　昔日的武藏野[2]原是一片漫无边际的萱草原，景色优美无比，一直受到人们的颂赞，相传不绝。可是，今天的武藏野则已变成一片森林。甚至可以说，森林就是武藏野的特色。讲到树木，这里主要是楢类。这种树木在冬天叶子就全部脱落，一到春天，又发出青翠欲滴的嫩芽来。这种变化，在秩父岭以东十几里[3]的范围内，完全是一样的。通过春、夏、秋、冬，每逢霞、雨、月、风、雾、秋雨、白雪，时而绿阴，时而红叶，呈现着各种各样的景色，其变幻之妙，实非住在东北或西部地方的人们所能理解。原来，日本人对楢这一类落叶林木的美，过去似乎是不太懂得的。在日本的文学以及美术中，也没有见过像"楢林深处听秋雨"这一类描写。像我这样一个出生在西部地方的人，自从少年时来到东京上学，到现在虽然已经也有十年了，但能够理解到这种落叶林木的美，却还是最近的事情，而且也还是受了下列这一段文章的启发：

　　"秋天，九月半左右，我坐在白桦树林里。从早晨起就下细雨，又常常射出温暖的阳光；这是阴晴不定的天气。天空有时弥漫着轻柔的白云，有时有几处地方忽然暂时开朗，在拨开的云头后面露出青天来，明亮而可爱，好像一只美丽的眼睛。我坐着，向周围眺望，倾听。树叶在我头上轻轻地喧噪；仅由这种喧噪声，也可以知道现在是什么季节。这不是春天的愉快而欢乐的战栗声，也不是夏天的柔和的私语声和绵长的絮聒声，也不是晚秋的羞怯而冷淡的喋喋声，而是一种不易听清楚的、沉沉欲睡的细语声。微风轻轻地在树梢上吹过。被雨淋湿的树林的内部，由于日照或云遮而不断地变化；有时全部光明，仿佛突然一切都微笑了：不很繁茂的白桦树的细干突然蒙上了白绸一般的柔光，落在地上的小树叶突然发出斑斓的纯金色的光辉，高而繁茂的凤尾草的优美的茎，无限制地交互错综地显示在你眼前，它们已经染上秋色，好像过熟

的葡萄的色彩；有时四周一切忽然又都变成淡蓝色：鲜艳的色彩忽然消失了，白桦树都显出白色，全无光彩地站着，这白色就同还没有被冬日的寒光照临过的、新降的雪一样；于是极细的雨偷偷地、狡狯地开始在树林里撒布下来，发出潇潇的声响。白桦树上的叶子虽然已经显著地苍白起来了，还差不多全是绿色的；只有某些地方，长着一张全红的或全金的嫩叶，太阳光突然穿过了新近由明亮的雨洗净的细枝的密网而溜进来，斑斓地发光，这时候你就可以看见这张嫩叶在日光中鲜明地闪耀。"

以上是二叶亭四迷[4]翻译的屠格涅夫的短篇小说《幽会》[5]中开头的一段，我之所以能够懂得这种落叶林木的妙趣，大部分是得力于这篇绝妙的叙景文的笔法。虽然那只是俄国的景色，写的也是桦树，而武藏野的树林却是栎树，在植物学上属于完全不同的类目，但在落叶林这一点上，两者是相同的。我常常这样想：如果武藏野的森林中不是栎树而是松树或其他树木，那色彩就不会有这样的变化，因而显得非常平凡，也就没什么珍贵的了吧。

正因为是栎树，所以叶子才会发黄；正因为叶子会发黄，所以才会有落叶。秋雨霏霏，疾风飒飒。一阵狂风掠过，小丘上千万片树叶迎空飞舞，犹如一群群小鸟似的，一直向远处飞去。等到树叶落尽，绵亘数十里的森林，一下子就变得光秃秃的；冬天的苍穹高高地罩在上面，武藏野堕入了一片沉寂。空气也更清爽了。来自远处的声音也能清楚地听见。我在10月26日的日记中，曾记述道："赴树林深处小坐，四顾，倾听，凝视，默思。"而在屠格涅夫的《幽会》中，也同样有着"我坐着，向周围眺望，倾听"的描述。这种侧耳倾听，是多么适合于武藏野自秋末至冬初时的气氛啊。秋天，声音发自林中；冬天，声音来自树林外的远方。

鸟儿拍着翅膀的声音和鸣啭的声音。风的私语、低鸣、呼啸和咆哮声。群集在树林深处、草丛下面的秋虫的唧唧声。满载的或是空的运货车绕过树林、走下山坡或是横过小路时的声音。还有马蹄踩得落叶四散的声音，这可能是骑兵演习中的侦察兵在附近走过，再不然就是外国人夫妇乘马出游经过这里。正在高声谈论着什么的村人们走过这里，那嘶哑的语声跟着也渐渐远去。一会儿又是什么女人的脚步声，她凄然一身，寂寞地急步前行。有从远处传来的炮声，也有邻近的林子里突然响起来的枪声。我有一次曾携犬来到附近的树林里，坐在树墩子上读着书，突然听到树林深处有什么东西掉下来的声音。睡在脚边的狗也尖起耳朵向那边注视着。但就是这么一声。大概是栗子从树上掉下来的声音吧，武藏野的栗树也很多哩。每当秋雨潇潇的时候，真是再也没有比这里更幽静的了。山村秋雨——这素来就是我国和歌中的题材[6]。在广阔无边的原野里，秋雨从这一头飘到那一头，它悄悄地穿过森林、树丛，扫过田野，又越过树林，声音是那么低幽，又是那么昂扬，这种温柔和令人怀念的声音，实在是武藏野秋雨的特色吧。我也曾在北海道的树林深处遇到过秋雨，那是在人烟绝迹的大森林里，气魄当然更为雄壮。但是，像武藏野的秋雨那样，仿佛在低声私语而令人不胜缅怀的情趣却是没有的。

试在仲秋以至冬初之间访问一下中野一带或是涩谷、世田谷、小金井等处的树林子，在那里小坐片刻，恢复一下散步的疲劳吧。那些声音忽起忽止，渐近渐远，即使没有风，头顶上一片片落叶飘下来也会发出低微的声音。如果连这种声音也没有时，你也会深深地感觉到大自然的那种肃静，和永久不息的呼吸的吧。我在日记里屡次写到武藏野的隆冬，在星斗满天的深夜里，那种连星星都能被它吹落下来的狂风扫过森林时的声音。风的声音可以把人的思想带到老远老远去。我听着这种强烈的、忽近忽远的风声，也就想到了亘古及今武藏野的生活。

在熊谷直好的和歌中就有着这样的句子[7]：

万叶萧萧彻夜听，
微风潜度几曾停。

我对山村生活虽然也有所体会，但对这首诗能有更深的感受，那确实还是冬天在武藏野村居住时的事情。

坐在林中，日光使人感到最美的是从春末以至夏初的时候；我不准备在这里写了。现在，只是再说一下黄叶的季节。在半黄半绿的林中散步，从树梢之间的缝隙中可以望见澄碧的天空。随着树叶在风中摇动，射进林子里来的太阳光也斑斑点点地撒在树叶上。这种美，真是不能以言语来形容的。像日光啦、礁冰啦，都可以算得上名闻天下的胜地；可是，武藏野在夕阳西下之际，那原野上广阔的森林被染得通红，犹如一片火海一般；这种美，难道不是也有它独特之处吗？如果能登高极目，把这种奇观尽收眼底，那当然是再好没有；但即使不能这样做也没有关系，好在原野上的景色比较单纯，人们也不难从看到的一部分来想象那整个无限美好的光景。在这样默想时，如果再面对夕阳尽可能踏着黄叶漫步前行，那是多么地有趣啊！一出树林，也就来到原野上了。

在10月25日的日记中，我曾写道："漫步于原野，徘徊于林中。"11月4日我又这样写道："薄暮，独自迎风立于原野。"现在，让我再来引用几句屠格涅夫的话：

"我站了一会儿，拾起了那束矢车菊，走出林子，到了旷野里。太阳低低地挂在苍白而明亮的天空中，它的光线也似乎苍白而发冷了：它们没有光辉，它们散布着一种平静的、像水一般的光。离开黄昏不过半个钟头了，但是晚霞稀少得很。一阵阵的风通过了黄色的、干燥的谷物残株，迅速地向我吹来；卷曲的小树叶在这些残株面前匆忙地飞舞起来，经过它们，穿过道路，沿着林端飞去；树林的一面像墙壁一般向着旷野，全部震颤着又闪耀着，小小的光点非常清楚，却不耀目；在发红的植物上，在小草上，在稻草上，到处都有秋蜘蛛的无数的丝闪烁着，波动着。我站定了……我觉得悲哀；通过了凋零的自然景物的虽然新鲜却不愉快的微笑，似乎有不远的冬天的凄凉的恐怖偷偷地逼近来了。一只小心的乌鸦，高高地在我头上用翅膀沉重而剧烈地划破了空气飞过去，它转过头来，向我斜看一眼，向上翱翔，断断续续地叫着，隐没在树林后面了；大群的鸽子从打谷场敏捷地飞来，突然盘成圆柱形，迅速散落在田野中——这是秋天的特征！有人在光秃秃的小丘旁边经过，空马车大声地响着……"

这虽然是写的俄罗斯的原野，但我们武藏野秋天以至冬初时的景象，大致上也是如此。武藏野绝对没有光秃秃的山丘，但它也像大海里的波浪那样有着高低起伏。它外表上虽然也像是一片平原，但实际上倒不如说它是一片有着低洼的溪谷的高地更适当一些。这种溪谷的尽下边一般都是水田，旱田则主要都在高地上。高地又可以区划成为树林和旱田等等，而所谓原野，也就是指的这些旱田。至于树林，也没有一处是广达数里的——不，恐怕连一里宽的树林也是没有的。同时，那种一望数里、连绵不断的旱田也是没有的。大致的情形是，在一座树林的周围都是旱田，在一顷旱田的三面又都是树林，而那些农家就散在其间，把它分割开来。这也就是说，原野啦，树林啦，都是杂乱地互相交错着的。一个人刚才觉得已经走进树林，立刻又会发现已经到了尽头而来到原野里了。这种情形事实上为武藏野赋予了一种特色：大自然就在这里，生活就在这里。它不同于北海道那种天然的原始大森林和大原野，而是有它独特的趣味的。

一到稻熟的时候，谷地里的水田就渐渐变成了金黄色。等到稻子割完，水田里可以看到那些树林的倒影时，萝卜田里也就繁茂起来。等到萝卜慢慢地拔完，这里那里的可以看到一处处小水洼或是细细的水流时，原野里的麦子又已经吐出青青的嫩苗了。也有些麦田的一端是随便地荒弃着，让那些乱草野菊在风中摇曳。那一片芦苇的尽头处也愈来愈高，和天际相接。踮起脚尖走上去一看，但见树林的尽头处直连着国境线上的秩父诸峰[8]；黑魆魆的山峦起伏着，一会儿耸出于地平线之上，一会儿又没入于地平线之下。那么，现在就到旱田里去看看呢，还是躺在麦田那边的萱草原上，借着一堆堆枯草避开凛冽的北风，面向南方承受着那微温的阳光，眺望一会儿田边的林木在风中摇摇晃晃地闪光呢？再不然就一直向那通往树林的小路走去呢？我常常就这样犹豫着。感到困惑了吗？绝不，因为我从自己的经验中知道：纵横在武藏野的无论哪一条道路，都不会使我失望的。

📖 注释

[1] 选自国木田独步《武藏野》，吴元坎译，文汇出版社2011年版。这篇散文作于1898年，最初发表的标题是《今天的武藏野》。节选原作第三、四节。国木田独步（1871—1908），本名国木田哲夫，日本小说家、诗人、出版人。于日本明治维新时期出生在千叶县铫子市。国木田独步1888年入东京专门学校（早稻田大学前身）学习，后因对当局不满而退学。曾任教员、新闻记者、杂志编辑等。1908年因肺结核病逝。他受到屠格涅夫、华兹华斯、拜伦及爱默生等人的影响，是日本浪漫主义文学运动的核心人物，同时也是自然主义文学的先驱。他的作品大多抒发对自然的爱和对不幸的人们的命运的深切同情。

[2] 武藏野：是日本关东平原西部的荒川和多摩川之间的地域，面积700平方公里的台地。

[3] 里：指的是日里，一日里相当于3.9公里。

[4] 二叶亭四迷（1864—1909）：日本小说家、翻译家。

[5] 《幽会》：屠格涅夫中短篇小说集《猎人笔记》的第19篇。

[6] 和歌：日本的一种诗歌形式，又称大和歌、大和言叶。在平安时代（794—1185）因《古今和歌集》的编撰而得名。最初指的是长歌、短歌、旋头歌、片歌、连歌等受汉诗影响较小的日本本土诗歌形

式。后主要指短歌，其定型形式为5句31个音节，5音节句和7音节句相交错。

[7]　熊谷直好（1782—1862）：日本江户时代末期的和歌作者。

[8]　国境线：国为日本古代行政区域。除首都外，全国分为60多个国。这里的国境线指的是这种区域之间的交界线。秩父：日本埼玉县西部的一个市。

💬 评析

　　国木田独步深受俄国作家屠格涅夫的影响，尤其是其小说集《猎人笔记》的影响。屠格涅夫经常在其作品中设置一个抒情性的叙述者，这个叙述者成为生活和大自然的观察者或对话者，这深深地启发了国木田独步。当同时代的日本作家痴迷于屠格涅夫笔下的爱情主题时，他所汲取的是一种通过强化叙述者的视野来表达自己的独特世界观的方法。因此，国木田独步创作《武藏野》的目的不仅是写景状物，而且要传达他对世界和人在世界中的位置的看法。这使作品紧紧围绕一个中心主题展开，具有有机的完整性。

　　在自然观方面，国木田独步认同英国诗人华兹华斯的观念，即人类与自然之间，存在一种深刻的理解——自然赋予人类生命，而没有了人类的自然是毫无意义的。自然本身虽然蛮荒，但人类可以赋予其人性的印记。《武藏野》以充满感情的细腻笔法勾勒出迷人的风景：随着季节变化呈现出不同色彩的落叶林，唧唧的秋虫和振翅的鸟儿，私语的或咆哮的风。然而，更重要的是，这里的风景并非北海道那样人烟绝迹的壮丽自然，而是人和自然的交集——连绵起伏的山丘，点缀着农舍和耕地，乡村土路纵横交错。叙述者告诉我们，哪怕我们在这些森林小道上很少遇到人，但那些做演习的侦察兵，乘马出游的外国人夫妇，以及高声谈论的乡民会不断地经过这里，一代一代地绵延无穷，否则这些道路就不会存在。正如国木田独步研究者杰伊·鲁宾所说："这些融合了自然和人类活动的小地方有一种特殊的力量来打动我们，它们就像小世界，所有的生命形态都在我们面前上演。它们向我们展示了人类在大自然的浩瀚中的渺小，让我们意识到人的存在是一种微妙的东西。"

　　在《武藏野》中，国木田独步创造了一种诗意化的个人，就像屠格涅夫笔下的主人公一样，叙述者"我"静坐在树林深处，"四顾，倾听，凝视，默思"，正是在倾听发自林中的秋声和发自远方的冬之声的行为中，个体超越了自我意识的狭隘性，获得了一种直觉上的开放性。这一洋溢着诗意的敏感个体，虽然微不足道，但仍是自然全景中不可或缺的一部分，并领悟到"我"的生命是作为更大的宇宙生命的一部分存在的。在这些沉思默想的时刻，"我"感到内心是如此的平和，如此的自由，如此的与万物共存。

📝 ┃ 思考与运用

❶《武藏野》对自然风景的描写和你自己阅读过的其他文学作品的风景描写有何不同？你认为这种不同的原因是什么？

❷ 国木田独步不断强调武藏野和北海道风景是完全不同的。在你看来，他为什么要做这样的强调？对于观察者来说，这两种风景分别代表了什么意义？

❸ 有论者认为，虽然国木田独步深受屠格涅夫的影响，但后者的《猎人笔记》描绘了俄国农奴的贫困，但《武藏野》却缺乏对社会层面的关注。你认为这是《武藏野》的不足吗？原因是什么？

▌知识延伸

　　人与自然是不可分割的生命共同体。一方面自然赋予人类生命，另一方面人类的存在又为自然赋予人性的印记。我们既要正视"人"在自然之中发挥的作用，又要对无垠的自然、广大的宇宙和各类生命永远保持一颗敬畏之心。而走进自然、沉浸于独特的自然风景之中，也会使我们获得一种更广阔的视野和对于生命更独特的体悟。在实际生活中，我们要心怀对自然的敬畏与热爱，将诗意的欣赏体悟与落到实处的环保行动结合起来，守护自然之美。

🔗 拓展资源

　　（1）阅读[日]国木田独步《武藏野》（吴元坎译，文汇出版社2011年版），分析其散文风格。

　　（2）阅读[俄]屠格涅夫《屠格涅夫文集·第一卷·猎人笔记》（丰子恺译，人民文学出版社2001年版），比较国木田独步与屠格涅夫文风及思想的异同。

学习笔记